JN439889

정병수 박사의 모친

정병수 박사의 중동고 재학시절

1997년 아버지 고 정노영과 함께

1989년 10월 지리산 등산

1997년 연세우유 근무시절

1997년 초계정씨 농포묘원 앞에서

1999년 정병수 경영학박사 학위 취득 및 출판기념회

2008년 10km 마라톤 완주기념

2009년 연고전

2011년 4월 직원단합 축구대회

2012년 연세우유 창립 50주년 기념식

연세 원주장례장

각당복지재단 '감사와 나눔' 행사 감사패(개인) 수상(2023)

2014년 인도네시아 발리 가족여행

정서원 2018년 새해를 맞이하며

2016년 7월 작은 아들(정한용, 신정윤) 결혼식

2020년 1월 손자 정기백 돌잔치

2017년 11월 큰아들(정지용, 김상아) 결혼식

2022년 작은손녀 정예설 돌잔치

2023년 7월 고희연

2023년 고희연 조카들과 함께

2023년 고희연 형제들과 함께

백향 정병수 박사를 기리며

백향 정병수 박사를 기리며

칠순기념문집

초판 1쇄 인쇄 | 2024년 04월 18일
초판 1쇄 발행 | 2024년 04월 25일

엮은이 | 백향 정병수 문집 발간위원회
펴낸이 | 황인욱
펴낸곳 | 도서출판 오래
04091 서울시 마포구 토정로 222, 406호(신수동, 한국출판콘텐츠센터)
전화 02-797-8786, 8787
팩스 02-797-9911
이메일 orebook@naver.com
홈페이지 www.orebook.com
출판신고번호 제2016-000355호

ISBN 979-11-5829-218-8 03040

값 20,000원

백향 정병수 박사를 기리며

정병수 박사의 칠순기념 문집

차례

3. 삼가중학교, 정다운 친구들

4. 포효하는 중동고, 사자 품에서 웅비를 꿈꾸며

5. 연세대 경제학과 73: 우리들의 이야기!

6. 연세대 선후배 · 제자들의 아름다운 백양로 이야기

7. 연세유업의 탁월한 경영인

8. 비영리재단 투명 회계의 초석을 다져

9. 각당복지재단 평생 봉사자로 함께

추도사

발간사

백향 정병수 박사를 기리며

백향의 한계가 어디까지인지를 가늠하기조차 힘들 정도로 여러 분야에서 활동했던 그 왕성함을 남겨두고 그는 하루아침에 우리의 곁을 떠나버렸습니다. 백향이 준비하다 머리말에 남겨두고 간 가족 친지들의 글을 모아 사실상의 유고집이 된 이 책을 발간하게 되면서, 다시 한번 그를 떠올려 봅니다.

이러고 있는 우리를 보면서 "아니 뭐 하고 있어~"라고 선한 웃음을 날리며 아무 일도 없었다는 듯이 나타날 것만 같지 않은가요? 그리고 한자리하고 마주 앉아 이건 이렇고 저건 저렇고 한꺼번에 다 정리해 낼 것만 같지 않은가요? 그가 없는 마당에 이 무슨 일을 우리가 하고 있는가 싶다가도, 참 대단한 친구였는데 그가 없는 이 세상이 허전하기 짝이 없습니다.

이 책을 내면서 백향이 평생을 두고 사귀었던 인물들을 다 만나게 되었습니다. 참으로 대단한 분들과 함께하였구나! 하는 것을 알게 됩니다. 초등학교 친구에서부터 초등학교 선생님, 그리고 성장 과정과 사회생활 중에 만난 인연들이 대단하였다는 것을 알게 되면서 백향을 한마디로 이런 사람이었다고 평할 수가 없게 되었습니다.

그는 무엇보다도 공부를 열심히 한 훌륭한 제자였습니다. 초등학교 선생님의 글을 보니 그러합니다. 공부하러 담 너머로 책보를 던지던 어린 백향을 만나면 더욱 그러합니다.

백향은 마음이 비단결같이 고운 다정한 친구였습니다. 어려운 사람을 보면 그냥 못 지나가는 그런 마음이었고, 대학에 다니면서도 친구들과 후배들을 도왔던 기록들이 곳곳에서 묻어나는 것을 보면 인정하지 않을 수 없습니다.

백향 그는 참으로 영특한 촌놈 중에서 촌놈이었습니다. 왜 그리 시골 고향에 집착했는지, 내가 영원히 갈 곳은 이곳, 고향 산천이라는 생각에서 그리하였다는 생각이 들어갈 정도이고, 이순신 장군이 백의종군한 길을 찾아서 다닐 때는 눈에 광채가 어리는 것을 보았습니다. 그래서 그의 장지에서 자손들에게 고향의 봄을 불러 달라는 유언을 남겼던 것이지요… 그는 정말 고향을 사랑했던 사람이었습니다.

백향은 그의 천직이 회계사임을 늘 가슴에 품고 살았던 정확한 인재였습니다. 많은 봉사 기관에서 감사업무를 맡아서 그 기관이 바른길로 가도록 특히 재정의 건전성 확보를 위해서 노력해 온 사람입니다. 그의 헌신으로 인해 연세대학교뿐 아니라 한국의 대학들의 재정은 투명하고 확충될 수 있었으며 그가 개입한 기관들은 발전해 나갔습니다.

백향은 모든 일을 꼼꼼하고 정확하게 준비하고 실행해 나간 행정가였습니다. 학교의 법인본부장(부총장)으로서 전반적인 운영과 총장 선임에 이르기까지 그의 손이 안 닿은 곳이 없을 정도로 빈틈없이 챙겨나간 그가 있었기에 연세대학교라는 굴지의 사학이 우뚝 서갈 수 있었습니다.

백향은 많은 전문 서적을 남기어 후학 양성에 힘을 쏟는 교수이기도 했습니다. 마지막까지 강단에서 열정을 쏟으며 학생들이 질문 중심의 공부를 하도록 지도해온 열정적인 교수님이셨습니다.

백향은 대한민국 문단에 등단한 문필가였습니다. 여러 작품을 남겼고, 가는 곳마다 역사와 인물들을 주제로 열심히 기록하고, 모든 삶이 수필의 주제가 되는 그런 놀라운 문필가였습니다. 본인 스스로 촌놈이라 표현하며, 촌사람이 어때서? 라는 강한 어조로 세태를 꼬집었던, 시대의 예리한 비평가이자 문필가였습니다.

백향 그는 무엇보다 다정한 남편이었으며 두 아들의 자상한 아버지이자 할아버지였습니다. 손자가 왔다 갈 때면 눈시울이 붉어지고, 아이들이 왔을 때는 모든 외부 일정을 멈추고 부인과 아들들과 손자들에게 충실했던 그의 모습이 지금도 두 눈에 아른거립니다.

백향은 참으로 다정한 친구들을 둔 훌륭한 인격자였습니다. 바쁜 일상에서도 친구들을 챙기며 동기생들과 교류하고 문집을 만들고 하는 그 열정에 그를 좋아하지 않을 친구가 하나도 없었다고 생각이 됩니다.

이런 친구를 하늘나라로 보낸 저희는 마음이 무너지고 슬프기 짝이 없지만, 그가 생전에 계획했던 칠순 기념 문집을 그의 영전에 바칩니다. 많은 친구가 보내온 주옥같은 글을 모아 이 책을 발간할 수 있도록 도와주신 각당복지재단 라제건 이사장님, 백향과의 우정으로 편집하고 발행해 주신 도서출판 〈오래〉의 황인욱사장님, 원고를 꼼꼼히 읽고 편집에 수고해 주신 연세대학교의 이상국교수님, 이남수 교수님과 여러 편집위원님에게 깊은 감사를 드립니다.

2024년 4월 발간위원회 일동

발간위원

정효제, 이상국, 이남수, 심현제, 김덕영, 김경민

1

사시사철 솟아나는 샘물이 되어

샘 같은 남자 _ 한경

고향에 가면 _ 하진균

아름다운 마무리 _ 노유자

열정과 겸손 그리고 봉사 _ 윤미

합천 가는 길에서 기억을 더듬어 본다 _ 정지용

뒤늦은 출사표(出師表) _ 정한용

배경은 바뀌었을 때 그제야 배경이 생각난다 _ 이윤수

고희문집 발간을 축하하며 _ 권해조

그의 면면(面面)은 화려하다 _ 정효제

추억을 만드는 사람 _ 김재환

샘 같은 남자

한 경
시인

정병수 선생님!
그는 사시사철 솟아나는 샘물 같다.

그 열정과 진취력은 어디서 나오는지
아마도 촌놈의 순박함과 근면함 그리고
강한 긍정의 에너지 때문이 아닐까 싶다.
하얀 피부에 선한 인상이 귀공자 같은데
첫인상과 다르게 시골 출신이라니 놀랍다.

열 명이 넘는 형제자매 속에서
중학교 졸업 때까지 농사를 지었다니
아마도 그의 인성의 뿌리는 흙인 듯하다.
뿌린 대로 거둔다는 흙의 원리를 터득한 듯
쉬지 않고 정진하는 학구열이 대단하네.
집안 대소사는 물론 애향심도 유난스러워
주위 분들은 그의 고향을 가본 듯이 알고
최근에는 형제자매에게 참회록을 썼다니

그 용기에 박수와 찬사를 보내지 않으리.
삶에 당당한 자만이 용감할 수 있다.

쉴 만도 한데 끝없이 도전하는 그를 보면
나이는 숫자에 불과함을 실감한다.
느린 듯한 말투에 완벽함을 추구하는 미소
요즘 불편한 몸인데도 아랑곳하지 않고
이제는 사서삼경까지 도전하는 그를 본다.

아마도 목숨이 붙어 있는 한 계속되리라.
그 정신력은 불편한 몸도 버티지 못하리니
언제나 영원한 청년의 기치와 기백으로
오래오래 동행하길 기원하나이다.
정병수님의 고희를 축하드립니다.

고향에 가면

하진균
시인

울퉁불퉁 신작로 등굣길.
책 보따리 빗겨 메고 양철 필통 딸랑이며
굴렁쇠 따라 뛰던 솜털 보송보송한 작은 머슴애
코흘리개 까까머리 내 모습이 보인다.

아지랑이 피는 봄날.
먼 산 어디선가 풀꾹새는 구슬피 울고
이끼 낀 웅덩이마다 개구리알이 지천인데
풀 섶 한 켠, 오동통 돋아난 산찔레 한 촉
반가운 마음에 흐뭇한 미소가 번진다.

구장네 못둥가 우리 동네 모꼬지 판.
십시일반 부조 막걸리와 봄나물만으로
풍물패는 벌써 신바람 났고, 합천 댁 원동 양반
누가 먼저랄 것 없이 지화자 덩더꿍이다.
여름 하굣길.
짐짓 큰길은 제쳐주고 개울 건너 뚝방 천에 접어들면

풋땅콩에 눈독 들이다가 참외 서리에 의기투합한다.
들킬 것은 이미 예상했지만, 하필이면 그날따라
검정색 다이아몬드 상표 통고무신은 왜 그리 미끄럽던지…

큰 보 아래 멱감기.
쑥 비벼 귀 막고 벌거숭인 채 달려와 그대로 풍덩
개헤엄, 다이빙 자랑으로 해 가는 줄 모르는데
소 먹이러 갈 시간이라 고래고래 호통치던
인동할배 고함 소리는 못 들은 척 딴청이다.

새참으로 막걸리 심부름은 은근히 기다렸던바,
걸어가며 몰래 주전자 꼭지 빨던 스릴과
목줄을 타고 넘던 알싸한 맛은 그때 이미 각인되었다.
그리고는 아무 일도 없었던 것처럼…
동구 밖 정자나무 숲.
자지러지던 매미울음도 제풀에 잦아들고
헛 번개 몇 번 치다가 안산 너머 달무리 번지면
늦은 저녁상 착한 농부는 고단한 하루를 접는다.
까불대던 호롱불도 뒤따라 졸고 마당 한 켠
푸석푸석 모깃불은 타들어 가는데…

나락 익은 황금 들판.
강성들, 구남골, 지내실, 홈시골 앞다투어 풍성하다.
서마지기 논배미 메뚜기는 저절로 발길에 차이고
물뱀에 화들짝 놀란 개구리, 날 살려라 도약할 때쯤
볼 붉은 빠물캥이 고종시에도 된서리가 내린다.

겨울 그리고 방학.
고무공 하나면 온 동네 또래가 일사불란하였고
짚 동 새 해바라기가 심심해지면 자치기나 땅따먹기로
마지막 숨바꼭질 놀이에 술래가 되어서는
슬그머니 집으로 가버렸던 양심 불량 추억 한 가닥
따져 묻거나 기억할 사람도 없음을 이제야 고백해 본다.

지독배미 스케이트 썰매
물에 빠져 발이 꽁꽁 얼어도 추운 줄 몰랐다.
땅거미 내려앉은 해 그름이 되어
젖은 양말 말리려다 설치레 나일론 잠바 태워 먹고
또 한 번, 지키지도 못할 재발 방지 약속을 했었다.

채 동이 트기 전.
아래, 위 숲나무 낙엽 쓸기는 청소라기보다는
땔감이고 거름인지라 나름의 경쟁이 치열하였고
정문 뒤 상여 틀과 방개 골 귀신 웅덩이는
지금 생각해도 머리끝이 쭈뼛거린다.

고향에 가면.
함께 뛰놀며 꼴 베고 나무하던 내 불알친구
병수, 종섭이, 인호, 두영이, 병도, 인기가 떠오르고
6학년 2반, 나름 일찍 철들었던 꼬맹이들과
낯가림이 유독 심했던 어릴 적 내 모습이 보인다.

아름다운 마무리

노유자
수녀, 간호사

인생 열차가
종착역에 가까워짐을 느낀다.

육체의 통증은
갈수록 더 선명해지고
불안과 두려움에 사로잡힌다.
영혼에 어두움이 드리운다.

종착역 다다르기 전
이 길에 새겨진 후회의 말은
모두 '비우고 싶다!'
그러나 비우고 비워도 아쉬운 마음을
오직
'사랑해, 고마워, 미안해'로만
온전히 채우고 싶다.
우리 안에 남아 있는
이런저런 생채기들

아낌없이 달래주고
그렇게 주어진 소명

아름답게
온유하게
떠날 준비가 되어 있는
아름다운 마무리!

열정과 겸손 그리고 봉사

윤 미
AMC Korea 대표

만년에 공자(孔子)는 논어 위정편(論語 爲政篇)에서 "나는 열다섯 살에 학문에 뜻을 두었고, 서른 살에 이루었으며, 마흔 살에는 미혹되지 않았고, 쉰 살에는 천명을 알았으며, 예순 살에는 귀가 순했고, 일흔 살에는 뜻하는 대로 행하여도 법도에서 어긋나지 않았다(吾十有五而志於學, 三十而立, 四十而不惑, 五十而知天命, 六十而耳順, 七十而從心所欲不踰矩 오십유오이지어학, 삼십이립, 사십이불혹, 오십이지천명, 육십이이순, 칠십이종심소욕불유구)"라고 회고하였습니다. 그런 고희를 맞이하는 정병수 회장님, 공자의 종심(從心) 반열에 진입하심을 축하드립니다.

2006년 여름 처음으로 정 회장을 만났을 때가 생각납니다, 역사모(역사를 사랑하는 사람들 모임, 2017년부터 "한강 역사 문화 포럼"으로 변경)에 처음 참석하게 되었는데 온화한 모습의 신사가 계시더군요. 이후 모임의 회장을 여러 차례 역임하시며 모임을 성장시키고 끊임없이 발전시키려던 모습도 인상적이었습니다. 매년 역사의 주제를 발표하며 간결하고 함축적으로 청자에게 전달하던 모습도, 사리를 본질적인 차원에서 접근하며 사고하고 질의하시던 모습도 그립네요.

연세대 재단에서 30년 넘게 재직하면서 재단 본부장을 역임하시고 많은 비영리법인에서 봉사하고 계시지요. 또한 왕성한 저작 활동으로 고향 합천을 배경으로 한 촌놈시리즈, 회계, 세무 관련 역작들을 계속 집필하시는 등 그 대단한 열정에 계속 감탄하게 됩니다. 항상 새로운 것을 기획하고 실행하여 결과물을 성취하시는 노력도 경이롭거니와 또 무엇을 구상하시나 궁금하기도 합니다. 지금도 그리고 향후도 그런 노력은 계속되겠지요? 회장님의 끊임없는 열정과 노력을 응원합니다!

먼저 중국의 대표 시인인 도연명(陶淵明)은 다음과 같이 노래했습니다.

盛年不重來(성년부중래)　一日難再晨(일일난재신)
及時當勉勵(급시당면려)　歲月不待人(세월부대인)

"젊은 시절은 다시 오지 아니하고, 하루에 새벽은 두 번 오지 않으며, 때를 맞추어 부지런히 일할 것이요, 세월은 사람을 기다려 주지 않는다."라고 세월의 빠름과 젊었을 적에 열심히 노력할 것을 강조한 것입니다. 정 회장님 역시 아마도 그렇게 살려고 노력했을 것입니다. 그 결과 공인회계사(公認會計士)도 합격하고, 회계학 박사(博士) 학위도 받았습니다.

둘째, 명심보감 정기(正己)편에 나오는 태공(太公)의 "勿以貴己而賤人 물이귀기이천인 勿以自大而蔑小 물이자대이멸소 勿以恃勇而輕敵 물이시용이경적" 구절을 몸소 실천한 분이 아닌가 싶습니다. 즉 "자신이 귀하다고 해서 남을 천대하지 말며, 스스로 크다고 하여 작은 것을 멸시하지 말고, 용기를 믿고서 적을 가볍게 여기지 말라."고 하는 말입니다. 정 회장님은 살아있는 권력에 아부하지 않는 대신 그 권력이 끝난 상사에겐 친절과 존경을 마다하지 않았습니다. 정 회장님은 본인의 인사권을 쥐고 있는 이사장(理事長)에겐 어떤 경우에도 도움을 요청하지 않았지만, 그 이사장이 직(職)을 내놓고 야인이 된 이후에는 그분이 돌아가시기까지 명절 때마다 찾아뵙고 위로해 드렸다는 것은 유명한 일화입니다.

셋째, 명심보감의 첫 구절은 "爲善者 天報之以福 위선자 천보지이복 爲不善者 天報之以禍 위불선자 천보지이화"로 시작합니다. 착한 일을 하는 사람은 하늘이 이들에게 복으로 보답해 주시고, 악한 일을 하는 사람은 하늘이 이들에게 재앙으로 보복한다는 뜻으로 인간으로서 선(善)하게 살아야 하는 이유와 악한 자의 종말이 무엇인지를 2,500년 前 공자는 가르쳤지요.

"죽는 날까지
한 점 부끄럼 없기를,

잎새에 이는 바람에도
나는 괴로워했다."

윤동주 시인의 서시(序詩)에도 예로부터 사람의 최고 최선의 가치는 한 점 부끄러움이 없는 사람으로 사는 것입니다. 정 회장님은 연세 교정 숲에 세워져 있는 건물 앞 이 서시를 30년간 거의 매일 읽으며 마음을 다졌다고 하네요.

두보(杜甫)는 '인생칠십고래희(人生七十古來稀)'라 하였지만, 요즘은 70대가 新중년기라고 합니다. 요즘 해외에서 발표하는 연구에 의하면, 고령의 사람이 오히려 '행복 지수'가 높다고 하더군요. 70대 나이는 사회적 책임감이나 경제력에 대한 부담감이 덜 하고, 이전 삶에서 맛보지 못했던 자기만족의 시간이 더 많아지는 시기이기 때문이지요. 젊은 층에 비해 나이 든 사람들은 삶에 대해 더 '감사하게 생각하는 경향'을 보이기 때문일 수 있다고 합니다. 경륜이라는 지혜가 가장 왕성할 때입니다.

항상 발전지향적이고 창의적 본능이 충만하신 정병수 회장님, 끊임없는 열정과 겸손 그리고 봉사로 '인생일백고래희(人生一百古來稀)'를 거울삼아 건강하게 그리고 보람되게 멋진 삶을 즐기십시오.

합천 가는 길에서 기억을 더듬어 본다

정지용
큰아들

2023년의 마지막 날에 우리는 합천으로 가고 있었다. 합천, 지금까지 몇 번이나 와봤을까 곰곰이 생각해 보니 열 번도 안 되는 것 같지만, 올해만 벌써 2번째다. 불과 이틀 전에도 돌아가신 아버지의 상을 치르러 내려왔었다.

2023년 12월 26일 오전 10시가 조금 지났을 때, 아버지가 돌아가셨다는 어머니의 울음 섞인 전화를 받았을 때만 하더라도 그 상황이 전혀 이해되지 않았다. 이틀 전만 해도 허리가 굽혀져서 거동은 불편하셔도 밥 한 공기를 거뜬히 비우신 아버지가 왜 돌아가셨단 말인가. 서둘러서 미국에 있는 동생과 통화를 시도했고, 이미 부고를 받은 동생은 한국행 비행기표를 구하고 있었다. 집에 도착하여 이미 소식을 접하고 울고 있는 아내를 보면서 난 내가 울면 안 된다고 생각을 해서 그런지 울음을 참고 빨리 아버지를 뵈러 가기로 했다. 병원으로 가는 중간에 부모님 댁에 들려 아버지 지인들과의 연락을 취하기 위해 아버지 핸드폰부터 챙기기로 했다. 우리 집과 병원과 부모님 댁 간의 거리는 가까운 편임에도 불구하고 답답한 내 마음처럼 병원까지 가는 길에 신호등에 계속 걸렸다.

처음에는 아버지가 돌아가셨다기보다는 쓰러지셨다고 생각했었고 아버지와 그날 점심 약속이 있으셨던 아버지 친구분들이 병원으로 오시기 시작하면서 내가 착각했었다는 것을 몸으로 느끼게 되었다. 내가 아버지의 핸드폰으로 아버지의 부고 소식을 아버지 지인분들께 전하면서 지인분들의 탄식과 안타까움이 전해지기 시작했고 내 막역지우인 용석이가 병원에 오고 나서부터 눈물이 나오기 시작하였다. 지금 생각해 보면, 그때서야 내가 아버지의 죽음을 받아들이게 된 것 같다. 잠시 후에 검시관에 의해서 아버지의 사망 원인이 급(急)심근경색이라는 것을 알게 되었다. 올해 초에 아버지가 심전도 검사를 받으셨을 때도 건강하시다고 했었는데 갑자기 이럴 수가 있나 하고 이해가 되지 않아 순간 이 비극이 일어난 것을 따지고 싶었지만 이미 벌어진 일이었다. 내가 받아들이기만 해야 하는 상황이었다. 그나마 근래에 계속 몸이 불편하셨던 아버지셨기에 한편으로는 아버지께서 덜 고통스럽게 죽음을 맞이하지 않으셨을까 하는 추측이 담긴 위안을 해 보았다.

아버지에 대한 나의 첫 기억은 내가 일곱 살 즈음, 그러니깐 지금 내 아들 기백이 정도 나이였을 때이다. 어느 날 늦게 퇴근하신 아버지는 평소에 잘 못 하시는 술을 한잔 드시고서는 잠들어 있는 나를 깨워 마루에 나와 씨름을 하자고 하셨다. 마루에 있는 테이블을 옆으로 치우고 나서 나는 아버지의 허리를 잡고 어떻게든 아버지를 이겨보려고 용을 썼었다. 이리저리 손에 힘을 쥐고 빙빙 돌아가면서 내가 아버지를 이겨보려고 다리를 걸었다 풀었다 했지만 당연히 승자는 아버지였다. 아버지가 갑자기 나와 씨름을 하자 하신 이유는 내가 얼마나 컸는지를 확인하려고 하셨던 것 같다. 그 후에도 아버지와 몇 번의 씨름을 하긴 했지만, 어렸을 때 같이 씨름을 한 기억 말고는 거의 없다.

아버지와 단둘이 해외를 나간 기억은 두 번 있다. 첫 번째는 내가 미국 필라델피아에서 어학연수를 하고 있을 시기에, 아버지가 미국 동부로 여행을 오셨었다. 당시에 나도 중요한 수업은 없었던 터라 하루 수업을 땡땡이치고 아버지를 뵈러 뉴욕으로 향했다. 내가 있었던 필라델피아에서 뉴욕까지는 약 2시간, 지금 와서 생각해 보면 대전에서 서울까지의 거리밖에 되지 않는데 오랜만에 뵙는 아버지이기에 즐거운 마음으로 뉴욕의 한인 타운까지 헐레벌떡 뛰어가서 아버지를 만났다. 아버지와 같이 자유의 여신상을 보기 위해서 근처의 선착장에서 줄을 서서 기다리는 동안 아버지가 나에게 물을 사 오라고 시키셔서, 주문을 내가 하게 되었다. 내가 너무 간단히 주문하고 나니 '그렇게 쉽게 할 수 있는 거야?'라고 놀라시면서 어이없는 표정을 지으셨다. 아마도 아들이 미국에서 생활하면서 영어가 많이 는 것을 보시고는 내심 좋아하셨던 것 같다.

두 번째 부자(父子) 여행의 목적지는 동유럽이었다. 보통 모자(母子)간의 보다는 부자간의 여행을 덜한다고들 한다. 동유럽 가이드는 10년 동안에 부자(父子)가 단둘이 동유럽을 여행 온 것을 보는 경우는 처음이라고 했다. 아우슈비츠와 지하 소금 성당 등이 생각은 나지만 아버지와 뭔가를 어떻게 한 기억은 없다. 다만 아버지가 정리해 놓은 2008년 속의 사진 속에서 내 기억의 전반적인 아버지의 모습이 나와 있다.

이때의 모습이 내가 기억하는 아버지의 모습이다. 꼿꼿한 허리와 밝은 미소 속에서 간간이 웃는 아버지는 새로운 유적지를 볼 때마다 신기해하셨고 이후로는 아버지와 무슨 일이 있었다기보다는 함께 세월을 훌쩍 보낸 것만 같다. 2008년 이후의 기억에서 약 15년간의 아버지와의 추억이 너무 적다는 사실에 새삼 안타깝다.

그래도 다행인 것은 아버지 돌아가시기 이틀 전인 크리스마스 이브에 새로 이사한 집에 아버지를 초대해 식사 접대를 했다는 것이다. 아버지는 새 집을 이리저리 살피시면서 자식이 40대 초반이라는 젊은 나이에 넓은 새 아파트에 입주해서 손주들이 각자 방이 생겼다는 것에 좋아하셨다. 과거의 본인과 비교하면서 아들이 더 빨리 좋은 집을 마련한 것에 뿌듯해하셨다. 이게 다 아버지를 잘 둔 아들의 복이지만은 말이다.

아버지의 장례식장에서 내가 맏상제가 되어 아버지 지인들을 손님으로 맞이하면서 아버지 이야기를 듣고 있자면, 마치 타임머신을 탄 것처럼 아버지의 지인들과 아버지 사이에 내가 있어서 그 순간을 같이 즐길 수 있었다. 또한 아버지가 관에서 나오셔서 그 이야기에 맞장구를 치실 것만 같았다. 장례식장에서 아버지 지인분들께서 매우 황망하다는 말씀을 많이 해 주셨는데 내가 생각했던 것 이상으로 아버지가 여러 사람에게 사랑받고 지내오셨다는 것을 알았고, 한편으로는 이렇게 많은 지인에게 사랑을 받은 아버지가 왜 이리 일찍 가셨을까 라는 생각에 눈물이 차올랐다. 여러 위로의 말씀 중에서 특히 생전에 봉사를 그렇게 많이 하시더니 하나님이 시키실 일이 많아서 빨리 하나님 곁으로 가셨다는 위로를 들었을 때 난 멋지고 존경스러운 아버지를 두었고 그런 아버지를 잃어버렸다는 생각과 이런 부분을 내가 왜 전에는 몰랐을까 하는 부끄러움에 한참 눈물을 멈추지 못하였다. 지금도 집안 곳곳에서 아버지의 흔적들이 보이면서 아버지가 서재에서 허리를 굽히면서 천천히 걸어 나오실 것만 같다.

내 딸 예설은 만 3살이 되기 이전에 할아버지를 잃어버렸다. 아직 어려서 그런지 할아버지가 돌아가셨다는 개념이 아직 부족하다. 아버지 장례를 치르고 나서 처음 할아버지 방을 열고 '할아버지 없어…'라고 말하는 내 딸의 모습은 사소한 행동이지만 내 머릿속에 한참을 남아 있을 것 같다.

아버지 정병수는 아버지라는 역할보다는 정병수 본부장, 정병수 회계사, 정병수 박사로서의 삶을 살아오신 것 같다. 보람되게 살기 위해서 열심히 일하셨고 또한 그것을 자랑하는 것을 좋아하셨다. 돌아가시기 전에는 전에 정리해 두셨던 사진첩들을 다시 꺼내 일일이 정리하셨고 선물 받은 그림 혹은 동상들을 따로 정리해 목록까지 만드셨을 정도이다. 하물며 40년부터 사용하시던 수첩까지 정리해 두셨다는 것을 알았을 때는 그 꼼꼼함에 혀를 내두를 정도로 놀랬다. 아버지의 신발과 의복 정리는 시작했지만 아직 아버지의 서재는 정리하지 못했다. 어떻게 정리해야 할지 엄두도 나지 않지만, 아버지 서재를 정리하게 되면 아버지만의 정리하는 법을 배울 것 같다. 아버지의 부고는 지금까지 사소하게만 생각해 왔던 '죽음'이라는 것을 나의 삶의 일부분으로 만들어버렸다. 앞으로 대략 40~50년 후에나 아버지를 만나게 될 것 같은데 나도 보람된 삶을 위해 '좀 더 노력해야 한다'라는 생각을 하면서 글을 줄여야겠다.

뒤늦게 글이나마 아버지에게 닿을 수 있도록 적어 보고 싶었습니다. 아버지 감사했어요. '아버지'라고 자주 부르지 못해 죄송해요. 아버지의 기대에 항상 못 미치고 부족한 아들인 것 같아서 죄송합니다.

다음 생애가 있다면 그때에도 아버지 아들로 태어나고 싶어요.

사랑합니다.

뒤늦은 출사표(出師表)

정한용
둘째 아들

우리의 딸 서원(敍元)의 만 7세 생일이 이제 1주일도 채 남지 않았다. 아이가 커갈수록, 이 아이를 어떻게 잘 키울 것인지에 대해 고민을 하지만, 한편으로는 이 아이에게 우리는 어떤 부모일까에 대한 고민도 한다. 아이를 사랑해 주고, 훈육하고 이 아이가 나중에 성인이 되어 부모의 도움 없이 혼자서 세상을 꿋꿋하고 올곧게 살아가기를 바라는 마음이 첫 번째 고민이라면, 두 번째 고민은 나중에 우리가 이 세상에 없을 때, 이 아이의 부모에 대한 마음이 어떠할까에 대한 '궁금함' 혹은 '기대'일 것이다.

이 둘의 고민은 상당히 비슷해 보이지만 사실 성격이 다른 고민이다. 사회과학에서 흔히 말하는 인과관계(因果關係)가 아닌 상관관계(相關關係)가 큰 두 변수일 뿐이다. 좋은 부모 밑에서 자란 아이가 꼭 좋은 성인으로 성장하는 것은 아니기 때문이다. 서울대 어린이병원 김붕년 교수는 좋은 부모가 되기 위해서는 자녀를 부모에게 온 귀한 손님처럼 여기라고 하였다. 귀한 손님이 집에 찾아오면 반갑고 극진히 대접하되 개별자로 존중해 주고 무엇보다 나중에 언젠가는 부모 곁을 떠날 사람이라는 것이다. 만 7세

딸아이에게 벌써 이별을 생각한다는 것은 한편으로는 너무 가혹하다 할 수 있겠지만, 이는 우리가 좋은 부모가 되려고 하는 마음 연습일 뿐, 우리가 우리의 아이를 사랑하고 보호하는 것과는 다른 것이다. 우리에게 작은 욕심이 있다면 그건 우리가 좋은 부모가 되려고 노력하는 만큼 아이가 그만큼 스스로 성장하길 바라는 것이다.

한 세대가 지나고 또 다른 세대가 오는 것은 자연의 이치(理致)이다. 부모의 희생 아래 우리는 경제적으로 그리고 무엇보다도 정신적으로 더 나은 삶을 살 수 있게 되었다. 아니 희생이라는 말은 너무 고귀한 것 같다. 그들은 우리만을 위해서 그들의 삶을 희생하지는 않으셨을 거다. 하지만 그들의 삶이 우리에게는 밑거름이 그리고 디딤돌이 되어서 우리가 좀 더 넓은 세상을 좀 더 높은 곳에서 볼 수 있었다는 것은 엄연한 사실이다. 마흔을 목전에 둔 우리 부부는 요즘에 부모의 마흔이었을 때의 삶에 대해 가끔 생각한다. 부모님들은 그 때 하루하루 치열하게 사셨음을 이제 우리는 안다. 평범하게 살고 싶지 않아서 매 순간 최선을 다하셨던 이유는 그것조차 하지 않으면 평범해질 수도 없었기 때문이라는 것도 안다.

우리 부부가 각자의 부모 곁을 떠난 산 지 벌써 10년이 훌쩍 넘었다. 그리고 지금, 뒤늦은 출사표(出師表)를 부모에게 드리고자 한다. 삼국지연의(三國志演義)에 나오는 제갈량(諸葛亮)의 출사표(出師表)는 크게 2부분으로 나뉘는데, 그것은 촉한(蜀漢)과 유선(劉禪)의 장래에 대한 걱정과 스스로에 대한 다짐이다. 우리의 출사표는 부모에 대한 마음과 우리의 다짐이라 하겠다. 우리가 우리의 딸과 함께 하루하루 행복하게 무탈하게 지내는 것이 부모의 마음을 편안하게 해주는 것이니만큼, 우리에게도 부모가 그렇게 지내주는 것이 우리의 마음을 편안하게 해주는 것이다. 그리고 우리는 우리를 위해서 그리고 우리의 딸을 위해서 하루하루 치열하게 살아가야겠다.

서울과 사바나에 계시는 부모님들께 마음의 평안을 빌며 이 글을 마친다. 이 글은 일흔 혹은 일흔을 바라보는 부모님을 생각하면서 쓴 글이지만, 우리의 딸이 그들보다 먼저 생각나는 건 내리사랑의 힘이 아닐까?

배경은 바뀌었을 때 그제야 배경이 생각난다.

이윤수
조카

핸드폰이 수업 중에 문자가 왔다고 울렸다. 그렇게 나는 고모부 소식을 받았다. 수업이 끝나자마자 메시지를 확인하는데 머리가 마치 크리스마스 이후의 성탄 가게처럼 텅 비었다. 만약에 수업 때 무리해서 메시지를 확인했다면 수업을 진행하기 어려웠을 것이다. 그 정도로 급박한 비보였다. 텅 빈 마음을 움켜쥔 채 터벅터벅 연구실로 돌아오면서 갑작스럽게 고모부 생각이 밀물처럼 차오르기 시작했다.

소식을 들은 날 밤, 나는 고모부가 나오는 꿈을 꿨다. 꿈이라는 것이 늘 그렇듯 불현듯이 모든 것이 시작되었다. 어느 예식장에서 고모부께서 황급하게 계단을 뛰어 올라가고 계셨다. 그래서 내가 "고모부 어디 가세요?"라고 물어보았다. 그러니 고모부께서 그 바쁜 와중에 "사회 보는데 늦기 전에 가야 한다"고 짧게 응답하시고 부리나케 뛰어 올라가셨다. 그리고 나는 깜짝 놀라 잠에서 깼다. 늘 바쁘고 활동적인 모습 고모부, 그 모습 그대로였다.

돌아가신 후에 고모부와의 추억이 나의 오랫동안 묵혀져 있었던 기억창고(Long-term memory)에서 하나씩 나오기 시작했다. 내가 초등학교 시절, 사촌들인 지용이, 한용이, 동진이, (아마도) 동민이를 데리고 중동 중학교에서 축구를 하러 갔던 기억, 연세 우유에 다니실 때의 명절 때 두유를 가져오셔서 많이 먹었던 기억, 내가 중국에서 일하게 되었을 때는 곡부(曲阜)에 다녀오셨던 이야기와 논어를 배우는 이야기를 길게 해주신 기억까지 떠올랐다. 이러한 단편적인 기억 이외에 나에게 길게 드리운 고모부에 대한 인상은 고모부는 늘 성실한 향(香)으로 공간을 채우시는 분이셨다는 점이다. 향이라는 것은 곁에 있으면 영향을 받게 된다. 마치 꽃이 있는 곳에 가면 꽃향기가 몸에 밸 수 있고, 담배 연기가 있는 곳에 가면 담배 냄새가 몸에 배듯이 말이다. 사람에게도 그 사람만의 향이 있는데, 고모부에게서는 성실함이라는 향이 났었다. 이 향이라는 것이 중요한 것이 어린 세대에게도 그 향이 전해진다는 것이다. 누가 가르쳐 주지 않아도 자연스럽게 그 향에 적응되고 응당 그 향을 추구하게 된다. 이렇게 고모부께서 발산하신 성실한 향을 우리는 이를 솔선수범(率先垂範)이라고 부를 수 있겠다. 성실하게 살라고 잔소리나 조언을 하지 않아 더 긍정적이고 크게 다가왔다. 그 태도가 지속 가능한 삶을 살아가는 데 중요한 요소임을 몸소 보여준 만큼이나 더 크게 나에게 다가왔다.

가풍(家風)이라고 말할 때 요즈음은 핵가족 시대인 만큼 부모와 가족 정도로 생각하는 경우가 많다. 하지만 가풍을 집안으로 넓혀서 살펴보면 여러 구성원이 포함된다. 이러한 의미로 고모부는 집안의 분위기에 실리적이면서도 학구적인 느낌을 가미하였다. 게다가 늘 신뢰할 수 있는 분이라서 세상 만물이 제행무상(諸行無常)이라지만, 고모부는 늘 꾸준함을 견지하였다. 그래서 집안의 부침을 줄여주는 역할을 하셨다.

고모부는 연구하고 글을 쓰는 나에게도 영감을 주었다. 우선 주전공이라 할 수 있는 '세금과 회계'에 관한 책을 집필하셨다. 더 놀라운 것은 여러 수필집을 저술하셨다는 것이다. 물론 고모부가 무라카미 하루키같이 대중적인 인기를 얻은 문필가는 아니지만, 나는 〈영원한 촌놈〉 같은 책을 〈먼 북소리〉 책보다 더 재미있게 읽었다. 글이 중요한 건 글쓴이의 생각이 고스란히 담기기 때문이다. 그래서 고모부의 저작물을 읽으면서 고모부께서 걸어온 길을 간접적이나마 이해할 수 있었다.

고모부는 나와 그렇게 멀지도 가깝지도 않은 그러한 관계였다. 하지만 고모부는 내가 태어날 때부터 배경처럼 계셨던 분이셨다. 내가 태어났을 때 이미 결혼한 상태였기 때문에 마치 내가 기백이와 예설이가 태어나기 전부터 있었던 것처럼 말이다. 그래서 늘 그림의 배경처럼 존재해 왔던 분이다. 그 배경은 항상 근면하고 단단했다. 나도 기백이와 예설이에게 그러한 배경처럼 남고 싶다.

고희문집 발간을 축하하며

권 해조

예비역장성, 한국 국방외교협회 고문

백향고전동연회(柏香古典同硯會) 고문

먼저 백향(柏香) 정병수(鄭秉洙) 박사님의 고희집(古稀集) 발간을 진심으로 축하합니다. 며칠 전 박사님이 올해 칠순의 나이가 되어 고희집을 발간한다며 나에게 서문(축사)을 부탁하였습니다. 나보다 유능한 문인들도 많다며 극구 사양하였으나 다시 부탁받았습니다.

정병수 박사님은 나와 깊은 인연이 있는 것 같습니다. 합천 향우뿐만 아니라 고향 집이 나의 진외가(陳外家: 아버지 외가) 근처인 합천군 쌍백면 향묵(香墨) 마을입니다. 그리고 현재 나와 같이 재경 합천문인회 회원이면서, 최근 몇 년 동안 박사님이 회장으로 있는 백향고전동연회(柏香古典同硯會)에서 매주 토요일 한문 고전을 같이 공부하고 있습니다.

박사님은 쌍백면 향묵(香墨) 마을에서 태어나 쌍백초등학교와 삼가중학교, 서울 중동고를 졸업하고, 연세대 상대를 다니면서 공인회계사 합격하였습니다. 그 후 회계법인 근무를 거쳐 경영학

박사학위까지 취득하여 대학에서 회계학을 강의하면서 28년간 연세대 재단 본부장까지 역임한 자타가 공인한 실력자입니다. 그리고 오랫동안 고향 쌍백초등학교 총동창회장을 역임하고, 수시로 고향을 방문하며 합천신문과 「재경합천문학」에도 좋은 글을 기고하면서 애향심(愛鄕心)이 지극한 분입니다.

박사님은 그동안 교육부 사회분쟁 조정위원, 대학설립 심사위원, 한국 사학진흥재단 경영 컨설팅위원, 한국공인회계사회 감사인증 기준 위원 등에 봉사하였습니다. 현재는 사회복지법인 각당복지재단 이사, 홍보 수민 장학재단 상임이사 등 여러 사단법인과 재단법인에 임원으로 봉사하고 있습니다. 著書로는 〈결산서를 읽고 활용하는 방법, 교학사〉, 〈쉽게 배워서 바로 써먹는 이야기 회계〉, 〈사립대학 회계〉, 〈대학 경영〉, 〈생활 회계〉 등 다수가 있습니다. 그리고 박사님은 2015년 〈한국수필〉 3월호에 등단하여 수필가로도 활동하고 있으며, 수필 1집 「영원한 촌놈(2015년)」과 2집 「촌놈이 어때서 (2017년)」에 이어, 3집 〈촌놈으로 살다 보니 (2021년)」을 발간하였습니다. 그 외에도 반세기 전, 자신의 전경(戰警) 복무 실화인 「그때의 고생이 이제는 추억이 되다(2022.3.30: 예감)」와 지난달에는 연세대학교 73 경제학과 동기회장에 부임해 입학 50주년 기념사업으로 「우리들의 두 번째 이야기(2023.11.30)」을 발간하는 등 수많은 책을 발간하였습니다.

이같이 박사님은 전문 경영 분야 서적뿐만 아니라 수필집에서 좋은 글을 많이 쓰셨기 때문에 사족(蛇足)은 달지 않겠습니다. 예부터 문선일여(文仙一如)라 하여 글을 쓰는 것은 도를 닦는 것과 같다고 하였습니다. 특히 이미 발간한 박사님의 수필집을 보면 고향과 저자가 걸어온 길을 자랑스럽게 여기는 내용이 많습니다. 돌아가신 어머님의 교훈, 어머님 영전에 무릎 꿇는 등 잔잔한 가족 사랑, 제례 혼례 등 고답적인 시골 풍습의 탈피, 애향심이 담긴 자랑스러운 내 고향, 재경향우회의 체육대회 등 모두가 고향 마을에 대한 향수가 듬뿍 풍기고 있습니다.

박사님의 칠순(七旬)을 기념하는 「백향 고희집」의 발간을 다시 한번 축하하며, 이 책이 여러 사람에게 읽혀져 박사님에게는 평생의 보물(寶物)로, 독자들에게는 희망의 씨앗이 되어주길 기대합니다.

논어 위정편(爲政篇)에 보면 일찍이 공자도 "나이 일흔 살에는 마음이 내키는 대로 행해도 법도를 넘지 않았다(七十而從心所慾 不踰矩)"라고 하였습니다. 의역(意譯)하면 '나이 70이 넘으면 하고 싶은 대로 하라'는 뜻일 것입니다. 박사님의 아호(雅號)가 고향 쌍백(雙柏)면의 백(柏)과 그가 자란 향묵(香墨) 마을의 향(香)을 합쳐 만든 백향(柏香)입니다. 박사님의 아호처럼 항상 고향을 생각하며 측백나무 향기를 듬뿍 지닌 작가로서 이 나라의 선구자로서 앞날에 더욱 건필(健筆)하시고 행복하시길 기원합니다.

그의 면면(面面)은 화려하다

정효제
대한신학대학원대학교 전 총장

장면 # 1.

그는 직원들이 마련한 학교법인의 감사자료를 앞에 놓고 머리를 싸매고 있다. 아니 이걸 감사자료라고 내놓았나? 볼펜이 아니라 연필을 들고 이리저리 긋기 시작한다. 그리고 양식을 만들어 놓고 여기에 넣으라고 한다. 그리고 자료를 한장 한장 넘기는 것이 아니라 훑어보듯이 넘긴다. 그리고 숫자가 틀렸다고 말한다. 뭐 자세히 들여다보지 않아도 다 안다는 자세다. 흔히 취할 수 없는 전문가의 모습이 나온다. 내 얼굴에 부끄러움이 드러난다. 목사라고 하더라도 여느 목사와는 달라서 다국적 기업 한국 대표까지 했던 나이고, 영어로 만든 회계기준을 잘 만들어서 이 회계기준이 세계 90개국에 있는 지사들의 표준 회계기준을 다 바꿀 수 있을 만큼의 실력자였는데, 여지없이 깨지고 있었다. '사립학교 회계'라는 기준을 놓고 따져서 모든 과정을 다시 새롭게 한다.

학교 회계에 있어서는 연세대학을 필두로 한국 사립학교의 회계를 세워나간 장본인이고, 사립학교의 직원 연수에서 수석 강사인 것을 체험한다. 결국은 제일 빨리 학교법인의 임시이사회를 마치고 정이사 체제로 전환시켜 나갔다. 과연 그는 한국 최고의 사립학교 회계 전문가이다. 여기서 했던 뼈아픈 한마디, "아이고 ~ 교단 목사들이 왜 이래~~~"

장면 # 2.

탁구장, 반바지를 입고 폼 잡고 서 있다. 요리조리 돌아가는 2.7g짜리 가벼운 공을 바라보며 가쁜 숨을 몰아쉰다. 으라차차 스매싱도 해 보고 스핀 먹은 볼을 따라 스텝을 밟아 보지만 그만 우당탕! 발이 꼬이고 만다. 그래도 곧바로 일어나 다시 자세를 가다듬고 구슬 같은 땀을 흘린다. 어느새 몸이 흠뻑 젖어 샤워해야 할 지경이 된다. 일요일 예배를 같이 드리고, 다들 돌아간 뒤에 국제학교 복도 중앙에 자리 잡은 탁구장. 이 탁구장의 코치는 전 국가대표를 자랑하는 탁구 전문인! 그를 이기기 위해서는 모든 힘을 쏟지 않으면 어림도 없다. 나는 거기서 그의 승부욕을 보았고, 지지 않으려고 끝까지 노력하고 도전하는 자세를 보았다. 그는 도전의 사나이이다. 하지만 탁구 국가대표는 아무나 하나? 넘지 못할 벽도 있는 것이다.

요즘도 탁구는 좀 치시려나? 곧 탁구장에서 만나기를 기대해 본다.

장면 # 3.

줌으로 시작한 고전 공부 시간, 「백향 고전 동연회」 회장으로 그가 참여하는 새벽 시간, 이 새벽 시간이 때로는 농땡이를 피고 싶을 때가 있다. 전날 피곤했다거나 외국과의 시차 때문에(내가 함께 일해야 하는 곳과는 15시간 차이로 우리 밤 12시가 미국 중부시간으로 아침 9시니까 그때부터 일이 시작되는 날이 많다) 일하다 잠을 못 잔 경우에는 더욱 그러하다. 아침 6시 15분에 맞추어 놓은 알람이 세게 울어 젖혀도 그냥 끄고 다시 잠을 청해본다. 다시 잠이 들락 말락~~ 7시 1분 전! 어김없이 울리는 그의 전화벨 소리. 벌떡 일어나서 흐트러진 머리를 정리할 새도 없이 겨우 눈꼽 떼고 모자를 뒤집어쓰고 지하에 마련된 내 공부방으로 내려간다. 대문을 열고 나니 찬바람이 정신 차리라고 볼을 때리고 주섬주섬 컴퓨터를 켜고 ID, Password를 삽입한다. 내 이름이 오늘은 '물오른 물범'이란다. 얼른 참가자를 내 이름으로 바꾸고 들어간다. 나 왔어요~~!! 손 흔들고 참여하는 그 순간이 가장 빛나는 순간이다. 지각생의 무안함을 뒤로하고 내가 또 잘난 체(아무리 침묵하려고 결심을 해도 잘 안되는 병)를 하면서 마무리한다. 그는 고전 동연회에 본인의 호를 걸고 이끌고 있다. 공부에 진심인 평생 연구자 병수. 이제는 말을 거의 반을 놓고 있지만, 이 친구에게는 반말하기가 왠지 버겁다. 그런 친구가 병수아이가~~!

장면 # 4.

갠지스강(나는 무식해서 현지에 가서야 그 이름이 '강가'라는 것을 알았다), 반쯤 타다 만 시체를 바라보고 있는데, 인생이 이리 허무하게 흘러갈까를 토론한다. 그 시체를 태운 재를 흘려보내는 이

강을 어머니 강이라 하고, 성스러운 강이라고 해서 힌두 도인들이 길게 기른 머리를 감고 있다. 온몸은 강물에 담근 채로. 이게 무언가 싶다. 같이 간 인도 여행에서 삶과 죽음에 관해서 대화한다. 본인의 세브란스 장례식장에서의 경험들과 장묘문화를 토론한다. 그의 박식함에 놀란다. 죽음에 대해 일가견이 있음을 본다. 누구나 죽는다는 명제를 벗어날 수는 없지만, 그 방법은 여러 가지라는 것이 놀랍기만 하다.

그리고 돌아와서 애견이나 반려동물들을 장례 할 법이 없다는 것과 그 무덤을 만들어 추모할 수 있도록 해야 한다는 의견을 강력하게 피력한다. 나보고 땅을 구해서 이 일을 한번 해 보라고 권유한다. 실제로 봉담에 있는 한 신학교에 땅을 달라고도 해 보았지만, 하다가 말았다. 하지만 정박사는 이를 살려서 웰다잉(well dying), 죽음에 대한 일을 계속 이끌어 가는 것으로 확인된다. 이 양반은 도대체가 한번 꽂히면 포기가 없는 양반이다. 그래서 나보고 '끝까지 하는 것을 잘못하는 것 같아~~'라고 충고하는가 보다. 이 일도 끝을 볼 모양이다. 죽고 나면 다 별 볼 일 없는 거 아이가 친구야? 그런데도 끝까지 끌고 가고 있는 그 끈기에 감탄한다.

장면 # 5.

갑자기 용인 수지구 상현동으로 이사를 왔단다. 아들내미들 살림 내보내느라 한 바퀴 돌린 모양이다. 그런데 아파트를 구해서 온 것이 내가 살던 아파트 같은 동이다. 부인께서 구하셨다니 알고 한 것은 아닐 테고, 이런 우연이 있나? 나는 똑같은 크기의 아파트에 살다가 국제학교를 만들고, 학교 기숙사 건물에 입주한 상태였다. 그래서 그 동네에서 호숫가를 산책하기 좋은 것과 주변에 관해서 이야기하기도 했다. 하지만 압권인 것은 내가 그 동네에 살면서 한 번도 가보지 않았던(변명 같지만, 나도 가서 보고 싶은 마음은 항상 있었다) 조광조 서원과 유적지들을 돌아보고 나한테 한번 가보자는 것이었다. 함께 갔더니 서원과 성균관에 관한 연구를 이미 꽤 한 연후에 나에게 설명해 주고 있었다. 그 후에 다시 한번「백향 고전 동연회」회원들과 방문하게 되었는데, 계속해서 무엇을 아는지 질문하고 있었다. 이것을 아느냐, 저것은 아느냐 하고… 질문하는 교수님의 면모를 톡톡히 갖추었다. 그래요… 계속 질문하세요. 그래야만 제자 중 유대인 같은 노벨상 학자들도 나올 것이니까요…

장면 # 6.

나는 고향이 의령군 부림면이고 그는 합천군 쌍백면이다. 바로 이웃한 지리산 자락인데, 나는 초등학교(지금은 초등학교라고 해야지요?) 5학년 마치고 아버지 따라 이사를 나와야 해서 별로 고향에 대한 애틋한 생각이 없는 데다 때로는 집안 형님들이 무슨 무슨 일을 한다고 돈을 걷어가기에 귀찮기도 한 것이 고향인데, 그에게는 별난 것이 고향이다. 그래서 쌍백초등학교 동창회장을 하는 것을 보고 "아니 국회의원 출마 할라카요?"라고 물었다. 그리고 거기서 자랑스러운 '쌍백人' 상을 받는 것을 보고 놀랍게 생각했던 기억이 새롭다. 아니 그보다도 '이순신 장군이 백의종군하면서 지난 길이 바로 여기 합천에 있다'라고 하면서 열을 올릴 때 보면 그는 놀라울 정도로 고향 산천을 생각하고 길 하나까지도 의미를 附與하고 아끼는 사람이라는 생각을 떨쳐 버릴 수가 없다. 그가 나에게 하는 말 "합천에서 삼가를 지나면 신반 고개로 넘어가던데…". 이웃사촌이라도 이렇게 좋은 이웃이 또 있을까? 나도 모르는 길까지도 안내해 준다. 이런 친구가 병수 아이가~~~!!

장면 # 7.

선배에게 돈 빌렸던 이야기를 스스럼없이 하는 사나이. 이 사나이에게 나도 돈을 좀 빌렸다. 나는 국제학교를 하면서 어려움을 겪어서 교수 연금도 '일시불'로 받아 교원들 월급 주고, 직원들이 일부를 빌려주어서 마지막까지 버텨 보려다 실패를 한 적이 있다. 어떤 직원이 냈던 돈을 갚지 못해서 정 박사에게 좀 빌려 달라고 했다. 두말없이 돈을 빌려주면서 물론 선배에게 빌렸을 때와 마찬가지로 차용증을 쓰게 했다. 지금도 우리 둘의 관계가 계속되는 걸 보면 '돈 잃고 사람 잃은' 사례는 아닌 것 같다. 누가 어려움에 봉착한 것을 보고서 그냥 넘어가지 않는 의리가 정 박사에게는 있다. 하지만 이 글을 읽은 사람들이 마구 정 박사에게 돈 빌려 달라고 해서는 안 될 것이다. 빌려달라고 할 때는 돈이 많이 있을 때 부탁을 해야 하는데, 내가 밝혀 두는데, 그는 돈이 없어도 티를 안 내는 사람이다. 이만하면 방어가 되었는지 모르겠소! 정박사!!!

여러 꼭지를 더 쓰고 싶지만 다른 분들의 지면을 내가 많이 빼앗는 것 같아 '럭키 세븐'으로 끝내려 합니다. 그는 회계사의 얼굴을, 스포츠맨의 승부사 얼굴을, 고전연구회 회장의 얼굴을, 끈기맨의 얼굴을, 질문하는 교수님의 얼굴을, 향토 사랑꾼으로서의 면모를, 의리의 사나이로서의 얼굴 등등 수없이 많은 역할과 얼굴이 있는 사람입니다. 친구요 스승인 정병수 박사가 우리와 끝날까지 건강하게 잘 지내다가 천국에 가서도 만나서 반갑게 같이 놀 수 있기를 바랍니다. 참 내가 목사라는 이야기를 빠뜨렸네예. 큰일 날 뻔 했씸더~~~.

추억을 만드는 사람

김재환
란 스튜디오 회장

흔히 사진가(寫眞家, 영어: photographer) 또는 사진사(寫眞師)를 '추억을 만드는 사람'이라고 한다. 즉, 사진을 전문적으로 촬영하는 사람이나, 사진 찍는 일을 직업으로 하는 사람을 말한다. 이를 분류하면 신문 등의 보도 사진을 촬영하는 사람, 풍경을 전문적으로 찍는 사람, 인물만을 전문으로 찍는 사람, 상품을 찍는 사람, 사진관 같은 곳에서 고객이 원하는 대로 찍어주는 사람 등으로 나뉜다. 장르는 전쟁 사진작가, 동물 사진작가 등도 있다. 사용하는 카메라도 다양하여, 사진가마다 색상을 달리해 다양성을 추구하거나, 컴퓨터 그래픽(CG)을 사용하기도 한다.

내가 전문직업인인 사진사로 들어서게 된 계기는 1982년 ㈜란 스튜디오를 창업하면서 시작되었다. 이후 고 윤보선 대통령 등 우리나라 역대 대통령 중 7명의 존영을 촬영하였고, 방한한 엘리자베스 영국 여왕도 공식적인 사진가로 근접 촬영한 것은 내 생애에 있어 큰 행운이었다.

그러다가 연세대학교가 졸업 동문들끼리 모교의 발전을 위해 함께 모여 논의를 하거나 단과대학 개별 현안을 숙의할 회관 같은 건물의 필요성에 공감대가 형성되었다. 이를 위한 재정은 동문들의 십시일반 기부금으로 하기로 합의가 이루어졌으나 결과적으로는 당시 총동문회장을 맡고 계시던 김우중 회장의 거액 희사로 오늘날 다른 대학이 부러워하는 '연세동문회관'이 준공된 것이다. 이러한 과정에서 본인도 상당한 금액을 기부하였다.

나는 그것이 계기가 되어 동문회관에 "란(蘭)스튜디오"를 오픈하여 연세 출신들의 사회적 위상에 어울리는 개인 사진 또는 단체 사진을 공급하기 시작하였다. 그렇게 제공된 사진은 개인적으로 자긍심을 가지는 데 일조를 하였다. 그런데 연세동문회관은 외형상으로는 동문회관이지만, 캠퍼스(校地) 위에 건축된 것이므로 교육용 건물이 되거나 세무상 수익용 건물이 될 수밖에 없었다. 수익용 건물의 관리는 사립학교법상 대학의 재단이 관리하도록 규정되어 있었던 모양이다. 이러한 복잡한 규정을 정리하는 것은 그렇게 간단하지 않다. 그런데 이를 뒤에서 백업(Back Up)하는 사람이 누구일까 궁금하여 알아본 결과는 연대 재단 본부에 "정 차장"이 있다는 것이다.

궁금하기도 하고 우리 회사에 도움이 될 만한 얘기도 듣고 싶어 미팅을 여러 차례 시도했으나 보통 직원과는 달리 식사는커녕 차 한 잔을 같이 하는 것도 거절하는 것이 아닌가? 조금은 심하다 싶다가도, 사유를 알아보면 동문회관에는 재단에서 파견한 소장이 있으므로 그 소장을 통하여 민원을 해결하는 것이 경영의 ABC라고 하는데 이의를 제기할 수가 없었다. 그렇게 해서 나는 정 차장의 이름이 정병수 차장이라는 것을 들어서 알고는 있었지만, 나에게는 상당 기간 얼굴 없는 '약간은 두려운 인물'로 이미지를 고착시키고 있었다.

그렇다가 정병수 박사가 재단 본부 처장이 되었을 때 처음으로 대면할 수 있었다. 그리고 명함을 주고받으며 깜짝 놀랐다. 처장 이전에 연대 상대를 졸업하고 공인회계사요 경영학박사이며, 겉모습과는 달리 경남 합천 산골 출신이라고 하는 것이다. 정년을 한 뒤 출간한 그의 수필집 "영원한 촌놈"에서 본인을 영원한 촌놈이라고 주장한다. 정병수 박사는 어린 시절 서울로 유학하였으니 아마 이분은 고향마을에서 수재였구나 하는 생각을 안 할 수 없었다.

합천이라면 "전두환 대통령"의 고향으로 더 많이 알려졌지만, 우리나라 불교의 대표적인 '해인사'가 있다 이 사찰은 명산인 가야산(伽倻山) 줄기에 앉아 있고, "산은 산이요 물은 물이다."란 법어(法語)로 유명한 "성철 종정 스님"께서 열반하셨던 사찰이다. 영원한 촌놈이라는 정병수 박사는 합천에서 "소먹이" 꼴 베고 농사일을 했던 분이다. 아무튼 처음 인사차 재단 사무실에 방문해서 처음 뵙는 처장님은 큰 안경에 옅은 미소가 인상적이었다. "대연세대학 재단 처장이면 잘 생기고 카리스마가 넘칠 법한데 언어는 어눌하고 말수도 적고 경상도 분치고는 조용한 성품이 인상적이었다. 단, 정 박사님의 눈을 보면 살아있어 내공이 차고 예사롭지 않았다. 재단 처장으로 연세대학의 서울 본교, 인천 송도, 원주 등에 개혁이 일어나 그 많은 일을 진두지휘하면서 잡음 없이 묵묵히 진행하시는 모습이 지금도 눈에 선하다.

흔히들 연세대학은 주인 없는 대학이라고 한다. 이는 역대 훌륭한 총장님과 실무에 밝은 회계학 전공의 처장이 계셔서 가능하지 않았을까 생각된다. 언젠가 처장에서 본부장이 된 후 "김 회장님! 시간 좀 내셔서 간단히 점심도 할 겸 서울역 세브란스 빌딩에 같이 가시죠" 동행해 빌딩 지하상가를 안내하면서 여길 어떻게 생각하세요? 의견을 묻기에 본부장님 새로운 계획이 있으세요? 예, "너무 오래된 상가여서 디자인도 없고 환경이 너무 낡아 쾌적하게 해볼까 해서 저의 의견을 ^^" 제가 전문가는 아니지만, 저의 생각을 말씀드리니 신중하게 듣고는 오늘날의 새로운 환경으로 탈바꿈했다.

정 박사님은 전문가와 이용자 편 의견을 많이 듣고 하는 분이다. 정 박사님은 뚜벅뚜벅 걸으면서도 생각이 많고 책임감이 두텁다. 언젠가 식사 중 많은 형제분이 있어도 의견이 분분하여 '조상으로부터 부모님'을 모시는 가족공원 묘지 말씀하시면서, "묘지 디자인과 사후 가족묘지 명칭을 어떡할까?" 고민하시는 모습을 보면서 "몸이 열 개라도 부족한 분이구나"라고 생각하니 존경심에 고개가 떨구어진다.

우리는 코로나 사태가 다소 진정될 때 가볍게 저녁 한번 하자고 연락을 했다. 약속 시간에 먼저 가 기다리고 있는데, 10미터쯤 떨어진 곳에서 누가 걸어오는데, 아주 불편해 보였다. 혹시나 하고 문을 열고 나갔더니 정병수 본부장이었다. 나는 한걸음에 충격을 받았던 생각에 지금도 마음이 아프다. 박사님은 허리가 안 좋다고만 하고 말이 없다. 나는 걱정만 할 뿐이지 어떤 도움이 되지 못해 송구할 뿐이었다.

그런데도 책을 쓰신다고 하면서 나에게 몇 자 적어달라고 하는데, 차일 미루고 고민만 했다. 왜냐하면 내가 글 쓰는 재주도 없거니와 정 박사님께 누가 되는 일이라 생각했기 때문이다. 나는 한 길을 걸어온 사진사이다. 사진은 진실이어야 한다. 진실과 함께 추억을 만들어야 한다. 이런 내가 존경하는 박사님과 교류하니 행복하지 않을 수 없다. 정병수 박사님의 건강 회복을 간절히 기원한다.

2

합천땅 쌍백인이여, 영원하라!

나의 큰 바위 얼굴

박방렬
초등학교 동창

정병수 박사와 나는 경남 합천군 쌍백면 소재 쌍백초등학교 동창이며, 연세대 대학원 석사 동문이기도 하다. 정박사는 지금까지 살아오면서 나와 함께 한 시간이 가장 많은 절친 중 한 사람이다. 이번에 정박사가 칠순을 맞이하여 "정박사 자신과의 인연과 관계"에 대한 원고청탁을 받고, 허술한 필력이지만 응하기로 했다. 왜냐하면 이 일은 정박사와 함께 지나온 시간을 뒤돌아보는 소중한 계기가 될 수 있기 때문이다. 정리하다 보면 좋은 날도 있지만, 크게 뉘우치고 반성해야 할 일도 있으리라. 동양인들은 새로운 사실을 알게 될 때 장유유서(長幼有序) 문화에서 벗어나지 못하고 스승이나 나이가 많은 부모님이나 형들에게서 배웠다고 으레 대답하나, 유대인들은 친구라고 한다네. 그러니 통 큰 네가 아량을 베풀어 주기를 바랄게.

1. 군대 입대로 생활 방법의 변화

1) 입대 전은 막내티 청소년

나는 6남매 중 늦둥이(어머님 40에 출산) 막내로 태어나 유년 시절부터 내리사랑을 많이 받았다. 해서 자립심이 부족하고 개구쟁이로 자랐다. 이러한 현상은 초등학교 시절 내내 이어졌기에 우유부단하고 집중력이 떨어지는 학생 그룹에 속했다. 반면 정박사는 일찍이 철이 들어 초등학교 시절부터 어른스러웠고 무게감도 있었다. 초등학교 학업성적도 나보다 좋았다. 나는 6학년 2학기에 초에 시골 생활을 마감하고 가족 전체가 마산으로 이사했다. 마산 성호초등학교로 전학을 하게 되었다(나는 졸업장이 두 개이다). 이렇게 정박사와 헤어지게 되었다.

그 이후 나는 8년 동안 쌍백초등학교 동창들과 소식을 닫고 부산에서 대학을 재학 중, 대학까지 진학한 몇 안 되는 동창 중에서 가장 결혼을 먼저 하게 된 서울대 농대에 다니던 P군 결혼식을 계기로 정박사와 재회하게 되었다. 혼례는 예식장이 아닌 쌍백면 안구 마을 P군 집 안마당에서 구식으로 진행했다. 정박사의 제안(아이디어)으로 나는 P군 결혼식에서 사회를, 정박사는 축사를 했다. 이때 정박사는 연세대 경제학과를 나는 부산 동아대학 건축공학과를 다니고 있었다. 예식이 끝나고 정박사와 울산공대에서 공부하고 있던 J군과 함께 부산으로 이동하여 내 방에서 하룻밤을 같이했다. 코흘리개 초등학생이 대학생 성인이 되어 만나 학교 선생님과 남녀 동창 근황 이야기를 많이 나누었다. 그때 앞으로 자주 소식 전하며 살자고 약속을 했다.

나는 대학 2학년을 마치고 군 입소하기 전까지도 막내 기질의 하나인 "스스로 해결하는 능력의 부족" 증상이 계속되었다. 다행히도 전역 후는 막내티를 완벽하게 극복하게 되었다. 군대 생활 3년이 큰 약이 되었다. 가장 큰 변화는 "큰 형님의 재정적 도움의 그늘에서 벗어나 재정적 독립을 해야겠다"라는 것이다. 다행히도 스스로 잘 실천했다. 지금도 어려움이 닥치면 힘들고 고생했던 군 생활을 상기하며 잘 헤쳐 나간다. 나의 인생을 돌아보면 군대 생활 전(前)과 후(後)로 크게 나눌 수 있다.

2) 복학, 취업 그리고 독립

그 후 또 5년 정도의 세월이 지났다. 나는 3학년 1학기로 복학하여, '한눈팔지' 않고 촌음도 아껴가며 정말 학업에 집중했다. 대학 졸업을 앞두고 모교 교수가 되리라 결심했다. 건설회사 취업을 포기하고 석·박사는 서울에 유학하기로 했는데, 연세대학교 대학원 건축공학과 석사과정에 입학하였다. 서울 생활이 본격적으로 시작되었고, 이를 계기로 정박사와 자주 만나게 되었다. 2년 후 공학 석사학위를 받아 현대건설을 거쳐 대한주택공사(현, LH공사)에 과장으로 입사했다.

주택 공사를 다니면서 동국대학교 대학원 건축공학과 박사과정에 입학하였다. 생업과 학업을 병행하느라 5년 만에 건축공학 박사 학위를 받았다. 이론(박사 학위)과 실무경험을 높게 인정받아 대학을 졸업하고 18년 만인 39세로 건설부(현재, 국토교통부) 산하 "건설 기술 교육원" 교수로 임용되어 65세에 퇴직했다. 건설기술인의 날에 건설업 발전에의 공로로 국무총리상도 받았다. 돌아보니 평생을 연구하고 가르치는 선생을 천직으로 삼고 살았다. 따라서 활동 범위가 한정적이고, 주로 갑(甲)의 자세로 생활했다. 더구나 평생 누구의 눈치를 볼 필요가 없는 전문직이었다. 그 결과 나는 자연히 "자아가 강하다, 자기중심적이다, 직설적이다, 혼자서도 잘 논다."라는 평을 받았다.

반면에 청운의 큰 뜻을 품은 정박사는 강한 정신력으로 고등학교부터 서울로 유학했다. 사학의 명문 연세대학교 경제학과를 졸업하고 공인회계사에도 합격하였다. 그 이후에도 직장과 학업을 병행하며 석사와 박사 학위도 받았다. 정박사는 깡촌 쌍백면 출신으로 '연세대학교 부총장' 직급에 해당하는 재단본부장으로 퇴직했다. 남들이 부러워할 정도로 삶을 성공적으로 잘 정리했다. 대단하고 훌륭한 친구다. 정박사는 나와는 다르게 협상과 뭘 연결하는 능력이 탁월하다. 또한 다양한 분야에 해박하다.

경영자 · 감사 · 교수 · 공인회계사 · 수필가이기도 하다. 학회 활동도 열심히 했다. 그 밖에 사회생활을 폭넓게 하며 많은 업적을 쌓았다. 다 나열할 수 없을 정도이다. 뿐만 아니라 가족 · 고향 그리고 출신 학교에 대한 사랑이 강하고 크다.

2. 정병수 박사와 함께한 세월

서울살이 이후 최근까지 정박사와 함께 한 활동은 독서·성경·역사모임·댄스·등산·바둑 그리고 동창 모임 등 아주 다양하다. 우선 기억을 더듬어 내가 보고 느낀 정박사에 대하여 언급하면 다음과 같다.

1) 각종 모임 참여와 활동

오늘날 모임이라 하면 그 종류가 대단히 많다. 산업이 발전되고 취미가 다양할수록 그 수는 늘어난다. 친구 따라 강남 가듯 정박사를 따라 참여한 모임 몇 가지를 소개한다.

가) 역사 공부

연초에 세운 계획표에 따라 매주 1회 모여 우리나라 역사, 세계사, 역사적 인물 등을 대상으로 순서에 맞춰 발표 자료를 만들고 발표한 후 토론하는 아마추어 역사모임이다. 토스트와 커피로 간단하게 조찬을 하고 7시에서 8시 30분까지 진행했다. 연말에는 발표 자료를 모아 책자로 발간을 한다. 현재 회원은 100여 명으로 1회 평균 참여자 수는 30여 명이나 된다. 한동안 내가 건설기술교육원 서울 강남 분원장으로 근무하고 있던 강의실에서 모임을 하기도 했다.

이런 공부에 나를 놀라게 하는 친구이기도 하다. 연초에 각자 맡은 역사적 사건이나 인물에 대해 순서를 정해 발표하며 질의하고 발표자가 응답하는 동아리이다. 언젠가 정박사가 ^^고구려 광개토대왕^^에 대하여 발표를 했다. 만주 지안(集安) 있는, 광개토대왕비(한반도에서 가장 큰 비석이다)를 직접 가서 탐방하고 자료를 정리해서 현장감 있게 발표한 적이 있다. 발표 준비를 위한 열정과 자세가 나를 놀라게 했다.

나) 성경 공부

유럽을 여행하다 보면 성경을 모르는 자가 관광을 하는 것은 장님이 코끼리를 만지는 것과 비슷한 경우라고 할 수 있다. 따라서 상식적인 필요에서도 성경 지식은 필요하며. 신앙적인 면에서는 말할 필요조차 없다. 교재는 특별 교재를 주로 사용했으며 · 영어 겸용 성경으로 했다. 정박사는 중도에 포기는 했지만, 배움에는 끝이 없는 친구다.

다) 동창회 참여

정박사의 안내로 쌍백초등학교 졸업생으로 서울에서 사는 동기 모임(40여 명으로 학력과 직업이 다양)에도 자연스럽게 합류하게 되었다. 나는 남들보다 늦게 재경 쌍백초등학교 동창 모임에 합류하였으나 이후는 열정적으로 참여했다. 초등학교를 졸업하고 17년 만에 조우하였으나 금방 말을 트고 가까이 친하게 지낼 수 있었다. 마침 정박사가 동기회 초대 회장을 맡아 열정적으로 이끌어 활성화되었다. 참석자가 매년 증가하였고 특이하게 여성의 참석자가 남성보다 더 많았다.

정박사는 연세대 사무국에서 자기의 본업에 충실하면서 시간을 쪼개어 서울에 있는 동창 발굴과 참여를 독려하고 바쁜 가운데서도 사진과 전화번호를 첨부한 32회 쌍백초등학교 동기회 주소록 발간을 주도했다. 나도 편집위원으로 참여했다. 지나고 보니 정박사가 초기 서울 쌍백초등학교 32회 동창회 발전과 결속에 크게 기여하였다.

나아가 삼가 중학교 동기회장도 맡아 물심양면으로 발전에 크게 기여했다고 알고 있다. 눈치 없게 나는 때로는 삼가중학교 동창 모임에도 따라갔다. 정 박사는 합천군 향우회까지도 음으로 양으로 많은 도움을 주었다. 생각의 폭이 넓고, 에너지가 차 넘치는 친구다.

2) 큰 바위 얼굴

이 글을 쓰다 보니 문득 초등학교 교과서의 '큰 바위 얼굴'이 떠오른다.

가) 장남(長男) 아닌 장남

정박사 집을 방문 했을 때이다. 정박사가 두툼한 정씨 족보와 잘 정리된 가족 앨범 그리고 부모님 유품들까지 펼쳐놓고 하나하나 세세하게 설명했다. 그뿐 아니라 선대 산소를 새로이 아름답게 조성하는 공사 과정 사진도 보여주었다. 대단한 토목공사이고 조경사업이었다. 장남도 아닌데 집안 대소사를 짊어지고 잘 헤쳐나가는 정박사가 나에게 큰 바위 얼굴로 다가왔다. 나의 경우 큰 형님이 주도적으로 집안일을 도맡아 했다. 집안에서 나의 존재감은 미미하다. 그저 늦둥이 막내로 태어나 일생 나 중심의 삶을 살아온 나에게는 큰 충격이었다. 반성을 또 한 번 하게 되었다.

나) 회개(悔改)하는 새로운 칠순 모임

얼마 전 집안 가족들과 조촐한 고희 모임을 하였다고 했다. 이 자리에서 정박사가 형님·누님·동생 모두에게 일생 살아오면서 자기도 모르게 기분 상하게 하고 마음 아프게 한 일들에 대한 일종의 반성문(고해성사?)을 작성해서 식사 끝에 금일봉과 함께 주었다고 한다. 동시에 각자 봉투를 개봉해 편지를 읽기 시작했고 순간 눈물바다가 되었다고 한다. 얼마나 의미 있고 울림을 주는 가족 고희 모임인가! 나는 감히 생각하지도 못한 발상이다. 항상 한발 앞서가는 정박사가 나를 또 한 번 놀라게 했다.

3) 취미 활동

가) 산행

등산은 서울 근교 접근성이 좋고 악산보다는 서울시민이 많이 가는 트레킹 코스를 선호했고 대략 3시간 전후 산행을 하였다.

정상에서 김밥과 간식으로 막걸리 한잔하고 산에서 내려와 샤워하고 대국 비용과 저녁(순대국+막걸리) 내기 바둑을 자주 두었다. 승자는 대국 비용을 내고 패자는 저녁을 제공한다는 둘만의 규칙이다.

나) 바둑

정박사와 2호선 교대 전철역 부근 기원에서 월 2~3회 바둑을 두었다. 때로는 정박사 사무실에까지 가서 두기도 했다. 수담을 하다 보면 나에게 위기의 순간이 온다. 나름 제법 시간을 투자하여 이리저리 경우의 수를 가름해 보고 착수를 하면 정박사는 ^^간혹 고개를 천천히 들어 올려 나를 멍~하니 쳐다볼 때가^^있다. 순간 ^^내가 대응을 잘했구나^^ ^^이렇게 좋은 수를 두다니~놀라는구나^^ 해석하고 내심 좋아했다. 그러나 몇 수를 진행하다 보면 정박사 특유의 행동은 내가 잘못 두었다는 일종의 경고였다. 이는 세월이 지나고 보니 정박사가 나보다 한 수까지는 아닐지라도 적어도 반수 정도는 앞선다는 확실한 증거다.

승률은 6대4 정도다. 따라서 저렴한 대국 비용은 정박사가, 밥과 곡주는 내가 주로 공양했다. 바둑에서는 내가 지출이 많았다. 하수의 서러움으로 감내해야 했다. 내가 유리한 경우는 2대2이거나 3대3일 경우 최종국으로 저녁 8시가 넘어서까지 대국을 할 경우다. ^^정박사가 "나는 잘 시간인데 졸린다." 하품하며 연방 중

얼중얼 얘기할 때^^이다. 나는 늦게 자는 올빼미 타입이나 정박사는 밤 9시 취침, 새벽 3~4시 기상하는 아침형 인간이기 때문이다. 이 경우에는 내가 확실하게 승률이 높았다.

다) 식사

식도락은 정박사나 나나 잡식에 가깝다. 어떤 특별한 음식으로 편애하지 않고 다 맛있게 잘 먹는 편이다. 찌개라면 잡탕, 지리보다 매운탕이 좋다. 나와 비슷하다 종류는 맥주·소주도 하지만 주로 막걸리를 선호한다. 주량은 알려진바 반병 정도다. 기분이 동하면 한 병이다. 둘 다 소량에도 얼굴이 빨갛게 홍조를 띤다. 점심에 가능한 약주를 피하는 이유이기도 하다.

라) 기타

댄스 모임을 같이 한 적이 있다. 댄스에 대한 이해도와 실전 적응 능력 그리고 이해도는 내가 정박사보다 좋다. 자긍심이 생긴다. 나는 지금도 댄스를 계속하고 있다. 노년 건강 유지에 많은 보탬이 된다. 정 박사 골프 실력은 핸디캡으로 표현하면 세 자리다. 100을 넘는다는 것이다. 드라이브를 휘두르면 힘이 좋아 장외로 거의 홈런이다. 골프 용어로 OB라는 것이다. 골프는 힘으로 하는 것이 아니다. 나의 핸디캡은 보기(18) 수준이다. 내가 정박사보다는 스윙이 부드럽고 정교하며 코스 공략을 잘한다는 의미다. 골프는 내가 한 수 위다. 기분이 좋다.

3. Memento Mori(죽음을 기억하라)

최근에 정박사 전화를 받았다. '척추측만증'으로 집사람 도움 없이는 자립 보행이 힘들다고 했다. 너무 늦어서 수술도 어렵다고 한다. 도수치료에만 매달리고 있다고 한다. 청천벽력이다. 참으로 안타까운 일이다. 100세 시대로 아직도 한참을 건강하게 살 수 있는 나이인데… 정 박사에게 어쩌다 이런 일이 생기는가? 오호 통재로다!

나도 5년 전 65세에 건설기술교육원 교수로 퇴직을 했다. 긴장감이 풀려서인지 은퇴 후 허리가 자주 불편했다. 정형외과에서 정밀 검사를 했다. 척추에 류마티스관절염과 협착증이 있다 했다. 허리 통증으로 재채기와 기침이 무섭고 스스로 계단을 오르지 못했다. 의사 처방은 과격한 운동 즉 골프·등산은 피하고 주로 평탄한 곳에서 걷기 운동을 하고 또한 평소에 바른 자세 유지가 중요하다고 했다. 그리고 주 2~3회 내원해 물리치료를 받으라고 했다. 그래도 계속 아프면 진통제를 놓아주겠다고도 했다. 만약 차도가 없이 통증이 점차 심해지면 마지막 단계는 수술해야 한다고 엄포를 놓았다. 눈앞이 깜깜했다. 나는 이 순간부터 의사 말에 순종하며 전적으로 재활 운동에 매달렸고 한편으로는 사력을 다해 근력 강화 운동도 병행하였다.

나는 우선 내 건강을 회복해야 했기에 퇴직 전까지는 정박사와는 꾸준하게 소통하며 지냈지만, 현직에서 물러난 후 허리 통증

치료에 매달렸던 4년 동안은 정박사뿐만 아니라 지인들과 연락도 끊었다. 오로지 허리 치료와 근력운동에 매달렸다. 아마도 내가 허리 통증으로 고통받고 치료받는 시기에 정 박사에게 척추측만증이 온 것으로 보인다. 내가 너무 민망했다. 내가 조금 빨리 정 박사에게 연락을 취했더라면 하는 아쉬움이 크다. 정박사! 시골 촌놈이 서울로 유학을 한 것도 장하지만, 심한 경쟁 속에서도 낙오하지 않고 각고의 노력으로 정말 많은 것들을 다 이루었잖아! 그 정신으로 병마와 싸워 꼭 이겨 내기를 바란다. 정 박사에게 불가능은 없다.

버려야 할 것이
무엇인지를 안 순간
나무는 가장 아름답게 탄다.

그렇다. 나는 오늘도 네가 "박 박사! 바둑 한 수 하자."라는 바리톤 음성으로 불러주기를 기다리고 있다.

할 일이 아직 남았으니, 건강하게 하여주시옵소서

정주영
초등학교 친구

나와 백향(柏香) 정병수 박사는 초계정씨(草溪鄭氏) 대사성공파의 후손으로, 경남 합천군 쌍백면(雙柏面) 육리에서 태어났다. 다만 육리 중에서도 나는 묵동(墨洞)마을에서 28세손으로, 정병수 박사는 묵동마을의 초입인 향묵(香墨) 마을에서 29세손으로 태어나 자랐다. 묵동 마을과 향묵 마을은 약 150m 정도 떨어진 거리다. 백향과 내가 초등학교 다닐 때 가구 수는 향묵 마을이 20호 정도고, 묵동마을이 140호였다. 특히 묵동(묵골) 마을은 한 집을 제외하고 모두 초계정씨만 산 전형적인 집성촌이었는데, 이제는 그때 가구 수의 절반이나 될지 모르겠다.

나는 매일 2km를 걸어서 초등학교를 통학했다. 등하교 시 백향 집 앞을 지나야만 했다. 나는 백향보다 비록 나이는 1살밖에 많지 않지만 내가 항렬이 높기에 백향에는 집안 아재(아저씨)가 된다. 우리가 성인이 되자 나는 창원에, 백향은 서울에 각각 달리 살다 보니 자주 안부를 묻곤 하지 못했다. 아마 백향이 고향에 살거나 인근에 살았다면 우리 초계정씨 대종회 묘사를 비롯하여 제

반 공동 사업에 시너지가 분출되었을 것이다. 미션 스쿨인 연세대학교와 관계가 깊은 정병수 박사가 호(號)를 백향(柏香)으로 정했다 하여 성경에 나오는 백향목에서 따 왔을 것으로 일찍 짐작하였으나 그게 아니고 고향인 쌍백면에서 백(柏)자를 취하고 마을 이름인 향묵에서 향(香)자를 취한 조어라는 사실을 알고 조카를 다시 보게 되었다.

나는 오늘 고향에 있는 우리 대종회 재실인 물계정(勿溪亭)의 환경정비를 하고 창원 집으로 이동 중 전화를 받았다. 요즈음 건강이 안 좋아 외출도 자제하고 있다는 말에, 나는 어떤 위로의 말도 할 수가 없었다. 그러면서 그동안 아재가 우리 집안에 대하여도 잘 알고, 자기에 대하여도 많이 알고 있는 점을 부담 없이 글로 적어 달라고 청탁을 하는 것이 아닌가? 먼저 초계정씨의 시조는 배걸(倍傑)로 경남 합천군 쌍책면 성산리 옥전 고분(2023.10월 세계문화유산 지정) 주변에 묘가 있다. 고려 말경이다. 옥전 고분 일대는 조선 시대까지는 초계현(草溪縣)에 속하였기에 우리 본관을 '초계정씨'라 부른다.

백향은 나보다 세손, 나이, 학교 모두 한 살 아래지만 가족관계는 특별하다. 나의 부친 현명(27세손, 호는 광암)께서는 백향의 부친 노영(28세손, 호는 농포)형님보다 4살 많아도 누구보다 친밀한 사이였다. 또한 농포(노영) 형님께서 고향 쌍백면에서 부면장으로 퇴직하자 나의 외삼촌(김홍기)이 부면장(아들 형호는 백향 동기생)이 되었고 농포께서 쌍백 농협장을 퇴임하자 나의 사촌 형(수영)이 12년간 농협장을 역임했다. 농포 형님의 전답은 모두 학교 다니는 길옆에 있었다. 그 때문에 우리는 백향 형제들이 농사일하는 것을 자연스럽게 자주 볼 수 있었는데, 농포 형님께서 성품이 워낙 엄격하여 백향 형제들은 부지런하고 검소했다. 백향 부친 되시는 농포(노영)형님께서는 체격도 좋으시고 한학을 겸비한 학자로 막걸리(두주불사)를 좋아하셨다. 쌍백 부면장과 농협조합장도 역임하셨다. 당시 백향 집이 마을에서 전답이 가장 많은데도 머슴은 한 사람만 채용하여 농사를 지었으니 백향 형제들은 공부보다는 소먹이기, 풀베기 등 농사일을 할 수밖에 없었다. 특별히 백향 모친은 정씨가문에 출가한 11대 종부로서 가사 일과 농사일에 많은 고생을 하셨지만, 불평불만 한번 표시한 적이 없으시다고 마을 전체에 알려진 훌륭한 여성이었다.

그러한 엄한 아버님과 덕성스러운 어머님 밑에서 자란 백향은 공부 잘하는 1년 후배였다. 내가 진주중학교에 입학했으니, 백향도 당연히 진주중학교로 입학할 줄 알았다. 그런데 막상 집에서 약 6km 떨어진 삼가중학교에 입학했다는 소식을 듣고는 이해되지 않았다. 그러나 백향은 시골 삼가중학교를 졸업하고도 서울 중동고등학교에 진학했다. 백향 모친의 일화도 유명하다. 모친께서는 집안 우애를 중요하게 생각하는 분이셨다. 백향 부친께서 농협장 재임 시에도 가정에 필요한 생활용품을 농협 구판장에서 매입하지 않고 나의 가게에 와서 구입한 인자하시고 정이 많으신 집안 형수님인데, 정씨 가문에 시집오셔서 호강 한번 못해보고 1976년 여름에 저 세상(저승)으로 떠나셨다.

그때 백향은 대학생 신분으로 어머님의 장례식에 할 수 있는 유일한 수단은 눈물뿐이었다. 할 수 있는 것이라곤 하나도 없는 상태에서 오열(嗚咽)하던 백향을 보면, 보는 이도 무력감에 눈시울이 뜨거워지던 모습이 지금도 선하다. 백향 모친 장례식 후 백향의 소식을 자주 듣게 된 것은 내가 1978년 백향 동네 밑에 농지를 매입하여 삼화 목장(낙농업)을 운영하고부터 농포 형님을 통해서이다. 농포 형님께서 많은 농사일을 혼자 하시면서 고생을 할 때 수시로 내 목장에 오셔서 나와 막걸리 한 사발 하시면서 집안일과 가족 이야기를 많이 하셨다. 농포 형님께서는 나에 대한 애정이 남다른 분이셨고 소먹이 볏짚도 저렴한 가격으로 모두 주셨지만, 목장 주변에 있는 농포 형님 전답만은 내가 꼭 필요하여 매도를 수차례 부탁했지만, 자식들 몫이라며 거절하신 분이다.

농포 형님은 평생을 구수한 된장찌개와 갈치구이, 막걸리 한잔 하면서 식사를 하시고 입담도 좋으신 분인데, 서울에 다녀오시면 당시 서울 생활풍습으로 대접받은 음식이 돈만 비싸고 입맛에 맞지 않아서인지 불편해했다. 농포 형님께서는 당시 합천군 향교와 유림 등에서 많은 활동을 하시고 예의범절을 중요하게 생각하신 분이다. 내가 1985년 우유와 소값 폭락으로 젖소를 처분하고 1987년 12월 30일 창원으로 이주하고 난 이후에는 백향의 소식은 백향의 초· 중 동기인 김재두를 통하여 간혹 듣고 있었는데, 백향이 얼마나 애향심이 강하고 집안 화합과 발전에 대하여 관심이 많은지 알 수가 있었다. 백향이 회계학 박사 취득 시 고향마을 분들을 위한 선물과 음식을 준비하여 큰 잔치를 할 당시 참석하려고 했지만, 그때 나는 철인 3종 경남체육회 감독으로 선수들과 전지훈련 관계로 참석하지 못하였고, 이후 고향 방문 때 이장이 병수 회계학박사 취득 선물이라며 전달하기에 가문의 영광이라 가슴이 뭉클했다.

백향의 고향 사랑과 활동은 아무래도 모교 쌍백초등학교 총동창회 회장 4년 재임 시가 아닌가 한다. 면사무소의 회의 때 많은 동문이 참석한 자리에서 어떻게 하면 고향이 발전하고 인구가 증가할 수 있는지에 대해 외국 사례를 참고로 한 구체적 자료를 제시하여 설명할 때 참석자 모두는 감동했다. 또 백향의 기부와 도움으로 2013년 쌍백초등학교 개교 81주년 기념 "모교의 역사와 기수별 대표들의 경험담"을 기록하여 발간한 책, 「우리들의 발자취」와 「우리들의 이야기」는 동문의 소중한 자산이다. 아무나 이런 일을 추진하고 실천할 수 없는데 애향심이 남다른 백향 같은 동문이 있었기에 가능한 일이었다.

서울에 사는 서예가 소헌 정도준 형님(연희 사촌 오빠)은 백향이

가문의 영광이고 고향에의 관심과 애정이 많아 문중에서 늘 고맙고도 감사하게 생각하고 있다고 하셨다. 백향이 연세대 재단 본부장 재임 시 그동안 소통 한 번 제대로 하지 않는 내 전화를 받고 첫마디에 "아재 부탁인데 거절할 수 있습니까?"하며 농구 특기생으로 연세대 체육학과에 입학(스포츠 마케팅 전공)한 둘째 형(인영) 손자 화용이가 연세대 기숙사에서 생활할 수 있도록 도와준 고마움은 가슴 깊이 간직하고 있다.

그리고 2023년 5월 초등학교 총동창회 날 비가 억수같이 오는데 백향이 불편한 몸인데도 참석하여 끝까지 자리를 지키면서 보여준 애향심에 참석한 동문 모두는 감동했고 또한 '자랑스러운 쌍백인'으로 선정되어 수상했다. 꼭 받아야 할 분이 받았다고 이구동성이었고 본인도 기뻐하는 모습이었다. 백향의 훌륭한 인품을 다시 한번 생각하게 되었다.

백향의 두 아들도 좋은 직장을 가지고 결혼하여 오손도손 재미있게 살고 예쁜 손자 손녀들도 있고 하니 이젠 초계정씨의 강인한 정신력으로 건강 회복에 모든 것을 다하기를 바라는 마음뿐입니다. 두메산골 골짜기에서 태어나 매일 걸어서 5리길 초등학교 등하교 15리길 중학교는 자전거로 등하교하면서 농사일도 도우며 공부하여 서울 중동고등학교 진학, 연세대학교 상대 재학 중 회계사 시험에 합격, 회계학박사 취득, 연세대학교에서 직장을 마무리하면서 후배 양성과 고향 사랑에 헌신한 백향은 연세대와 가문의 영광이며 가장 자랑스러운 연세인이요 쌍백인 입니다. "존경하고 사랑합니다. 백향!"

현재 향묵 마을에 거주하는 가구 수가 10가구 정도이고, 최근 국비·도비로 마을 앞 하천 정비와 도로 확장공사가 2026년에 완공되면 주변 환경이 새롭게 변할 것이다. 그리고 슬픔 뒤에 기쁨이 오기 마련이다. 그때까지 포기하지 말고 건강관리를 잘해 천상운집(天祥雲集) 하길 바란다. 그리고 조상님! 백향의 건강이 회복되어 고향 방문과 조상님 산소 참배 등 효를 다할 수 있도록 부디 보살펴 주시옵소서. 백향이 해야 할 일이 아직 많이 남아 있습니다.

정병수여, 영원하라

정현영
초등학교 동창회장

며칠 전 어느 토요일 저녁, 근처의 한 오리구이 집에서 가까운 지인들 몇 명의 모임이 있었다. 남녀 모두 편안하고 격의 없는 사이라 화기애애하게 고기도 굽고 술도 한 잔씩 하며 즐겁게 시간을 보냈다. 이럴 땐 누군가 한 사람은 고기를 굽고 가스 불 조절도 하며 어렵지 않은 수고를 해야 하는데 연장자인 내가 맡았다. 평소에도 그런 일을 잘 맡는 편이다. 능수능란하게 잘한다고 하며 고깃집 도우미 해도 되겠다는 등 다들 우스갯소리도 많이 했다. 여기서 내가 한 말 한마디!

> "내가 하지 않으면 누군가 다른 사람이 해야 하는데, 내가 하면 다른 사람들은 편안하잖아!" 이 작은 사실 하나는 아주 미미하지만, 사람들이 모두 깨우쳐서 알고 실천하면 아주 밝은 사회가 되지 않을까?

세상의 모든 일 들은 내가 먼저 솔선수범해서 희생하므로 잘 풀리고 원활하게 돌아갈 수 있으며, 아무리 적은 친구 모임이든, 많이 모이는 동창회든, 향우회든 모두 내가 먼저 나서서 작은 힘이나마 보태는 게 우리 주위를 더 윤택하고 살고 싶은 사회로 만드는 지름길일 것이다.

이런 작은 일부터 회계학 및 전문적인 분야까지 하나도 빠짐없이 깔끔하게 잘 처리하고 있는 정병수 박사야말로 시대가 본받아야 할 진정한 인물이라 여겨진다. 쌍백초등학교 총 동창회장 시절의 여러 가지 업적 등 많은 게 남아 있지만, 그가 남긴 "쌍백인이여 영원 하라!"를 외쳐본다.

정병수 박사여, 영원 하라!

짧은 추억, 긴 회상

김진택
초등학교 동문

우리 8천여 동문의 어린 시절 추억이 깃든 쌍백초등학교가 개교한 지 91주년을 넘어 개교 100주년을 향해 달려가고 있습니다. 이에 발맞추어 동문의 뜻을 모아 출범한 쌍백초등학교 총동창회 또한 열두 분의 회장님을 거치면서 36년이라는 시간을 모교의 유구한 역사와 전통, 동문의 자긍심을 계승 발전시키는 데 노력하였습니다.

2023년 9월 1일! 제19대 쌍백초등학교 총동창회가 출범해 현재의 역할에 최선을 다하고 있습니다. 그러나 지금까지 여러 선·후배님들이 이룩해 온 우리 동문의 긍지를 “어떻게 지켜나가야 하는가?”라는 걱정은 항상 마음속에 남겨져 있습니다. 저는 우리 동창회 출범 이후 나름대로 많은 관심과 참여를 통해 그 명맥을 이어온 모습들을 옆에서 수없이 지켜봐 왔습니다. 36년이라는 세월 동안 “쌍백인”의 화합과 전통 계승을 이루어 내는 방향과 방법이 똑같을 수 없다는 것은 누구라도 아는 사실입니다. 지금의 걱정들을 조금이나마 덜어보고자 여러 훌륭한 선배님 중에 제14대~15대(2013.3. ~2017.2.) 총동창회장을 역임하신 제32회 정병수 회장님에 대한 소회를 밝히며 잠시 짧은 추억의 회상에 잠겨 봅니다.

돌이켜보건대, 회장님은 마치 일생 동창회를 위해 살아 온 사람처럼, 그리고 준비해 온 사람처럼 우리에게 다가온 것 같습니다. 총동창회장 임기를 시작하면서부터 여느 회장님들과는 달리, 모교 및 동창회의 전통 계승과 시대가 요구하는 변화에 대한 수용을 위해 여러 과업을 내밀며, 전 동문의 친목 도모는 물론 "쌍백인"의 긍지 함양에 출범의 목표를 두고 평소 생각들을 펼치기 시작하였습니다.

저, 추억 속에 묻혀있던 졸업앨범 등을 새로운 구성으로 엮어, 모교 역사와 동창회의 발자취를 집대성한 "우리들의 발자취" 책자 발간을 통해 8천여 회원들을 한데 묶어 줄 매듭을 선물하셨으며, 학창 시절과 향우회 활동 등에 대한 진솔한 경험을 책으로 엮은 "우리들의 이야기"는 전체 동문이 40년간 선후배들의 추억에 빠져들게 함은 물론 고향 쌍백의 향수에 젖게 하였습니다. 책자 발간과 함께 조성한 모교 사랑 기금은 현재까지도 동창회의 든든한 재원 역할을 하고 있으며, "모교 및 쌍백면 발전을 위한 대토론회"에서 모은 지혜는 모교와 고향을 지탱하는 밑거름이 되고 있습니다. 또한, 자랑스러운 쌍백인상 수상 규정 제정 및 시상은 쌍백인의 자긍심 고양 및 애향심 고취는 물론 동창회의 발전에 큰 활력소로 자리 잡았습니다. 그 외에도 동문 예술·교육 재능의 기부, 모교 살리기를 위한 통학 지원 등 많은 업적에 대한 기억들이 되살아납니다.

특히 생각지도 못했던 우리 고향을 지나가는 이순신 장군의 '백의종군로'를 직접 걷는 걷기대회로 '충의의 고장'답게 고향 사랑을 몸소 실천해 주셨던 그러한 기억들은 고향을 지키고 있는 후배의 한사람으로서 그리고 모교 총동창회장으로서 선배인 정병수 회장님에 대한 무한한 존경심과 사랑을 느낍니다. 그래서 모교 교정에 선배님께서 식수한 측백과 더불어, 함께 만들어 온 그 역사는 앞으로도 영원할 "쌍백인"과 함께 할 것입니다.

그런데 2023년 5월 6일, 한마음 축제일 개회식장에서 갑작스럽고 걱정이 앞서는 회장님의 모습을 맞이하면서 모두가 놀랐고 걱정이 많았습니다. 그러고 보니 어느덧 칠순에 이르는 세월이 흘렀습니다. 여전히 모교는 물론 고향에 대한 애정으로 많은 활동을 펼치고 계신바, 이제 그 애정과 열정만큼 건강도 잘 챙기시고 "쌍백인이여 영원 하라"고 하신 그 말씀처럼 고향을 잘 지켜나가겠다는 약속을 남기면서 마무리할까 합니다.

감사합니다. 형님 우짜던동 건강 잘 챙기이소.

백향(栢香) 정병수 전 동창 회장의 애향심과 애교심

김호연
초등학교 후배

백향(栢香) 정병수 선배님! 고희(古稀)를 진심으로 축하합니다. 쌍백인의 롤 모델이신 선배님께서 훌륭하게 펼쳐 오신 지난날을 회고해 보시면 칠순(七旬)의 감회가 새로 우실 것 같습니다.

우리나라에서 오지 중의 오지라 할 수 있는 합천군 쌍백면 산골에서 태어나 농사 이외의 다른 부업 수단도 없는 평범한 가정에서 연세대 상대에 입학하고, 재학 중에 당시 사법 시험보다 힘들다던 공인회계사(公認會計士) 시험에도 합격하여 쌍백면과 마을의 자랑거리로 한동안 회자(膾炙)되었죠. 졸업 이후 회계법인에 들어가 탄탄대로를 달리던 중 모교 은사의 부르심을 뿌리치지 못하고 졸업한 연세대 재단으로 자리를 옮긴 후 어려움에도 불구하고 개혁의 선두에 서서 변화를 유도했다든지 또 위급한 병으로 세브란스 병원을 찾은 고향 사람들이 큰 도움을 받았다는 이야기는 바람 따라 전설이 되어 내 귀에도 들려오곤 했습니다.

내가 부모님의 권유로 시집을 간 곳은 내가 태어난 시골과 같은 다만 장소만 다른 인근 시골이고 농사를 짓는 것이 주된 업무였습니다. 농사를 짓는 것이 한이 아니라 배우지 못한 것이 한이 되어 때때로 가슴을 답답하게 했습니다. 아무도 몰래 틈틈이 글을 썼다가도 지우기를 수십 차례 반복하다, 어느 날 고향 합천신문에 게재된 선배의 글을 읽고 감동과 용기를 얻게 되어 기뻤습니다. 선배님의 글은 고향 사랑이 주제이지만 그 바쁜 사람이 언제 글을 쓰고 있을지가 궁금하기도 했습니다.

그러다 선배가 쌍백초등학교 총동창회 수석부회장을 맡는다는 얘기를 듣고 2년 아래인 34회 동기회의 총무를 맡고 있던 저는 기대를 했는데 선배님을 대면할 기회가 없었기에 먼 발치에서 선배님의 역할에 관심만 있었습니다. 막연하게나마 고향 신문을 통하여 선배님의 고향 사랑을 읽을 수 있었습니다. 선배님의 백향(栢香) 이란 아호도 '쌍백면에서 백(栢) 자를 취하고' 향(香)은 나서 자란 고향 마을 '향묵에서 향(香)자를 취해' 조합한 글자라고 하는 것을 알고 고향 사랑이 어느 정도인가를 짐작할 수 있었습니다. 선배님의 진가(眞價)는 2년간의 총동창회 수석부회장을 거쳐 제14대 회장에 취임하자마자 대단한 열정으로 많은 일을 하시기 시작했습니다. 아마도 수석부회장으로 있으면서 회장이 되면 무엇을 할 것인가에 대하여 이미 면밀하게 계획을 세워두었던 것이 아닌가 싶습니다.

내 머리속에 하도 많아 옛날 자료를 보기도 하면서 정리해 보았습니다. 그러다 보니 이렇게 많은 일을 했다는 것이 믿어지지 않습니다. 더구나 그땐 서울에서 연세대 재단 본부장이라는 중책으로 그것만으로도 바쁘던 때라고 들었습니다. 첫째, 쌍백초등학교 제1회 졸업생부터 78회 졸업생까지 앨범을 종합하고 재분류하여 「우리들의 발자취」라는 아무도 생각하지 못한 책자를 발간한 일입니다. 이는 고향 쌍백인들에게 선후배의 우정, 친목, 그리고 선후배에게 연결 고리를 만들어 주는 계기가 되었습니다. 사실 학교 당국은 매년 졸업앨범을 빠지지 않고 잘 보관하고 있어야 함에도 '4분의 1' 정도의 졸업앨범은 보관되어 있지 않아, 없는 졸업앨범은 해당 기수의 졸업생을 직접 만나 빌려 작업을 하고는 학교 당국에도 1부씩 비치도록 기부하기도 하였습니다.

둘째, "쌍백인이여! 영원하라"는 표어를 만들어, 총동창회는 물론이고 전 쌍백면인의 가슴속에 고향 사랑을 하도록 깊이 새겨준 계기가 되었습니다. 그 구호는 지금도 쌍백면민의 행사 때마다 외치곤 하는 '앞으로도 쌍백이 있는 한, 없어지지 아니할' 구호가 된 것 같습니다. "쌍백인이여! 영원하라"는 짧은 표어 한마디가 이토록 쌍백 졸업생에게 큰 반향을 불러일으킬 줄은 몰랐습니다. 그 구호는 초등학교 시절의 추억을 되살리고, 동창들간 친목 도모는 물론이고 총동창회가 일체감을 느끼는 계기가 되었습니다.

셋째, "쌍백, 우리들의 이야기"라는 아주 보배 같은 책을 발간하신 것을 들 수 있습니다. 책에 나오는 쌍백초교 동문 졸업생 제 15회~54회까지 무려 75명 선후배의 아름다운 추억을 주제로 엮은 것입니다. 글을 읽다 보면 때로는 눈물이 나고 때로는 웃음이 나오는 초등학교 시절의 이런저런 에피소드와 고향 생각이 절로 어우러져 나옵니다. 이를 통해 동문의 침체된 재능들을 표출하면서 용기를 주기도 했는데, 바로 저도 그 분위기에 용기를 얻어 수필을 지역 신문에 게재하여 수필가로 등단하는 영광을 얻기도 했습니다.

넷째, "제1회 충무공 이순신 장군 백의종군로 선양회"라는 큰 뜻을 가지고 뜻있는 합천인을 모집하여 합천에 있는 충무공 이순신 장군 백의종군로 중 삼가 두모에 있는 홰나무 정자에서 장군님이 '쉬었다 가셨다'라는 그곳에서 출발하여 율곡면까지 순례하는 아주 뜻깊은 일을 하셨습니다. 사실 부끄러운 일로서, 우리는 고향 합천에 살고 있었지만 대부분 사람도 이순신 백의종군로가 있는 것도 모르고 있었습니다.

이 외에도 "자랑스러운 쌍백인 상"을 제정, 발전기금 확충 및 입학생 유치 등 선배님의 고향 애향심은 그 누구도 흉내 내지 못할 것입니다. 선배님 정말 수고 많았습니다. 남은 생은 사랑하는 가족들과 행복하시길 기원합니다.

이 시대의 진정한 선비

이우환
초등학교 후배

백향(栢香) 정병수 선배와 나는 동향(同鄕)의 초등학교와 중학교 1년 선후배지간이다. 나이는 동갑이지만 내가 초등학교(그 당시 국민학교)를 취학할 무렵, 몸이 허약하여 부모님께서 한 해 늦게 입학을 시켜서 그렇게 되었다. 그런데 이번에 정 선배가 칠순을 맞아 당신의 지금까지 '걸어온 길'의 행적에 대하여 문집발간 위원회로부터 원고를 부탁받았는데, 사실 그동안 우리 둘 사이는 관계가 돈독한 편은 아니라서 인연 글을 쓴다는 게 딴에는 버거운 일이었다.

이런 상황의 밑바탕에는 두 사람 모두 남 앞에 나서거나 자신을 잘 드러내려 하지 않는 성격 탓이 아닌가 싶다. 그래서 선배의 그간 행적 등을 좀 더 알아야 하겠기에, 당신이 쓴 수필집 등 네 권의 책을 통하여 선배의 유년 시절부터 칠십 평생을 살아온 삶의 궤적과 사고(思考)의 체계, 학문의 영역, 활동 범위와 방향성 따위를 어느 정도 알게 되었다. 그리하여 나는 내 나름대로 선배에 대하여 몇 가지로 정리해 보았다.

먼저 선배는 뭐니해도 특유의 '촌놈' 근성이 그의 정신세계를 지배하고 있는 듯하다. 그러나 그 촌놈이란 흔히 말하는 촌놈이 아니다. 당신 스스로 정의하였듯 '촌놈'의 자격으로 일단은 출신이 시골이면서 옷차림이 수수하여 유행과는 이웃하기가 버겁고, 먹는 것은 뚝배기 된장이나 보리 비빔밥이 가장 입맛에 맞아 가려 먹는 음식이 없으며, 무뚝뚝한 성격으로 영악하지 않으면서 오히려 어수룩하게 보이기조차 하고 시선(탓)은 늘 자신에게로 돌리는 군자(君子)의 태도를 지니는 격이 있는 촌놈이다.

흔히, 촌놈이라고 하면 으레 도회인들이 시골 사람들을 얕잡아 보면서 일컫는 말로 여기겠지만, 우리 같은 순도 100% 촌사람들은 오히려 도시인들의 얍삽함과 인정머리 없는 짓거리들을 더 천박하게 여기는 우직한 자존심의 다른 표현으로 여기는 말이 아닐까 싶다. 다시 말해 자연의 품 속, 산골벽지(僻地)에서 태어나 흙 속을 뒹굴며 사지(四肢)를 튼튼히 하고 살을 불려 가던 유년 시절, 양지바른 장독대 밑에서 소꿉놀이하던 어린 동무들이랑 알콩달콩 온갖 추억들로 범벅된 향수의 의미를 도무지 알 수 없는 도시인들의 각박하고 메마른 정서를 더 비웃어 주고픈 것이다. 그러므로 선배는 위에 열거한 내용과 너무나 잘 부합하고 있어서 영락없는 촌놈이며 '촌놈'의 자격에 한 점 어긋남이 없는 품격 있는 촌놈이다.

선배는 둘째로 살아있는 선비정신을 올곧게 지켜 가꾸며 사는 사람이다. 공자는 "총명사예 수지이우(聰明思睿 守之以愚) 공피천하 수지이양(功被天下 守之以讓) 용력진세 수지이겁(勇力振世 守之以怯) 부유사해 수지이겸(富有四海 守之以謙)"이라고 했다. "총명하고 생각이 슬기로울지라도 어리석은 체함으로써 이를 지켜야 하고, 공적이 천하를 덮더라도 사양함으로써 이를 지켜야 하고, 용맹이 세상에 떨칠지라도 늘 조심하여야 하고, 부가 사해를 소유했다 하더라도 겸손으로써 이를 지켜야 한다."라는 뜻이다. 바로 백향 정병수 박사를 보며 하는 말로 들린다. 공주병이니 왕자병이니 하는 것은 잘난 체하는 인간의 모습을 잘 나타내 주는 일종의 심리적 질병이다. 공자는 잘난 체하는 사람을 가장 싫어했다. 머리가 똑똑하다고 그것에 의지하지 않고, 크게 공을 세웠다고 그것을 떠벌리지 않으며, 부자가 되었다고 거들먹거리지 않는 사람을 사람다운 사람이라고 했다.

선비란 한 평생 학문을 이어가며 심신을 수련하는 학자의 길을 걷고 도덕과 양심을 지키면서 예의범절을 실천하는 이를 일컫는다. 그런 면에서 선배는 지금껏 후학들에게 가르침을 베푸는데 당신의 학문과 지식을 제자들에게 전하기도 하지만, 한편으로 직접 저술하여 가르치기도 한다. 학문의 영역도 당신의 전공 분야인 회계학뿐 아니라 역사나 지리, 인문학 등에도 다양하고 해박한 지식을 저서 곳곳의 행간 속에다 묻어두고 있음을 본다. 또한 우리의 일상생활 속에서 일어나는 많은 일 가운데 옳고 그름의

사리 분별을 명확히 하여 의리와 원칙을 소중히 여기면서, 인륜의 도리를 깨우쳐 실천함에 있어서는 조금도 머뭇거리지 않는 언행일치를 몸소 행하고 있기에 선배에게서 이 시대의 선비정신이 올곧게 살아있음을 보았다. 그런 면에서 나는 정 선배를 감히 언행이 바르고 점잖은 사람을 일컫는 이른바 '방정지사(方正之士)'라 칭하길 주저하지 않을 것이다.

정 선배의 호(號)가 백향(栢香)이라 했을 때 나는 바로 그것이 향촌의 쌍백(雙柏) 고을과 향묵(香墨) 마을의 지명에서 한 자(字)씩 따온 것임을 알아차렸다. 그의 고향마을인 향묵을 뒤집으면 묵향(墨香)이 되는데 이 묵(墨)이 옛 선비들의 문방사우(文房四友) 즉, 글을 쓸 때 늘 곁에 두었던 지필묵연(紙筆墨硯) 중 먹(墨)인데 그 '먹의 향기가 배어 있다'라는 뜻의 '마을 이름'에 다름 아니다. 그런 마을에서 태어나 자랐으니 어쩌면 그의 선비정신은 태생적(胎生的)인 것이 아닌가 싶다.

셋째, 나는 이번에 세 권의 '촌놈 시리즈'를 통하여 새삼 선배와 나는 많은 유사한 환경과 경험 그리고 처지를 발견하였다. 두 사람 모두 선비(先妣-생전 어머니) 환갑을 앞두고 사별한 처지(나의 어머니는 76년 봄 57세에 작고), 군에 입대하여서는 배속 지가 논산 훈련소 25연대인 것이 그러하며, 두주불사(斗酒不辭)의 아버지를 닮지 않고 막걸리 냄새만 맡아도 취하셨다는 어머니 체질을 닮은 점, 취미생활로 바둑과 등산을 즐기는 부분, 천성이 여려서 남들과 다투기를 싫어하는 것, 즐겨 먹는 음식이 어려서 시골에서 주로 먹었던 수수한 것들이다. 나의 글 솜씨가 감히 선배의 글재주 언저리에도 닿지 못하지만, 글을 읽고 쓰기를 좋아하는 점 등 닮은 것이 참 많았다.

넷째, 선배는 일 말고도 헤아릴 수 없이 국내외로 많은 여행을 다니면서 견문을 넓혔으며, 무조건적 유교의 전통만을 고집하지 않고 온고지신(溫故知新)과 절차탁마(切磋琢磨)하는 열망을 수필집 여기저기서 보여준다. 참으로 본받을 만한 일이다. 그리고 선배의 근현대 역사 인식이 명료하게 드러나는 부분을 언급한 것이 있는데, 유독 내 마음속 깊이 각인된 사실 하나는 100여 년 전 향촌 고을 '삼가'에서의 기미년 3.1만세운동의 배경과 경과 그리고 결과에 이르기까지 너무나 상세히 잘 파악하고 있다는 점이다. 나로서는 그 만세운동의 주동 역할을 하신 분의 방계후손(傍系後孫)된 입장에서 선배한테 먼저 감사한 마음을 전하며 선배의 글에서 언급되지 않은 사실 몇 가지를 보태어 본다.

삼가 만세운동의 주역이신 백하 이원영(白下 李愿永) 선생은 나의 재종조부(6촌 할아버지)이신데 쉽게 말해 그분의 할아버지가 나의 고조할아버지이시다. 삼가 만세운동은 박경리의 소설 〈토지〉에서도 잘 기술되어 있듯이 그 규모에서 전국에서 가장 크기도 하였지만, 그 저항의 강도(剛度) 또한 가장 격렬하게 전개되었다 한다. 일반적으로 3.1만세운동이라 하면 흔히 그해(1919년) 4월 1일에 있었던 유관순 열사가 이끈 아우내(병천)장터에서의 저항운동을 떠올리겠지만 그 운동은 단발로 끝난 것(결코 비하하는 것은 절대 아님)에 비해 삼가 만세운동은 아우내장터에서의 독립 만세 운동보다 더 이른 3월 18일과 닷새 후인 23일, 그리고 그 닷새 후인 28일 등 무려 세 번의 장날에 걸쳐 지속되었다.

당시 만세운동의 비밀 은거지가 백산면(지금의 쌍백) 운곡의 인천이씨 문중재실이었는데, 거사에 출정하면서 백산면사무소를 불태우고 신작로 전봇대를 뽑으며 통신망을 끊는 등 당시의 백산면, 쌍백면 주민들과 합세하여 삼가장터 및 면사무소로 집결했다.

장터에 이르고 보니 인근의 다른 지역 등에서 합세한 사람들까지 그 수가 무려 2만여 명이나 되었다 하니 그 작은 산골 고을에서는 정말 어마어마한 숫자였다. 그러함에도 "삼가 만세운동이 전국적으로 크게 주목받지 못하고 있음"은 실로 안타까울 뿐이다. 그 후 백하 어른은 상해 임시정부에 합류하여 손병희 선생과 더불어 지속적인 독립운동을 벌이다 광복 후 귀향하여 1948년 초대 제헌 국회의원에 출마했다가, 애석하게 낙선하여 경기도 파주로 이사를 가신 후 끝내 고향을 등진 채 그곳에서 운명하셨다. 덧붙이면 60년대 우리가 초등학교 다닐 때 쌍백초등학교 정방수 교장 선생님이 백하 어른의 사위이셨는데 그 어른의 따님, 바로 교장 선생님의 사모님이 나의 재종고모님이시다. 이러한 역사적 사실을 선배의 수필집에서 일부나마 읽게 되었으니 어찌 감사하지 않을 수 있단 말인가.

끝으로 지금 선배가 몇 년째 병고와 힘들게 싸우고 있다는데 천리 밖 이곳에서 아무런 도움도 주지 못한 채 그냥 바라만 볼 수 밖에 없어 안타깝기 그지없다. 부디 조속한 쾌유를 빈다.

잘 가시게 친구여!

안병국
재경 문인회 회원

천년 하세월 후 나는 후배가 되고 자네는 선배로 태어나서, 후배 잃은 이 슬픔 알게 하리라

23년 12월 27일 아침 괴운에게 카톡을 받았다. 정병수 박사가 타계했다는 내용이었다. 함께 「논어」 공부를 하고 있는데, 출석하지 않기에 집으로 연락하여 알게 되었다고 전했다.

“아, 가는 데는 순서가 없구나!”

하는 시속에서 흔히 쓰는 탄식의 말이 저절로 나왔다.

지난 11월 정 박사로부터 今年이 자기 칠순(七旬)이자 대학 입학 50년이 되고 해서 책을 한 권 내고 싶은데, 글 한 편을 달라고 했다. 그래서 나는 시간에 말미를 좀 주면 몰라도 지금은 어렵다고 했더니, 책 출판을 미뤄서라도 내 글이 필요하니 주십사고 했다.

내가 정 박사를 어떻게 처음 만났는지는 기억이 없다. 향우회나 아니면 재경 문인회와 교수 모임에 참여하는 ‘같은 회원’이어서 알게 된 것이 아닐까 생각된다. 정 박사를 어떻게 알았느냐고

묻는 이가 있으면 나는 "정 박사보다는 정 박사 장인을 먼저 알았다"라고 말한다.

정 박사 장인은 우리나라 비교문학 제1세대요 창시자인 수암 이경선 박사다. 돌아가실 때까지 한양대학 국문과에 계셨다. 내가 도교(道教)에 관심을 가지고 도교학회장 모 교수를 만나기 위해 한양대학교를 방문해 옆 연구실에 계신 수암(이경선)과 인사를 나누게 되었다. 짧은 시간의 대면이었지만, "아, 백학처럼 고결한 자품(資稟)의 어른이시구나"하고 생각했다.

「삼국지연의의 비교문학적 연구」는 수암의 연구 저서다. 원천연구 매개 연구 영향연구 등 비교문학적 방법에 맞추어 엮은 것이 특징인 책이다. 1976년 일지사에 의해 출판되었다. 또 수암이 번역한 책으로 「전등신화」(을유문화사, 1971년)가 있다. 이 책은 중국 원말 명초 때 구우(瞿佑)라는 이가 지은 문언체 전기(傳奇) 단편 소설집으로 우리의 최초소설인 김시습의 「금오신화」의 바탕이 된 작품이다.

우리나라 소설의 원천을 연구할 때면 그건 반드시 이야기된다. 이입(移入) 시기는 조선 왕조 초이니 6백여 년 이쪽저쪽이다. 그러나 전문 번역이 이루어지지 않았는데, 수암에 의해 처음으로 전문이 완역되었다. 21편의 단편으로 이루어진 이 책이 이입되자 당시 독서계를 환희 속에 몰아넣었다. 이입 초기부터 이책은 현란한 수사(修辭)로 "계림(鷄林)의 문원(文苑)에서 '작문의 대본'으로 삼았다"라고 말해졌다.

흔히 번역을 '반역(叛逆)'이라고도 하고 "제2의 창작"이라고도 한다. 번역은 한 언어를 다른 언어로 바꾸는 단순한 작업이 아니다. 언어의 '옮김'이 아닌, 사유체계의 전환이기 때문이다. 번역자의 창조적 작업이 더해져야 한다. 수암이 번역한 「전등신화」는 원작이 가진 정신까지가 번역될 수 있겠는가를 두고 당시 학계는 주목하였다. 원문 이해력이 있는 이들이 반신반의하며 번역물을 대했는데, 원작보다 낫다는 찬사를 받았다.

4~5년 전 어느 날 정병수 박사는 당신이 사는 용인 주변에 볼만한 곳이 있으니 한번 놀러 오라 했다. 늦은 4월인가 5월 초 어느 날이 아니었나 싶다. 먼저 정몽주 묘역을 방문했다. 포은 정몽주의 묘역은 처음에 다른 곳이었으나, 뒤에 고향인 영천으로 이장하던 중 이상한 일이 생겼다. 이장 행렬을 선도하던 명정(銘旌)이 이곳 수지에 이르렀을 때, 바람에 날아가 지금 위치에서 꼼짝하지 않았다는 것이었다. 누가 봐도 명당 길지(吉地)고 하여 이곳에 安葬하였다고 한다. 묘역 입구의 신도비 비문은 우암 송시열이 지었고, 글씨는 당대의 명필 김수항(金壽恒)의 솜씨라 한다. 김수항은 노론의 영수이던 거물 정치가로 영의정까지 지냈으며, 시

호는 문충(文忠)이다. 할아버지가 청음(淸陰) 김상헌이다.

이어 심곡서원과 조광조 묘역을 답사했다. 심곡서원은 중종 때 문신이자 사림파의 영수였던 정암 조광조를 가리고자 건립된 서원이다. 나는 우리나라의 '미남(美男)'에 관해 논문을 하나 쓰려고 조사를 하다 조광조가 절세의 미남이었다는 기록을 보았다. 성리학에 대해 좀 알아야 하는데 내게는 축적된 지식이 없었다. 조광조는 그 학문의 깊이가 만만찮아 나같이 곁방 도청도설의 지식으로는 '천심 절벽', 사다리로는 못 오를 절망의 대상이었다. 「어우야담」에는 "우리나라 조광조는 얼굴이 뛰어나게 아름다웠다(我國趙光祖 容色絕美)"라는 언급이 있다. 작자 미상의 「화헌파수록(華軒罷睡錄)」에 실린 설화를 화제로 삼기도 했다. 조광조의 글 읽는 목소리에 반한 이웃집 처녀가 담을 넘어 나타났다. 조광조는 회초리를 가져오게 하여 흠씬 때려 돌려보냈다고 하여 많이 웃기도 하였다. 그때 저녁을 먹으며 정 박사와 나눈 이야기들이 자못 유쾌했다는 생각이 난다. 포은이 용납되고 대척점의 삼봉 정도전이 용납되었더라면 고려왕조는 어떻게 되었을까. 이성계의 역성혁명이 가능했을까.

율곡은 스승의 스승이라 할 수 있는 정암 조광조에 대하여 '급진적' 내지는 "성숙을 기다렸어야 했다"라는 말을 들은 듯하다고 내가 말했다. 정 박사는 '조광조' 인물 연구를 많이 했다. 그는 조광조가 개혁에 실패한 것에 이율곡 「석담일기」의 기록을 인용하며 나를 깨우쳐 주었다. 이율곡은 "조광조의 타고난 자질과 경륜이 뛰어났음에도 불구하고 학문이 채 이루어지기 전에 정치 일선에 나간 것이 실패의 원인"이라고 지적했다. 즉, 과격·조급·급진 … 이어 "그것이 왕인 중종을 잘 받들지도 못하고 아래로는 훈구세력의 비방도 막지 못한 것으로 귀결되었다"라고 말했다고 했다. 나는 "조광조의 실패 원인을 과격 급진 조급성에서 찾으려는 율곡의 지적이 맞았을지 몰라도, 더 본질적인 건 당시의 정치체제가 조광조를 받아들일 수 없었던 '미성숙'이지 않았나"라고 나름의 반론을 제기했다. 마치 박정희 대통령 때 실현되지 못한 민주화를 이야기하며 분개하는데, "의식이 족해야 예절을 안다(衣食足而知禮節)"라는 말처럼 끼니를 해결하지 못하고 있는 '절대빈곤' 형편에 그 시절을 나무랄 수만 없지 않은가? 하고.

우리는 복숭아꽃과 오얏꽃이 만발한 묘역 근처 식당에서 담소하며 봄밤[春夜]을 즐겼다. "무릇 천지는 만물이 묵어가는 여관이요 세월은 백대(百代)의 나그네 아닌가. 떠도는 인생 꿈과 같으니 기쁨이 얼마나 되겠는가? 옛사람들이 촛불을 잡고 밤에 노닌 것도 실로 까닭이 있었다. 하물며 화창한 봄날이 아름다운 경치로 우리를 부르고 있음에랴!"

그러다 우리는 이백(李白)과 같은 정서에서 통속적인 이야기로 화제가 옮겨졌다. "인생은 외롭지도 않고 잡지 표지처럼 통속한 것"이라면서. 정 박사는 자기 결혼 주례 얘기를 하였다. 수암에게

선을 보이러 갔더니 수암이 자기더러 "술 마실 줄 아느냐"는 말만 하더라고 했다. 그리고 수암은 "주례는 성산(장덕순 서울대 교수님)에게 부탁해 주더라"라고 얘기해 주었다.

연세대 재학 중 회계사가 되었다. 그리고 경영학박사도 되었고, 연세대 재단에서 30여년 가까이 근무하여 부총장 대우의 재단 본부장도 역임했다. 모교에서 회계학 강의를 하며 후배들을 지도했다. 2015년 한국수필 3월호에 〈내 고향 정자나무 숲〉으로 신인상을 수상, 수필가가 되었다. 회계학 관련 전공 서적과 「영원한 촌놈」과 「촌놈이 어때서」를 위시한 몇 권의 수필집이 있다. 얼마 전까지만 해도 본 합천신문에 병영일지를 연재하기도 했다.

코로나 기간 중 추골(椎骨) 부위에 이상이 생겨 자세가 불편했다. 무병보다 일병(一病)을 가진 이가 오히려 장수한다는 말이 있는데, 어이 칠순의 고개 넘기가 그토록 어려웠던가. 그에게 어떤 조짐이라도 있었는지 그의 수필에 다음과 같은 대목이 있다. 고향신문 2020. 9. 3일자 〈정암 조광조를 생각하며〉라는 칼럼이다. 목이 메이지만 옮겨 보려 한다. 38세 나이로 사사 당한 조광조 묘역 순방을 두고 쓴 수필 끝부분이다.

"그래, 삶이란 저 아름다운 무지개가 아니라 스쳐 가는 비나 바람인지도 몰라! 그런데도 우리 인생은 뭘 그리 아등바등하며 살아가야만 할까? 문학을 전공한 안병국 교수님이 오시면 문화재 답사도 중요하지만, 인문학을 주제로 토론을 제의해 보면 어떨까 싶다. 교수님이 좋아하는 막걸리 한 잔을 앞에 놓고서 말이야."

다음은 그의 직장인 연세 세브란스병원을 드나들며 느낀 대목이다. "나는 업무상 세브란스 장례식장을 자주 방문하는 편이다. 로비에 들어서면 안내 전광판에 나타난 고인들의 사진을 보게 되는데, 어르신부터 젊은 청년, 어떤 날엔 어린아이의 모습도 보게 된다. 고인들의 사진을 보고 있노라면, 지금껏 내가 사랑한 사람들, 또 나를 사랑해 준 내 주변의 사람들을 떠올리게 된다. 우리는 주위의 많은 사람에게 알게 모르게 많은 사랑의 빚을 지고 살아간다. 그 사랑의 빚이 얼마나 기쁜가를 깨닫게 될 때 우리는 감동하고, 그분이 세상을 떠났을 때 한없이 슬퍼하는 것이다." 〈슬픔 없는 이별 있으랴〉 하는 제목의 글이다.

> 어이, 정 박사~
> 내게 막걸리 잔 잡아 권할 또 한 사람 줄었네. 70이면 홍안(紅顔)인데, 홍안을 어디 두고 백골이 그리 좋은가. "죽음은 절대적이고 기념비도 없다"라는 알쏭달쏭한 만해(萬海)의 글 보았는가. 맹덕 조조(曹操)의 <단가행(短歌行)> 一句처럼 "인생 뭐 있나, 그저 아침이슬 같은 것(人生幾何, 譬如朝露) 아니겠냐" 좀 일찍 가고 늦게 가는 조만(早晩)의 차이일 뿐, 그게 그거지 별 차이 있느냐만…
> 가까운 서울 근처의 북망(北邙)이라면 그렇게 외롭지 않을 텐

데, 1천 리 먼 길 꼭 그곳 고향에 가서 피로를 뉘여야 하는가. '영원한 촌놈'이라 고향인 합천으로 꼭 가야 하는가.

할미꽃과 멧새들 우는 소리, 그리고 봄볕이 포근히 감싸고 있는 곳이라면 고향의 산천과 무엇이 다르랴. 그 세계는 단지 터전과 번지수가 바뀌는 것이다. 동(動)에서 정(靜)으로 바뀌는 것뿐이다. 어둠과 곧 어둠으로 바뀌고 말 시간일 뿐이다.

나의 조문 시간이 좀 늦어서인가. 아드님 둘은 보이지 않고 검은 상장의 세 여자분이 나를 맞았다. 그래도 좀 나이가 든 듯한 분이 정 박사 부인인가. 아직 새색시 같은 분 두고 가셨네. 이 안쓰러움 어찌할거나.

겨울 가면 봄이 온다.
명사십리 해당화도 봄이 오면 다시 핀다.
병수 박사, 그대는 왜 그런 기대를 주지 않느뇨.

잘 가시게 친구 백향이여!
내 나이를 잊게 해 준 망년지우여!

3

삼가중학교,
정다운 친구들

자랑스러운 제자

조선희
삼가중학교 은사

나는 대학을 졸업할 때까지 마산에서 태어나 마산이라는 도시에서 공부하며 자랐다. 비록 서울 등 대도시에 비할 바는 아니지만 다양한 문화시설의 혜택을 누리며 그런대로 유복하게 자란 편이다. 간혹 친구들과 마산 시외의 시골로 한두 번 나가본 적은 있어도 실제로 거주한 적이 없으므로 농촌 생활을 잘 모른 채 살았다.

그런 내가 대학을 졸업하고 직장을 얻은 곳은 마산에서 꽤 먼 시골 중학교의 국어 선생이었다. 발령을 받고 해당 중학교가 있는 면 소재지에 자취방을 구해 '겁 없이' 시골 생활을 시작했다. 어머님이 해주시던 식사만 하다가 자취를 하려니까 모든 게 번잡하고 서툴기만 했다. 잘 적응할 수 있을지 걱정이 많았는데, 생각보다 빨리 현지 생활에 적응하는 나 자신을 보고 조금은 나도 놀랐다. 애지중지 키운 딸이 낯선 시골로 가 직장생활을 하겠다고 하니 마냥 불안해하셨던 부모님도 차츰 안심하시는 것 같았다.

첫 출근을 하는 날이었다. 시골 중학교의 학생들은 고등학교 진학률이 높지 않기 때문에 많은 학생이 중졸(中卒)로 끝나는 경우가 많다고 들었다. 그러면 어떤 교육 철학으로 학생을 지도해야 할까? 지식교육도 중요하지만, 그보다 인성교육에 많은 관심을 가져야 하지 않을까 다짐을 했었다. 살다 보면 지식보다 '어떻게' 살아갈 것인가에 대한 인성교육이 더 중요하고 필요하기 때문이다. 시골 중학교라 남녀공학인데다 여학생의 가정과목도 맡다 보니 시간이 어떻게 가는 줄 모를 만큼 분주하였다. 교단에 선지 한 달 정도 되니까 내가 다니는 삼가중학교의 좌표가 조금씩 눈에 들어오기 시작하고, 학생들도 하나둘 눈에 들어오기 시작했다. 지금으로부터 반세기도 지난 1967년 봄이었다.

삼가중학교가 위치한 곳은 합천군의 최남단에 있는 삼가면 소재지이다. 삼가면은 1914년 일제에 의해 오늘날의 합천군에 병합되기 전까지는 삼가현 현청이 있었던 곳으로 인근 다른 일반면 소재지보다 규모가 컸다. 오일(五日)장이 열리는 등 나름 지역의 중심지였다. 중학교가 최고의 교육기관이긴 하지만 합천군 내의 삼가초등학교를 위시하여 쌍백초등학교, 외토초등학교, 자양초등학교, 봉성초등학교의 5개 초등학교와 의령군 대의면 모의초등학교의 6개 초등학교 남녀 졸업생이 대부분 이곳 삼가중학교로 모이기 때문에 당시는 약 2:1의 경쟁을 거친 학생들로 구성되어 수업 시간이 그런대로 진지하게 진행되고 있어 다행이었다.

교실에 들어서면 시골 특유의 순진함이 물씬 풍기지만 눈빛만은 초롱초롱하였다. 내가 국어를 맡은 1학년 신입생은 남학생반이 3반, 여학생반이 1반으로 총 4반이었다. 그 학생 중 B반으로 기억되는 학급에 유별나게 눈에 띄는 학생이 있었다. 키는 학생들 평균보다 작은 편이라 약간 교실 앞쪽에 자리하고 앉은 학생이었다. 이발은 어디서 하는지 몰라도 언제나 '까까' 머리고, 교복은 다리미로 다렸는지 안 다렸는지 구분이 안 될 정도로 아니 교복에는 관심이 없는 듯한 수수함과 유독 부끄러움이 많아 말수가 적고 자기 의사 표현을 하는데 소극적인 학생이었다. 그런 학생인데도 수업을 시작하면 맑은 눈망울에 진지한 모습이 다른 학생들과는 비교가 될 정도로 내 시선을 끌었다. 이름은 정병수이다.

당시 1학년 B반의 담임 선생은 과학 담당으로 나중에 내 남편이 된 최태환 교사였다. 정병수 학생은 시험을 치면 항상 최고 점수를 받았다. 물론 다른 과목에도 뛰어나 전체에서 1~2등을 놓치지 않은 학생이었다. 병수 학생은 중학교가 있는 삼가면에서 좀 떨어진 쌍백면 출신이다. 삼가면에서 쌍백면 소재지까지가 10리이고, 병수 집은 거기서 다시 5리를 더 걸어가야 했다. 그러니까 병수 학생은 매일 왕복 30리 길을 비가 오나 눈이 오나 걸어서 통학한 것이다. 듣자 하니 병수 집은 시골에선 부자 소릴 들을 정도이나, 부친은 교육 차원에서 일부러 자녀들을 방과 후에도 농사일을 거들도록 한 엄하신 분이라는 것이다.

어느 여름날 가정방문을 쌍백면으로 갔는데, 가는 도중 저 멀리 들에서 일손을 거들고 있는 병수를 보았다. 공부만 잘하는 것이 아니라 수업이 끝나면 집에 도착하자마자 식구들이 일하는 논밭으로 달려가 집안일을 하루도 빠짐없이 도와주며 공부하는 병수의 평상시 모습이 떠올라 안쓰럽기도 하고 너무도 대견스러웠다. 세월이 흘러 내가 삼가중학교를 그만두고 그곳을 떠나왔을 때도 가끔 연락되었다. 군 생활 중에도 연락이 왔고, 연세대학교 상대에 입학했을 때와 당시 사법고시보다 더 어렵다는 공인회계사에 합격했다는 소식도 들었다. 그러던 어느 날 결혼하여 제주도 신혼여행에서 고향 합천으로 가는 도중에 부산 동래에 사시는 아동문학가 향파 이주홍 선생 댁을 거쳐 우리 집으로 신부와 함께 왔다. 이주홍 선생님은 신부 이름인 '이 연옥'의 '연'자를 작명해 주신 분이라고 했다. 신부에게 나를 소개하는 데 "내가 제일 좋아하는 선생님"이라고 했다. 나는 깜짝 놀라 뭐라고 말할 수가 없는 기쁨과 보람을 느껴 고마웠다.

연세대에 근무하면서 연세 재단 본부장으로 큰 살림을 잘 이끌어 가는 모습을 보면서 저렇게 훌륭한 인재가 나의 제자이며 세월이 몇십 년이 지나도 나를 찾아주는 것이 너무도 고맙고 자랑스러웠다. 나의 어려움과 부탁도 잘 해결해 주었다. 업무상 부산으로 출장을 올 때면 나한테 전화하고 잠시라도 만났다. 나는 여러 사람에게 정교수 이야기를 하는 것을 나의 큰 자랑거리로 삼았다. 또한 정박사 동기들 모임이 어디든 삼가, 인천, 안동, 영주, 부산 등에 나를 여러 차례 초대해 주었다. 그때마다 나는 기쁜 마음과 고마움으로 달려갔다.

어느 봄에는 고향 합천신문에 "존경하는 부부 은사님"이라는 제하의 수필을 게재했는데 주인공이 나와 남편인 최태환 교장이어서 그 신문을 보고 우리 지역 국회의원 및 아는 지인들로부터 축하 전화를 받느라고 바쁘기도 했다. 한편 2020년 12월 10일 수원에서 남편과 같이 만나자고 차표까지 예매하여 보내왔다. 왜냐고 물으니 이제 본인 나이도 들고 몸도 건강한 것 같지 않으니 다시 이런 기회가 올 것 같지 않기에 짧은 1일 여행이라도 하는 것이 좋을 것 같아 제의하는 것이라고 했다. 수원역에 도착한 후 마중 나온 정교수 모습에서 몸 상태가 옛날 같지 않다는 것을 느꼈다.

수원 화성(華城)과 정조대왕묘, 그리고 나혜석 생가 등을 해설사보다 훨씬 설명을 잘해주어서 정교수의 박식함에 다시 한번 놀랐다. 해 질 무렵에 헤어져 부산으로 돌아왔다. 건강이 좋지 않은 상태에서도 '무서운 세금 이야기', '독자 중심의 명심보감' 등의 책을 출간하는 모습을 보고 존경스럽기까지 했다. 드디어 2023년 5월엔 고향 쌍백초등학교 총동창회로부터 "자랑스러운 쌍백인상"을 받았다. 동문들은 이구동성으로 받아야 할 사람이 받은 상이라며 축하를 하였다고 한다. 정박사! 앞으로 정박사나 우리가 다가올 운명은 알 수 없지만, 끝까지 건강이 좋아질 거라는 희망으로 살아갑시다. 이 글을 쓸 수 있도록 기회 주셔서 감사합니다.

내 고향 친구가 공인회계사이자 박사랍니다

정연희
초등학교 동기

정병수 박사와 나는 같은 시골의 한 골짜기에서 태어났다. 확인한 바는 없지만, 초등학교는 물론이고 남녀공학 중학교를 같이 입학하고 같이 졸업했기 때문에 나이도 같을 것이고 초등학교 6학년 때도 같은 1반이었다. 그러나 누가 누나고 누가 오빠인지는 아직 모른다. 아니 알 필요가 없다. 왜냐하면 정박사와 내가 살던 고향은 정씨 집성촌으로 나이보다 때로는 항렬(行列)이 더 힘을 발휘하기 때문이다.

우리 마을은 정박사가 태어난 아랫마을 향묵(香墨)(우리가 어릴 때는 '향묵'보다 '숲외'로 더 많이 불렀다)에서 약 150M 더 골짜기 안으로 올라가야 하는 묵동(당시는 '묵골'이라고 더 많이 불림) 마을에 살았다. 향묵 마을은 20호 내외이고, 우리 묵동 마을은 100호가 넘는 큰 마을로 정씨 본동(本洞)이요, 전형적인 씨족 마을이었다. 다행히도 내가 28세손이고 정박사가 29세손으로 조카뻘이다. 그래서 정박사는 종종 나를 '아지매'라고 부르기도 하는데, 그럴 적엔 괜히 어깨가 으쓱해진다. 그러나 일반적으로 초등학교 중학교 동기동창으로 친구로 대하는 것이 마음이 편하다.

내가 등교하기 위해서는 아랫마을을 거쳐야 하고, 길 옆에 있는 정박사 집을 스쳐야 했다. 더구나 정박사 집은 마을 초입 길가 유일한 기와집이었기에 어린아이에게도 눈에 잘 띄었다. 특히 대문밖에는 넓은 마당이 있었는데 우리는 그 곳을 백구 마당(집 밖에 있는 마당이란 뜻)이라고 불렀고, 그곳은 아랫마을 아이들이 뛰어놀던 곳이기도 하지만, 우리 같이 윗마을 아이들도 놀다가 집으로 오곤 했다. 정박사의 집엔 우물이 있었기에 여름철이면 대문 안으로 또래들이 우르르 몰려가 시원하게 목을 축이곤 했다.

그러나 그 집이 정박사와 관련이 있다는 것을 안 것은 내가 초등학교 4학년으로 철이 들면서 알았지, 그 전엔 정박사 집이라는 것을 알지도 못했고 정박사가 서성거리는 것을 본 적도 없었다. 병수네는 시골에서 농토를 많이 가지고 있는 편이어서 부자(富者) 집으로 통칭했다. 그러기에 농사철이 되면 무척 바빴다. 모두 인력으로 농사짓던 시대라 모내기 등 농번기가 되면 소위 "귀신도 일어나 일해야 한다"라거나, "늑대가 애를 물고 산으로 가도 모른다"라는 말이 있을 정도로 바빴다.

그렇기에 정박사 집에는 머슴이 있었지만, 아버지의 근면함을 닮아서인지 아니면 엄하신 부친의 강권 때문인지는 몰라도 정박사는 새벽에 일어나면 학교로 출발하기 전에 논에서 보리와 나락을 베는 등 자기 몫의 일을 해놓은 뒤에 자전거를 타고 등교했다. 이는 뜬 소문처럼 들리지만, 눈으로 자주 확인되는 모습이었다.

내가 쌍백면 소재지에서 버스를 타기 위해 정류장에서 서성거리면 우리에겐 아무 관심이 없다는 듯이 자전거 페달을 힘차게 밟고 지나간다. 아마 초등학교 때는 병수가 그렇게 공부를 잘했는지 기억이 없다. 그러나 삼가중학교에 들어와서는 전교 1등을 놓치지 않았다. 집에 가면 일 하기 바쁜 애가 언제 공부를 하는지 궁금하기도 하고, 부친으로부터 근면과 성실을 체득한 것이 영향을 미쳤을 거로 추측을 해 본다. 나는 병수가 말수가 적고 부끄러움이 심했기에, 초등학교와 중학교 다닐 때까지는 서로 말도 나누어 보지 못했다.

중학교 1학년 때 마산에서 부임해 오신 예쁜 조선희 선생님께서 국어와 가정 담당을 하셨는데 병수가 공부를 잘하다 보니 조선희 선생님께서 병수를 무척 예뻐하셨다. 병수가 모범생이다 보니 다른 선생님들께서 다 비슷하셨지만, 특히 조선희 선생님께서 예뻐하셔서 중학교를 졸업한 지 50여 년이 흘렀지만, 지금도 은사님을 살뜰히 챙기는 것 같다.

중학교 졸업 후 병수는 고등학교를 서울로 가고, 나는 부산으로 진학을 했다. 어느 여름 방학 때 병수가 조선희 선생님을 뵈러 가자고 해서 부산 광안리 교육 공무원 아파트로 갔다. 그런데 선생님 내외분은 안 계시고 이모가 아기 둘을 돌보고 있기에 돌아설 수밖에 없어서 병수도 나도 참 아쉬웠었다. 지금처럼 전화를 마음대로 할 수 있던 시절이 아니었기에 무턱대고 찾아갔으니 말이다.

그 후 고등학교를 졸업하고 병수는 연세대학교 경제학과에 진학해서 재학 중 공인회계사 시험에 합격했다. 아마 그 마을에 대학을 간 사람도 병수가 처음이고 공인회계사가 무엇인지도 모를 당시였다. 당시 병수가 방학 때 집에 오면 서울 사람이 다 되어서는 피부도 하얗고 풍채도 참 멋진 청년이 되었기에 우리 동기 중에 저렇게 뛰어난 친구가 있구나 싶을 정도였다. 한 해 겨울 방학 때 병수와 우리 마을 동기생 동영이가 우리 집에 와서 같이 얘기하고 논 적이 있었다. 대학에 들어가고부터 옛날의 병수인가 싶을 정도로 달라진 모습을 보고 놀랐다. 그래서 예의가 아닌 걸 알면서도 그동안 궁금하던 것을 물어봤다,

"너는 초등학교 시절엔 공부를 잘한 것 같지 않았는데…"

내 말이 채 끝나기도 전에, 정박사는 알았다는 듯이 말한다.

"어찌하여 중학교 때는 공부를 잘했느냐? 라고 하려고 했지? 내가 대답하마. 갑작스럽게 잘한 것이 아니고 초등학교 4학년 때부터 우등상을 받았던 사실 잘 모르지. 내가 워낙 내성적이라 모두 잘 모르더라. 더구나 우리가 중학교 들어갈 때는 입학시험이 있었고, 삼가중학교에는 6개 초등학교 학생이 경쟁했어. 나는 담임선생님으로부터 수석으로 입학하라는 임무를 받고 선생님 댁

에서 아침 점심 저녁을 먹으면서 공부했지. 그리곤 그 목표를 향해 노력했단다. 그런데. 변명 같지만, 체력장 점수가 20점인가 30점인가 있었는데 내가 체력장 점수에 약했지. 남들은 체력장은 기본이라는데, 몸치인 나는 60%도 못 받았다는구나. 그래서 수석을 놓쳤지만, 대신 초등학교 졸업식 때 삼가중학교 교장 상은 내가 받았단다." 처음이자 마지막이 된 그날 저녁 대화를 끝으로 병수와 난 사는 곳이 달라 서로의 안부도 모른 채 살아왔다.

그러다가 2008년 연말쯤 병수가 중학교 친구 몇 명과 일 년에 한 번 어느 곳을 정해 만나 그동안 살아왔던 인생사를 나누면 어떻겠냐는 제안을 해와 전국 각지의 동기생 중 10여 명이 대구에서 첫 모임을 한 이후 15년이 지난 지금도 재미있게 만나고 있다. 어느 해 안동 하회마을에서 모일 때 은사님이신 조선희 선생님을 모셨다. 그리고 부산에서 모일 때는 두 내외분(부부 은사인 최태환 교장 선생님과 조선희 선생님)을 모셨다. 그동안 코로나 사태로 모임을 하지 못하다가 올해(2023년) 2월 24일 대전 유성 온천에서 12명의 회원 중 11명이 모여서 칠순 기념을 했다. 친구들은 몇 년을 못 만나다가 이번 모임에 정 박사를 보고는 충격을 받았다. 황소라도 잡을 듯한 체력을 가졌던 친구가 병명도 모른 채 몸이 불편하여 지팡이를 짚고 나타나 마음이 너무 아프고, 속이 많이 상했다. "똑똑하고 사회에서 인정받던 친구이고 아직도 사회에 크게 공헌할 사람인데…"

여러 권의 전공 서적은 물론이고 수필집도 출간하고 대학에 출강하면서 후학도 길렀던 친구가 요즘은 치료를 받기 위해 먼 거리 대구까지 다니면서 치료를 받고 있다니 마음이 편치가 않다. 그러나 낙망하지 마라. 명심보감 첫 구절에 "위선자 천보지이복(爲善者 天報之以福)"이라고 했다. "선을 행하는 사람은 하늘이 그에게 복으로 보답한다"라는 의미인데, 그동안 행한 선(善)만으로도 좋은 보답을 받을 것이야. 친구 병수야. 아니 조카야! 너는 내 고향 친구이자 공인회계사이고 박사다. 힘내라. 치료 잘 받고 건강하여 다른 친구들과 오래오래 어울려 지내야지!

질문이 없는 곳에 발전도 없다

정현용
초등학교 동문

난 고향이 합천임을 언제나 자랑스럽게 여기며 살아왔다. 그런 연유인지 몰라도 나는 재경 쌍백면 향우회 총무 6년, 회장 5년을 역임한 바 있다. 따라서 자연스럽게 재경 합천군 향우회에도 부회장 등 여러 직책을 지금까지 맡아 왔다. 재경 합천군 향우회 회원들의 화합과 단결심은 타 군 향우들이 부러워하는 것을 볼 때마다 자긍심을 느끼기도 했다.

그것은 향우 각자의 애향심과 더불어 합천군 향우회 역대 회장님들의 대도무문(大道無門)의 투명한 지도력으로 정도(正道)를 지켜왔기에 가능했다고 본다. 그런데 얼마 전 'M씨'가 회장이 된 이래 오랫동안 쌓인 신뢰가 하나둘 금이 가고 파열음이 발생하기 시작했다. 이 불만은 드디어 지난 2022년 12월 26일 총회 때 폭발하였다.

회장님 명의로 온 우편물의 제목은 '인사 말씀'이기에 가볍게 보고 버릴까 했는데, 읽어 보니 총회 소집 통지서였다. 그것도 우리 회에서는 매우 중대한 '정관 개정과 임원 선출'이 안건이었다. 정관은 무엇을 어떻게 개정할 것인지에 대한 설명도 없고, 회장을 선출한다고 해야 할 것을 굳이 임원이라고 숨기는 의도가 꼼수의 극치다. 더 부끄러운 것은 우리 향우회 회칙 제8조 제1항에 의하면 "회장과 감사는 총회에서 선출하는 것을 원칙으로 하나 20명 이상의 추천을 받아 등록한 입후보자 중에서 임원 회의에서 선임하여 총회의 인준을 받을 수 있다."라고 되어 있다. 그런데 무슨 이유인지 멀쩡하게 있는 임원 회의는 개최하지도 않고, 대신 회칙에도 없는 "회장 추대위원회"를 자의적으로 구성해 회장을 추대하는 의도도 알 수 없다.

아마 임원 회의에는 현직 각 면 회장이 위원으로 들어가다 보니, 'M회장'이 원하는 향우가 차기 회장으로 추대될 가망이 없어서 그렇게 꼼수를 부리는 것 아닌가 싶다. 더구나 'M회장'은 임기가 끝나는 마당에 무슨 회칙을 개정한다는 말인가? 회칙 개정 건은 후임 회장에 맡기는 것이 상식이다. 또 전임 회장이 넘겨준 기금도 고갈되어 걱정이라고 한다. 상황이 이런데도 안건 심의에 앞서 J 감사가 '배포된' 총회 자료의 감사보고서를 읽고, 준비된 회장 안건을 밀어붙이려는 순간이었다.

이때였다. 재경 합천향우회 부회장이자 공인회계사(公認會計士)이기도 한 회계감사 전문가인 정병수 박사는 J 감사의 감사보고서(당일 배포한 총회 자료 10쪽)가 현장에서 즉흥적으로 들어도 이상하다고 생각한 것 같다. 사실 그 자리에는 고향의 합천군수를 포함해 전 현직 합천 출신 국회의원 등 합천의 유명 외빈이 단상에 착석하고 있어 큰 잘못이 없으면 발언하기 힘든 분위기였다.

그 상황에서 정병수 부회장은 사회자로부터 발언권을 공식적으로 얻어 마이크를 받아 감사보고서의 잘못을 조목조목 지적하는 것이 아닌가? 먼저 답변은 감사가 직접 해주기를 바란다고 했다. 그런데 본래의 질의 자체는 하지도 않은 상태였는데, 마치 기다렸다는 듯이 감사 대신 'M회장'이 마이크를 잡아 자기주장을 하기 시작했고, 회의장 앞 테이블에 앉은 소위 원로분들이 정박사의 마이크를 뺏으려 하자, 정병수 부회장은 감사보고서 표현 중 문제가 있다고 판단한 대목을 논리정연하게 지적했다.

가) 감사보고서 내용 중 "3년 8개월의 수입 총액은 141,102,488원이고 지출 총액은 124,972,720원, 잔액은 16,629,768원이며…"로 표현하고 있는데, 이렇게 표현하면 마치 코로나 사태에도 불구하고 집행부가 "지출보다 수입 실적을 많이 올렸구나!"라는 오해를 주게 되므로 잘못되었다는 것이다. 왜냐면 수입 총액 속에는 전년도 이월액 36,256,269원이 포함되어 있었기 때문이다. 따라서 위 표현은 "3년 8개월의 수입과 지출은 전기 이월액 36,256,269원, 당기 수입액 105,346,219원이고 지출 총액은 124,972,720원, 잔액은 16,629,768원이며…" 정도로 표현해야 옳다면서 "감사는 이를 수정할 용의가 없느냐?"고 물었다.

나) 또 감사보고서 본문의 3번째 구절의 마지막은 "…긴축 재정으로 현상 유지가 된 것을 자랑스럽게 생각합니다."란 표현에서 "감사 과정에 알게 된 긴축 재정의 사례를 한 가지라도 예를 들어 주면 모든 향우가 좋아할 것"인데, 앞의 수지 상황은 현상 유지도 아닌데다 그런 표현은 일반적인 감사보고서 문장에서 사용하지 않는다고 지적했다. 감사 질의 내용이 마이크를 타고 흘러나오자, 회원들은 집행부가 "이럴 수가 있느냐?"며 흥분하여 단상으로 몰려나왔고, 삽시간에 총회장은 아수라장이 되었고, 그 후 몇 차례의 조정에도 불구하고 아무런 결론 없이 해산되었다.

그날 정병수 부회장의 용기 있는 감사 질의가 없었다면 'M회장'의 꼼수대로 의결이 되었을지도 모른다. 그 일 이후 며칠 뒤 정병수 부회장은 더 놀라운 사실을 발견했다며, 다음과 같은 내용을 전해주었다.

"배포된 총회 결산자료를 집에서 보다가 제시된 자료와 금액은 실수인지 고의적인지 모르지만, 각 부속 명세서 하단에 있어야 할 합계 표시가 없어, 17쪽에 "2019년 체육대회 협찬 입금자별 협찬 금액"을 직접 더해보니 74,930,000원이 계산되는데, 19쪽 "2019년 체육대회 수지 총괄표"에는 71,130,000원이라고 3,800,000원을 누락시키고 그 차액은 "회장 문희주가 3,800,000원을 협찬"한 것처럼 20쪽에 기록되어 있다. 이를 어떻게 해석해야 하나요?

다) 배포된 자료 11쪽의 읍면 분담금을 보면 14,380,000원이라고 되어 있습니다. 그래서 혹시나 하고 더하기를 해 봤습니다. 결과는 "역시나!" 였습니다. 2019년 정기총회 17개 읍면 분담금 각 400,000원씩 6,800,000원, 2019년 체육대회 분담금 각 300,000원씩 5,100,000원 그리고 43차 정기총회 시 12개 면이 각 400,000원씩 4,800.000원으로 모두를 합하면 14,380,000원이 아닌 16,700,000원으로 집계됩니다. 차액 2,320,000원은 어디로 갔나요?

라) 물론 지출이 어떻게 되었는지는 증빙을 볼 수 없는 상황에서 알 수 없습니다만 위의 가), 나)의 문제점을 미루어 보면 가히 짐작하고도 남지 않겠습니까?

정병수 박사는 "자랑스러운 재경 합천향우회의 지난번 집행부가 이 정도일 줄은 꿈에도 생각 못 했다."라며 다시는 이런 분이 회장이 되면 곤란하다고 강조하더라는 것이다. 질문을 위한 질문은 곤란하지만, 정 박사의 의미 있는 질문은 향우회를 더욱 든든한 반석 위에 올려두는 것으로 시사하는 바가 크다 할 것이다.

후배들이여, 꿈을 갖고 도전하라

홍찬유
중학교 동기

병수야! 일전에 뜬금없이 나보고 "너에 대한 글"을 써 달라고 하기에, "그래, 잘 쓰지는 못해도 노력은 한번 해 볼게"라고 말한 것이 화근이 되어, 이렇게 고민스럽네. 나에 관한 이야기는 너의 두 번째 수필집 『촌놈이 어때서(2017년 발간)』에 실린 "홍약국 아들"이라는 제목에 나를 잘 표현하고 있는데 말이다. 그런데 이제는 내가 네 모습의 한 부분이라도 글로 표현하려니 막막하기 그지없다. 흔히들 '내로남불'이라고 하더니만, 과연 그 말이 실감난다.

우리의 인연은 1967년 삼가중학교(三嘉中學校)에 입학하면서부터이다. 삼가란 지역은 경남 합천군(陜川郡)에 속하고, 합천군 중에서도 합천읍과 진주 사이에 위치하는 서부 경남이라고 할 수 있다. 따라서 삼가중학교는 합천군의 삼가면과 쌍백면, 그리고 의령군 대의면의 3개 면에 흩어져 있는 삼가초교, 쌍백초교, 자양초교, 외토초교, 대의초교 및 모의초교의 6개 초등학교 학생들이 상급반으로 진학하던 곳이다. 시골 중학교치고는 어느 정도 경쟁력이 있는 학교였던 것 같다. 아마 삼가 지역이 조선 시대에는 엄연한 삼가현으로, 현감이 있던 곳이기 때문이 아닌가 생각된다.

너와 같이했던 사춘기 중학 3년간을 모두 기억하기는 쉽지 않지만, 나와 너를 비교해 보면, 어느 정도 감이 생길 것 같다. 우선 외관상으로 나는 삼가 읍내 출신이고 너는 쌍백 농촌 출신이다. 그 당시 삼가는 전기가 들어왔으며, 교환양이 연결하는 전화도 있었고, '5일 장'도 열리고, 짜장면집, 서점, 약국 등도 있었다. 그러나 삼가면 사무소에서 겨우 4km 떨어진 쌍백면은 그런 시설이 없었던 것으로 알고 있기에 우리는 모두 촌에 살았지만 네가 나보다 더욱 촌 생활을 한 것 같다.

또한, 외형적인 면에서 보면 나는 키가 큰 편이고 너는 작은 편이었다. 따라서 너는 교실 앞자리에 앉아 선생님 말씀에 열중하는 모범생이었다. 가끔 네가 옆 친구와 얘기하다가 웃는 모습은 참으로 순수한 쌍백의 촌스러운 아이로 보였다. 나는 너보다 키가 커서인지 항상 뒷자리에 앉아서 앞에 있는 친구들 살피느라 수업 중에 고개를 많이도 돌리곤 했었다. 쉬는 시간에도 너는 책과 씨름하며 자리도 잘 뜨지 않았다. 그래서인지 중학교에 입학할 때는 내가 수석이었지만, 중학교 3년간 성적을 보면 네가 수석이었지 싶다.

세월이 흘러 중학교를 졸업한 동기생들은 대체로 세 그룹으로

뿔뿔이 흩어졌다. 첫째 그룹은 부모를 돕기 위해 고향에 남는 그룹이며, 둘째 그룹은 도시로 나가 취직을 하는 자들이며, 셋째 그룹은 상급학교인 고등학교로 진학하는 자들이다. 고등학교로 진학하는 경우 대부분 지역은 대구나 부산에 있는 고등학교로 가기 마련이다. 하지만 나는 합천 인근인 거창고등학교로 진학하였고, 그 후 공군사관학교에 합격했다가 적성에 맞지 않아 1학년 말에 자퇴하고 그 후 자원 재생 공사에 근무를 시작했다. 반면에 너는 졸업식도 하기 전에 급히 서울로 갔다는 소문만 들었지, 구체적인 소식은 몰랐는데 계속 귓가에 바람처럼 들려오는 얘기는 연세대학교 상대에 다닌다고 하는 것이며, 졸업 무렵에는 공인회계사(公認會計士)에도 합격하였다고 하여 고향 면사무소 중심거리에 현수막이 걸렸던 것을 본 적이 있다.

그 후 너나 나는 생업에 밀려 서로를 잊고 산 것이 아닌가 생각이 든다. 그러던 중 2007년 가을 어느 토요일이었다. 나는 당시 교회 장로로 시무하고 있으면서 삼가면과 쌍백면의 독거(獨居)노인에 매주 토요일마다 무료 도시락을 배달하는 자원봉사를 하고 있었다. 그날도 너희 고향인 쌍백면에 도시락 배달을 하고 교회로 돌아가려는데, 눈에 익은 네가 보여 차를 세우고 안부를 묻게 된 것이 우리들의 특별한 모임으로 연결되었다.

"병수야, 반갑다. 고향엔 어쩐 일이고? "

"반갑다. 찬유야. 오랜만이다. 잘 지내지?"

"그냥 그렇지 뭐…"

"너 보니 생각나는데, 동창생 모임을 하면 어때?"

"좋지. 서울에서 네가 주선을 해 봐라!"

이렇게 해서 전국 각지에 있는 중학 동기생 중 생각이 비슷하리라 예상되는 10여 명을 골라, 2년에 한 번씩 돌아가면서 모임을 주관하기로 했다. 어느새 햇수로 15여 년이 되었다. 첫 모임은 정병수가 연세우유 공장장으로 있던 천안 아산지역으로 정했다. 특히 연세우유 공장도 견학하고 너의 위풍당당한 권위에 나도 덩달아 연세우유 공장장이 된 기분이었다. 이처럼 지금까지 삼가중학교 동기들을 위하여 특히, 재경 동기 모임을 많이 주선하였던 것으로 소문을 듣고 있다. 이 중에서 졸업 40주년을 기념하여 2010년 11월에 경북 김천에 있는 직지사 입구에서 모인 행사는 우리 16회 졸업생들이 졸업 후 가진 행사 중 전국에서 약 75명이 모인 가장 규모가 큰 행사로 프로그램도 전적으로 정박사가 주관하고, 비용의 상당 부분도 개인적으로 부담한 것으로 알고 있다.

정박사의 이러한 학교 사랑도 중요하지만, 내가 의미를 더 크게 부여하고 싶은 것은 불원천리(不遠千里)를 마다하고 모교를 방문하여 후배들에게 자원봉사로 특강을 여러 차례 실시하였다는 점이다. 정박사가 강의하는 시간에 다른 일이 있어 모두 참석해

보지는 못했지만, 내 기억에 남아 있는 특강의 제목 하나는 '꿈과 도전'이었다. 정박사는 이 특강을 통하여 후배들에게 첫째, 유익한 꿈과 목표를 가지라고 강조했으며, 둘째로는 적극적이고, 긍정적 사고를 하라고 부탁했다. 그리고 세 번째로는 시간을 아껴 쓰고, 작은 일에도 열심히 할 것을 강조한 강의인데, 마지막으로 정리하면서 정박사는 특별히 '도전했다가 실패하면 50% 실패한 것이지만, 도전조차 하지 않는다면 이것은 100% 실패한 것이다'라고 강조했던 말은 지금도 기억에 생생하다. 이처럼 삼가중학교 제16회 졸업생 중 정박사와 같은 분이 있다는 것이 자랑스럽고, 더구나 자원봉사로 후배들에게 특강을 한다고 하는 것은 더더욱 자랑스러운 일이 아닐 수 없다.

정박사의 끈질긴 승부 욕에 다시 한번 감격하며 동기생으로 찬사를 보낸다. 그러나 내 마음속에는 '영원한 촌놈 정박사'로 오래도록 기억에 남을 것 같다. 너는 우리가 모이면 항상 숙제를 가져와 함께 풀기도 하고 했었지 때로는 난감해하기도 하였지만 삶을 뒤돌아보는 여운을 남기기도 하여 소탈한 학자다운 면면을 보이기도 하였단다. 어릴 때 세월은 그리도 늦더니, 나이 들어 보니 반대로 어찌나 빠른지 정신이 없다. 지금까지 숨 가쁜 세상 앞만 보고 달려온 너는 쉼 없이 연구하고 고뇌하였지만, 이제는 건강도 좋지 않다고 하니 쉬엄쉬엄 쉬어가면서 할 것을 간곡히 부탁하며, 칠순을 축하한다.

뇌룡정(亭)에 오르면 생각나는 사람

김성인
중학교 후배

평소 합천신문의 지면을 통해서 대충은 알고 있었지만, 삼가중학교 선배인 줄은 백중약국 홍찬유 장로님을 통해서다. 학창 시절 '공부벌레'였고 지금도 동창으로 매년 만남을 이어가고 있다고 하였다.

그런데 어느 날 홍찬유 장로님이 친구 정병수를 이순신 장군 백의종군로 관계로 평소 '지역향토사'에 관심이 많은 나를 소개해 주었다. 삼가중학교 졸업 이후 상경하여 회계학박사에다 연세대학 재단본부장까지 역임한 훌륭한 선배를 만나는 것이 자랑스럽고 대견해 보여 자리를 선뜻 응하고 만나보니 역시나 공부를 많이 한 사람은 달랐다. 자신을 내세우지 않고 설득력도 있어서 합천지역 충무공 이순신 장군 백의종군로 순례 행사에 동참하기로 하고 나는 삼가지역의 아는 지인을 동원 10여 명 동반했고, 병수 선배님은 쌍백초등학교 총동창회 임원들을 10여 명가량 참여시켜서 난중일기의 1597년 (음)6월 2일 기록 중 (비가 오다가 개었다. 삼가현 5리 밖의 '홰나무정자' 근처의 노순·노익 형제가 와서 만났다)는 지점에서 출발하여 권율 장군 도원부가 있는 초계 매실마을 '이어해가'의 집까지 이틀간에 완주하였다.

그 행사를 계기로 정병수 선배님을 잘 알게 되었고 가끔 고향에 내려오면 연락하여 만나곤 한다. 그리고 자신의 수필집을 받아 잘 읽어 보고 합천신문에 기고하는 글을 더 꼼꼼히 챙겨 보기도 한다.

나는 그 선배님을 통해서 향토사에 대해서 더 많은 것을 알게 되었다. 특히 그분의 고향 쌍백면 묵동마을에는 조선말 노백헌 정재규 선생의 탄생지이기도 하다. 병수 선배님의 고향마을 묵동은 초계정씨의 집성촌인데 아마도 정재규 선생의 후손이 틀림없을 것이다. 정재규 선생은 조선말 노사학파의 노사 기정진의 수제자로서 대한제국기 때 '위정척사론'을 주장하였으며, 현재도 전남 장성군에 있는 고산서원에 배향돼 있기도 하다. 그런 위인의 후손이었기에 훌륭한 인물이 나는 것은 당연하다고 볼 수 있다.

그리고 이순신 백의종군로 순례를 하면서 이순신과 우의정 정탁의 관계를 알게 되었다. 정탁은 경상도 예천 출신으로 남명 조식의 제자다. 이순신이 선조 임금의 영을 어겨 죽음을 앞두고 있을 때 선조의 노여움이 너무 심해 영의정 류성룡도 감히 나서지 못할 때 죽음을 각오하고 신구차 상소문을 올려 신조의 마음을 바꾸게 한 인물이다.

훗날 이순신은 "나를 추천한 자는 류성룡이고 나를 살린 자는 정탁이다"라고 했다. 바로 정탁이 공부한 곳이 남명 조식의 생가지가 있는 뇌룡정 기둥에는 지금도 "시거이용현(尸居而龍見) 연묵이뢰성(淵默而雷聲)"이란 글귀가 걸려있다. 뜻인즉 "죽은 것 같이 가만히 있다가, 때가 되었을 때 용처럼 출현하고, 깊은 연못처럼 잠잠히 있다가 때가 되었을 때 뇌성 벼락같이 소리치라"라는 뜻이다. 뇌룡 정신을 물려받은 우의정 정탁은 이순신을 살리기 위해 죽음을 무릅쓰고 소신을 과감히 상소하여 임금의 마음을 돌리게 했다. 지금도 뇌룡정 앞 안내판에는 임진왜란 때 소실된 뇌룡정을 1885년 정재규가 당시 삼가 현감 신수근을 설득하여 중건하게 되었다고 기록되어 있다. 나는 정병수 선배님을 생각할 때마다 노백헌 정재규 선생이 연상되는 것이 내가 요즘 역사문화해설사로 뇌룡정에서 근무하기 때문일 것이다.

아무쪼록 병수 선배님 요즘 건강이 많이 안 좋으신 것 같은데 건강관리 잘 하시고 고향에 오시면 막걸리 한 잔 하면서 재미난 이야기 많이 나눌 수 있게 건강한 몸으로 뵙길 기대합니다~

청출어남 청어남

정동영
중학교 동기

지구에는 수많은 다양한 사람들이 살고 있다. 80억이 넘는 인구가 지구라는 위성에 살고 있지만 한 번도 같은 사람은 만나보지 못했다. 쌍둥이라도 무언가 약간은 다를 것이다. 외모가 다른 만큼 성격도 각자 다르다. 이런 가운데 나와 성격이 좀 다른 한 친구가 있다. 고향은 같지만 같은 마을은 아니고 이웃하는 촌 동네에서 초등학교와 중학교의 청소년 시절을 함께 보냈던 '병수'라는 친구가 있었다. 아래위 마을이 정씨 집성촌으로 학교에선 친구이지만, 마을에 들어서면 어느 정도 옛날식 항렬(行列)의 위계를 논하는 과도기적 시대였다. 당연히 내가 아저씨뻘이다.

우리는 중학교에 가기 위해 눈이 오나 비가 오나 자전거를 타고 7~8km를 신나게 달려야 했다. 나는 그 친구의 마을을 지나칠 때면 약간 보수적인 그의 아버지 명령에 따라 논밭 일도 열심히 하는 것을 볼 수 있었다.

어른들을 공경하고 어른들의 말씀에 잘 따르는 약간의 유교적이고 유순한 그에 비하면 나는 약간 반항하는 스타일이다. 내가 약간 우유부단한 성격이라면 그는 겉으로는 부드러운 그러나 내면은 끈기가 많은 외유내강의 성격을 가진 것 같다.

학교 선생님들과 유대도 좋아 몇십 년이 지난 후에도 그 친구의 아들 결혼식에 옛 중학교 은사 부부가 참석할 정도의 인간관계를 가지고 있는 것을 보면 모든 관계에 있어서 대단한 융화 능력을 갖추고 있음을 알 수 있다.

초등학교와 중학교 동창들의 지난 모습들이 궁금해 새로이 동창 앨범들도 발간하였고 합천신문의 꾸준한 논객으로 많은 글을 게재하였으며 개인이 때때로 발표한 글들을 모아 〈영원한 촌놈〉, 〈촌놈이 어때서〉, 〈촌놈으로 살다 보니〉 등의 촌놈 시리즈 수필집도 발간한 그 친구를 보면 대단한 능력의 소유자라 할 수 있겠다.

중학교 2학년 시절로 기억된다. 미술 선생님이 크리스마스카드를 만들어 오라는 숙제가 있었다. 그 시절 나는 미술 성적은 반에서 월등했다. 모자이크 등을 잘 만들어 내 작품은 그 선생님이 가져가곤 했다. 다른 친구들의 작품은 되돌려주었는데 내 거는 돌려주질 않아 좀 서운해했던 기억이 난다. 돌이켜 보면 우수한 점수를 받았는데 그땐 왜 섭섭함을 느꼈는지 모른다.

나보다 미술에서는 점수가 낮은 그 친구는 그날 저녁 우리 집에 왔다. 미술 코치를 받아 보려고. 나는 열심히 그의 크리스마스카드 만들기에 도움을 주었고 내 카드도 열심히 만들었던 기억이 떠오른다. 다음날 그 친구의 작품은 내 것보다 높은 점수를 받았다. 정확한 기억은 아니지만, 그 친구는 95점, 난 90점 정도였다. 약간은 섭섭했지만 내가 도움을 주어 좋은 점수를 받아 흐뭇했던 기억이 난다. 암튼 그의 끈기 있는 외유내강을 본 셈이다.

흘러간 옛 시절, 우주의 시각으로 보면 찰나이지만 긴 시간이 흘러 이제 고희(古稀)의 칠순을 맞이한 우리이다. 지금 우리는 건강에 많은 관심을 가진다. 등이 많이 굽어진 그를 보면 좀 안타까운 생각이 든다. 건강한 몸에서 건강한 생각이 나온다 했다. 지구라는 별에 와서 가치 있는 삶을 더 많이 영위하는 것이 다수의 목적일 것이다.

부디 좀 더 건강해져서 더 좋은 인생이 그의 앞길에 계속 펼쳐지기를 바랄 뿐이다.

농자천하지대본

공종표
중학교 동기

·

내 친구 병수!

내가 병수를 만난 건 삼가중학교에 입학하고부터다. 나는 '동리어파'라는 동네에서 태어나 자양초등학교를 졸업하고 그야말로 촌놈으로 낮에는 지게를 지며 산과 들로 나무하고 '소풀' 베러 다니고 밤에는 호롱불 켜놓고 공부를 했는데, 우리 할아버지는 [농자천하지대본]이라고 사람은 농사일을 잘해야지, 공부는 필요 없다고 하시면서 나에게 농사짓고 일하는 법만 가르치고 하였다. 다행스럽게 할아버지가 초등학교 6학년 때 돌아가셔서 내가 간신히 중학교에 입학하게 되었다. 내가 알기로는 병수 친구는 묵골이라는 동네에서 정동영이라는 친구와 함께 등·하교를 한 것으로 기억하고 있는데 동영이는 고모(?)가 우리 앞집에 살고 있어 우리 집과 매우 친하게 지냈고 동영이도 고모 집에 한두 번 놀러 와서 나랑 만난 적도 있었지.

나는 중학교 때 키도 작고 새까맣게 보였지만, 병수는 얼굴도 잘생기고 피부가 하얗게 귀공자 스타일이었지. 공부는 항상 전교 1등이었고 서울 중동고에 진학해 연세대를 졸업하여 경영학 교수로 재직 중이라는 이야기를 듣고 있었다. 나는 대구 상고를 졸업하고 은행에 취직돼 주로 대구 경북에서 근무하다 보니 서로 볼 기회가 잘 없었는데, 내가 은행을 퇴직하고 인터불고 그룹에 근무하던 중 병수가 대구에 무슨 강의가 있어 나랑 호텔서 만나 점심을 했던 지 차 한잔을 마셨던 지 한 것 같다.

그때 병수가 중학교 때 공부 잘하고 착했던 친구들 모임을 만들어서 한 번씩 봤으면 좋겠다는 제의를 했고 그 후에 우리 모임이 결성되어 거의 매년 모임을 한 번씩 가졌는데 '산청동의보감촌', 유성 온천 하회마을, 팔공산, 가야산 호텔 등지에서 모여 어릴 적 추억에 잠겨 밤새 '이야기' 꽃을 피우곤 하였는데~

그렇게 잘생기고 건강하고 항상 앞서가던 병수 친구가 언제부턴가 몹쓸 병에 걸려 너무 큰 고생을 하고 있는데 너무나 안타깝기 그지없구나. 요즘 통증이 더 심해진다고 하는데 수술이라도 되면 빨리 수술해서 예전의 건강한 모습을 되찾기를 간절히 바란다. 친구야. 힘내라.

재경 삼가중 동기생들의 칠순을 자축하며

정병수

이 자리에 함께한 재경 삼가중학교 제16회 동기 동창생 여러분 반갑습니다. 저는 정병수입니다. 우리는 1967년 3월에 다 같이 입학하여 1970년 2월에 다 같이 졸업했다는 사실과 또 세계 10대 도시인 서울 또는 서울 인근에 산다는 사실 두 가지의 자격으로 모였습니다. 전자의 조건은 흔히들 국적은 바꿀 수 있어도 학적은 바꿀 수 없다고 하는 것과 맥을 같이 하고, 후자는 오늘 현재 우리 자신의 선택이기는 하지만 아무나 쉽게 할 수 없는 행운이기도 합니다.

세월은 유수처럼 흘러 이 자리에 있는 동기생 대부분은 올해 칠순이 되는 것 같습니다. 이 칠순을 기리고자 이번 여행을 계획하고 준비한 정상용 정달영을 비롯한 진행본부 여러분에게 감사를 드립니다. 특히 나는 일찍이 건강상 못 간다고 했는데도 줄기차게 보내는 문자며 전화 공세에 고민(그 고민은 내가 참여하면 여러분들에게 피해가 될 것 같아서)하다가 어제서야 "그래 내가 앞으로 어떻게 변할지 모르잖아!"하며 합류를 결심했는데, 잘한 결정인지 잘 모르겠습니다. 아마 앞으로도 우리들의 역사에 지팡이를 짚고 여행했다는 동기생은 쉽지 않을 것이며 또 그렇게 되지 않기를 소원합니다.

뒤돌아보건대 올해가 졸업한 지 53년째입니다. 10대 사춘기에 별것도 아닌데 비지기도 하고 싸우기도 하고, 떨어지는 낙엽을 바라보며 감상에 젖기도 했던 추억이 한두 번은 기억날 것입니다. 때로는 시험이라고 잠 못 이루고, 더러는 이성(異姓)에 고민했던 시절이 엊그제 같은데 이제는 백발의 할아버지 할머니가 되었습니다. 자동차 운전도 민첩하지 못하고 기억력도 자꾸만 가물가물하여 서러운데 아들딸은 속도 모르고 "아버지, 그 소리 한 번 더 하면 백 번째예요,"라고 비아냥거립니다. 그렇다 해도 다른 지역에 비해선 우리 재경 지역이 단합이 잘 되는 것 같습니다. 이런 점에서 우리의 칠순임을, 그것을 기념하는 칠순 여행을 하는 것과 높은 단결력 3가지를 모두 모아 자축(自祝)합시다.

과거를 살펴보니 재경 삼가중학교 16회 모임은 2001년에 결성하고, 초대 회장이라는 감투를 쓴 죄로 송년회다 야유회다 하며 상계동 우리은행 야구장이나 강화도 동막해수욕장 등을 갔더군요. 또 전국 모임으로는 2003년 봄에 모교 운동장에서 70여 명의 동기생이 모여 1박 2일간 체육대회를 개최하고, 졸업 40주년이 되던 2010년 가을에는 김천 직지사에서 약 100여 명이 참석하여 1박 2일간 회포를 풀었던 것이 기억납니다. 그러나 인생은 앞으로 서로가 언제 어떻게 될지 잘 모릅니다. 그러기에 오늘이 중요합니다. 미국의 루스벨트 대통령의 부인 엘리노어 여사는 "Yesterday is history. Tomorrow is mystery. But today is gift."라고 강조했습니다.

중국의 대표 시인인 도연명(陶淵明)은 "젊은 시절은 다시 오지 아니하고, 하루에 새벽은 두 번 오지 않으며, 세월은 사람을 기다려 주지 않는다."라고 했습니다. 그러기에 저 역시 그렇게 살려고 노력했습니다. 그 결과 공인회계사도 합격하고, 회계학 박사학위도 받았습니다. 그러면 무엇합니까? 약 2년 전부터 척추측만증으로 모든 강의와 직장을 포기할 수밖에 없었고, 그 후 치료를 열심히 받았으나 호전되지 않은 채 칠순이 된 것입니다. "이것도 내 숙명이구나!"라고 스스로 위로하면서도 솔직히 답답합니다. 다행인 것은 그간 아프리카, 남미 등을 포함한 6대 주를 60여 차례 그리고 80여 국가를 다녔기에 조금은 위안이 됩니다.

삼성그룹 이건희 회장은 6년 5개월의 투병 끝에 2020년 10월 25일 78세로 돌아가셨는데, 병상 회고록에 의하면 "1) 나는 세상에서 가장 비싼 차를 갖고 있지만, 지금은 병원 휠체어를 타고 있다. 2) 우리 인생은 너무나 짧은데, 비싼 물건들은 그다지 중요하지 않다. 3) 가장 중요한 것은 타인의 행복을 위하여 도와주는 것이다. 그러려면 건강해야 합니다."라고 했답니다. 마찬가지로 제가 결혼 주례 때 많이 강조한 말이 "돈을 잃으면 조금 잃는 것이고, 명예를 잃으면 많이 잃은 것이요, 건강을 잃으면 모두 잃는 것이다."였는데, 정작 제가 건강을 잃어가고 있습니다.

여기에 모이신 동기 동창생 여러분! 여러분들은 저와 같은 전철을 밟지 않기를 진심으로 바랍니다. 혹시 그렇지 못한 사람이 있다면, 남편은 아내의 이야기를 경청하고 협조하며, 아내는 남편이 비록 백수라 할지라도 위로하며 동고동락을 함께하는 아름다운 관계를 만들어 "99 88 234" 하시길 바랍니다.

마지막으로 며칠 전 내 카톡에 올라온 내용이 내 생각과 같기에 여러분과 공유하는 것이 좋겠다 싶어 긴 글을 짧게 수정해 봅니다. 제목은 "낙엽 지는 가을에"입니다.

> 젊음은 퇴색되어 낙엽처럼 '쉬어버린' 친구여
> 애지중지 키운 자식들도 다 떠나니 내 것이 아니구나
> 혹시나 쓸 데가 있을까 꼬깃꼬깃 모은 돈도
> 쓰지 않고 보관만 하고 있으니 내 것이 아니구나
> 긴 머리칼을 빗어 넘기며 미소 짓던 아름답던 그녀도
> 나는 옆방에 아내는 안방에 사니 내 것이 아니로세.
>
> 삶이 별거더냐 칠십까지 살고 보니 팔십이 코앞이라,
> 이제 자타가 슬슬 보낼 준비를 한다니 처량하구나.
> 이젠 내 것이라곤 아무것도 없으니 잃을 것도 없네.
> 앞으로 살아야 십 년 내외, 그나마 좋은 건 친구로다.
> 소주 한 잔에 서로를 위로하고 위로받으며 소통하니

어쨌거나 아프지 말고 오래오래 건강하며 보자꾸나!

이제 끝내겠습니다. 공자도 논어 첫 구절에 “유붕자원방래하니 불역낙호아(有朋自遠方來 不亦樂乎)” 즉, "멀리서 친구가 찾아오니 이 또한 기쁜 일이 아니겠느냐"라고 했다. 여생은 빠른 속도로 종점을 향해 ‘Non Stop’으로 달려가니 남은 시간이라도 건강하게 만나 즐겁게 놀고, 맛있게 먹으며, 웃으며 체력을 유지하는 우리가 됩시다. 여러분의 칠순을 다시 한번 축하하면서 행복하시길 바랍니다.

정병수 올림

4

포효하는 중동고, 사자 품에서 웅비를 꿈꾸며

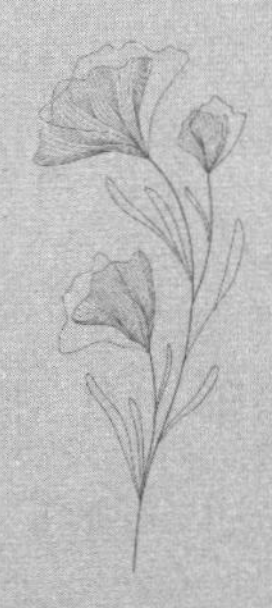

고교 시절 정병수 스케치

안승모
원광대학교 명예교수

오랜만의 전화 통화

"여보세요? 승모니?"

"어! 맞지. 병수구나!"

"그래 오랜만이다. 승모 넌 잘 있지?"

"그저 그렇게 지내!"

이렇게 연결된 고교 동창 정병수 박사의 목소리가 옛날과 달리 힘이 없어 보인다. 사연인즉 척추측만증으로 3년가량 이 병원 저 병원 이 치료사 저 치료사를 찾아 시간과 돈을 투자했건만 상태가 갈수록 악화하는 것 같다는 것이다. 사실 나의 경우 내 부인도 내가 없으면 움직일 수 없는 처지라 정박사의 심정이 어떠할지 짐작이 간다.

젊은 시절 경상도 사나이로 누구보다도 활기차던 그가 힘없는 소리로 통화를 마치니 왠지 안쓰럽다. 정 박사의 통화 요지는 고교 시절 '내 눈에 비친 병수'에 대하여 글을 부탁하는 것이다. 한번 노력해 보겠다고 했으나 반세기가 지난 고교 시절에 대해 기억을 되살리긴 쉽지 않은데다, 글재주가 없는 나로서는 고민이 아닐 수 없다.

벌써 우리 나이가 칠순이다. 잠시 고교 시절을 생각해 본다. 고2 때 배운 한시(漢詩) 한 구절이 떠오른다, 한문 선생님은 우리 반의 반장인 류장렬의 아버지로 류인식 선생님이신데, 서예가로도 유명하시다.

少年易老學難成(소년이로학난성) 一寸光陰不可輕(일촌광음불가경)
未覺池塘春草夢(미각지당춘초몽) 階前梧葉已秋聲(계전오엽이추성)

늙음은 금방 오는 것이고 학문은 이루기 어려우니 시간을 아껴서 열심히 공부하라는 뜻인데, 병수도 나도 박사 학위를 받았으니 우리 둘은 가까이는 간 셈이다. 그리고 추억이 될 만한 것으로 무엇이 있었지?

나의 학창 시절

어렸을 적 내 성격은 극히 소극적, 내향적이라 말도 없었고 친구 사귀는 일에는 젬병이었다. 내 유일한 취미는 혼자 할 수 있는 만화책과 무협지를 보는 것이었다. 그러다 보니 '책벌레' '부처 반 토막'이라는 별명도 얻었다. 중동중학교에 입학한 후 3년 내내 친구라고는 두 명(권혁준·정주영)뿐으로 서로의 집을 오가면서 오랫동안 절친 관계를 유지하였으나 정주영은 20여 년 전부터 행방불명이고 권혁준하고만 연락을 이어가고 있다.

동계(同系) 진학제도가 생겨 별도의 시험 없이 편안히 올라갔던 중동고등학교 학창 시절에도 1, 2학년까지는 중학교 친구 두 명과 잘 놀고 있었기에 새 친구를 사귀는 데 관심을 두지 않았다. 당시 생활기록부의 행동 발달상황(가나다로 표기. '가'는 양호, '다'는 부족)을 보니 1, 2학년 때는 성실성은 '가', 사회성과 지도성은 '다'로 표기되어 있다. 성실하나 사회성과 지도성은 빵점이라는 뜻이다. 그런데 고3 때는 달랐다. 발전이 있었는지 친구도 생겼다. 그 중 가장 절친이 방기중과 정병수 박사이다. 내가 먼저 "친구 하자"라고 했을 리가 없으니 아마도 그들이 먼저 나한테 말을 걸었을 것이다.

우리 셋의 성적 석차는 문과 전체의 선두를 교대로 차지한 것으로 기억된다. 당시 학교에선 잔인하게도 학생들의 시험 석차를 복도에 공개하였다. 고3 때는 나름대로 열심히 공부하였다. 5남매를 키우시느라 고생하시던 모친을 위할 수 있는 길은 공부밖에 없다고 생각하였다. 나는 가장 먼저 등교하고 가장 늦게 하교하였다. 7시 이전에 학교로 들어와 오후 10시 넘어서 나갔다. 그 시절에는 대부분 그랬듯이 집에는 나만의 공부 공간이 없어 학교가 공부방 역할을 했다. 정병수와 방기중, 그리고 나 세 사람 중에서 내가 3등을 더 많이 하니 솔직히 질투심도 있었다. 장학금을 받지 못한 설움도 있었다. 우리 셋은 공부 외에도 생활 형편이 어려웠다는 공통점이 있었다.

정박사는 친구 사귀기에 그렇게 적극적이지 않았다. 아마 경상도 시골 출신이라 사투리가 심한데다 내성적이고 부끄럼이 많았기 때문이 아닌가 싶다. 사실 나도 고향이 경남 진영이라 동질감을 지녔다. 우리 식구들은 나만 빼고 모두 사투리를 쓰고 있어 정박사의 구수한 사투리에 내 마음이 끌렸던 것 같다. 정박사의 그믐달 모양 눈썹이 내 어머님 눈썹과 같은 것도 친근감의 중요한 요소였다. 고3 때 교실 좌석은 지정 방식이 아니라 자기가 앉고 싶은 자리에 앉는 자율제였다. 나는 일찍 등교하여 주로 앞 줄 두번째 자리에 앉았지만, 정박사는 고정된 자리 없이 여기저기 앉는 경향이 있었다. 그런 그가 나의 수전증으로 인한 악필 고민까지도 기억하고 있어 놀랐다.

정 박사가 알려준 비밀

어쨌든 나의 기억으로는 고3 때 정박사와 더욱 가까워진 것 같은데, 정확하지는 않지만 아마 이 사건으로 계기가 된 것 아닐까 싶다. 정병수가 하루는 자기 어머님도 안(安)씨인데, 본(本)은 순흥(順興)이라고 들었다며 나의 본이 어딘지를 묻는 것이다.

"나도 순흥이고, 안(安)씨의 본은 하나야."

"그렇구나! 그런데 순흥이 어디야?"

"그건 글쎄 영주 어디라 하던데…"

나는 더는 아는 것이 없어 말끝을 흐렸다.

그러자 정박사는 기다렸다는 듯이 순흥에 대해 말하는 게 아닌가?

"순흥은 일단 경북 영주 지역의 옛 지명이야. 조선 초 그 유명한 수양대군의 동생인 금성대군(錦城大君)이 순흥도호부로 위리안치(圍籬安置) 유배를 왔는데도 순흥 부사 이보흠(李甫欽)과 단종 복위를 시도하다 탄로가 나는 바람에 도호부가 사라지고 영주군 순흥면으로 된 것이야. 그리고 금성대군은 세종대왕의 여섯째 아들인데, 결국 살해되지. 또 순흥면은 소수서원 옆이라고 하는데, 가 보지 못했어."

나는 얌전한 병수가 그런 지식을 알고 있다고는 생각지도 못했던 터라, 친구를 다시 보게 되는 계기가 되었던 것 같다.

고집 피우다가 '3수생' 신세

나는 실력도 부족하면서 담임 선생님의 만류를 뿌리치고 서울대학교 법학과를 고집하다가 낙방하여 3수 후에 합격하였다. 그런데 서울대학교에 갈 수 있는 실력이 있던 정박사는 연세대학교를 선택하면서 같이 대학 생활을 할 기회가 사라져버렸다. 정박사는 1등을 하면 4년간 등록금이 면제된다는 소식을 듣고 연세대학교 상대에 입시 원서를 냈다고 한다. 당시에는 고3 담임의 사인이 있어야 대학 입시 원서를 낼 수 있었는데 굳이 법학과를 고집한 나도, 서울대학교를 포기한 정박사도 담임 사인을 받는 데 애를 먹었다.

정박사와는 고등학교 졸업 후에도 한동안 만남을 이어갔다. 대학 입시 스트레스에서 벗어나 훨씬 많은 수다를 떨 수 있었다. 내가 3수 끝에 서울대학교에 입학한 1975년에 정박사는 인천 월미도에서 전경으로 군 복무를 하고 있었다. 휴가 나와서 만난 적도 있고 내가 위문 편지도 보냈다고 하나 솔직히 기억이 가물가물하다. 악필 때문에 편지 쓰기를 극히 싫어하던 내가 위문편지를 보냈다니 정말 우리 관계가 각별하였던 모양이다.

쾌유를 빌며

정박사는 1977년 가을에 연세대학교 상대로 복학한 후 공인회계사 시험 준비에 전념하였고, 나는 적성과 능력에 맞지 않는 법학과와 사법고시를 포기하고 인문대 고고학과로 전과한 탓에 서로 연락이 오랫동안 끊어졌다. 20년 이상 지나 내가 국립박물관에서 원광대학교 고고·미술사학과 교수로 전직한 어느 날 정병수가 구수한 사투리로 연락이 왔다. 연세대학교 재단 본부에 근무하면서 연세우유 원유공급처가 있는 익산을 방문하였다가 나에게도 찾아온 것이다. 이후 간헐적으로 연락을 주고받으면서 중동고등학교 졸업 30주년 모임, 정박사 아들 결혼식에서 얼굴을 볼 수 있었고 내가 퇴직을 앞둔 2016년에 "영원한 촌놈"이란 수필집도 보내왔다.

올해 1월 25일 모처럼 정박사가 전화를 했는데 목소리에 힘이 없어 보였다. 직접 어디 아프냐고 물어보기가 뭐해 동창생 윤명철 교수에게 그의 안부를 물었다. 연고 있는 고등학교 친구는 정박사와 윤교수 뿐이라 더욱 걱정되었다. 허리로 고생을 한다는 것이다. 그나마 당장 쓰러지는 병은 아니고 치유될 수도 있다고 하니 꿋꿋하게 버티기를 간절히 기원한다.

9988234를 그리면서. 파이팅!

나의 친구 정병수 박사 교류기

윤주석
목원대학교 명예교수

정박사와 함께 우정을 나누며 지낸 세월이 어언 50년이 넘어버렸다. 정박사로부터 정박사와 관련된 자유주제로 글을 써달라는 청탁을 받고 이런 글을 써본 적이 없지만, 주저 없이 수락하였다. 한 인물의 모습을 담아내는 글이 부담스러운 면이 있지만 50여 년 교류하면서 부정적인 면보다는 긍정적인 면과 장점이 훨씬 많고 다방면에 재능과 능력 그리고 앞서가는 아이디어가 많아서 배울 점이 많았던 친구이었기에 그간 교류하면서 겪었던 일 중 특별히 기억에 남아 있는 것을 중심으로 떠올려 정박사의 인간적인 면모, 성품, 자질 및 능력을 소개해 보고자 한다.

1970년 3월에 중동고등학교에 입학하여 같은 반에 배정되면서 정박사와의 인연이 시작되었다. 우리는 교실 앞줄 쪽에 앉아서 1년 내내 얼굴을 보고 쉬는 시간 틈틈이 이야기도 나누면서 그렇게 한 학년을 보냈다. 교실에서 함께 한 시간을 빼고는 방과 후 활동이나 함께 보낸 일이 없어서 특별히 소개할 만한 추억거리가 없는 점이 아쉽다. 그 당시의 정박사의 모습을 떠올려 보면 말수는 적고 조용히 차분하게 말을 하는 편이며, 공부에만 집중하는 모범생으로 어린 나이에 목표가 설정되어 있고 달성 의지가 강한 철이 빨리 들은 학생인 것으로 내 머리에 각인되어 있다. 특별히 기억나는 것은 시험을 볼 때보다 정박사와 답안을 맞춰보는 일이 다반사였는데, 주로 나의 오답을 확인하면서 확실히 나보다 공부를 더 잘하는 우수한 학생임을 인정하였던 점이다. 그 당시 두뇌가 명석하고 의지와 집념이 남다르다는 정박사에 대한 나의 판단과 평가는 그 이후의 정박사의 이력에서 여실히 증명되었다고 할 수 있으니, 사람 됨됨이를 보는 나의 안목은 그런대로 높고 정확한 셈이다.

고교 졸업 후 정박사는 연세대 경제학과로, 나는 성균관대 경영학과로 진학하면서 한 4년 정도 함께 할 시간은 없었다, 정박사가 대학 4학년으로 공인회계사 준비하고 있을 때 재회를 하게 되면서 이때부터 지금에 이르게 되기까지 친밀한 관계가 계속 유지되게 되었는데 아마도 우리가 회계학 분야를 공부하고 있고 나중에 학교에 몸담게 된 점이 크게 작용하지 않았나 싶다. 정박사는 그해 공인회계사 시험에 합격하였다. 정박사는 연말쯤에 회계법인 입사를 앞두고 있었으며, 나는 대학원에서 회계학을 전공으로 논문을 계획하고 있었다. 이때 연세 대학 도서관 소장 자료를 보고 싶어서 규정에는 어긋나는 행동이지만 정 박사에게 부탁하였으며, 정박사 배려 덕분에 정박사 학생증(도서관 출입증)으로 한 달여 도서관 출입을 할 수 있었다. 다행히 논문에 반영할 중요한 자료를 확보할 수 있어서 학위논문 완성에 큰 도움이 되었던 기억이 새롭다.

이후 내가 몇몇 대학에서 시간강사로 지내는 동안 정박사는 가끔 불러내서 점심을 사주면서 감사 실무경험을 강의에 참고하라고 전수해 주었다. 언젠가는 업무가 너무 바쁘다면서 고시 잡지에 정기적으로 기고하고 있는 공인회계사 시험 예상 문제를 대신에 만들어달라고 부탁을 하기도 했으며, 그때마다 어김없이 고시 잡지사에서 받은 원고료를 연구에 보태쓰라고 봉투째 그대로 주머니에 넣어주면서 격려를 아끼지 않았던 넉넉한 마음을 잊지 못한다.

시간강사 2년 정도 고생 후에 나는 목원대학에 전임교수로 자리 잡게 되었고, 정박사도 그 이후 몇 년 지나서 모교인 연세대 감사실로 자리를 옮기게 되었다는 소식을 전해주었다. 그 당시 정박사가 연세대 외부 감사업무에 참여하면서 학교의 규모에 비추어서 그리고 앞으로의 학교 발전을 위해 감사 부서의 설치와 감사 전문인력의 충원이 시급히 필요하다는 감사의견을 제안하였는데, 정작 정박사 본인에게 적극적인 영입 의사를 타진해서 고심 끝에 경제적인 희생을 감수하고 학교로 옮기게 되었다는 것이다.

투철한 애교심과 학교 발전에 대한 사명감과 소명 의식 그리고 자기희생과 봉사 정신이 없으면 결코 수용하기 힘든 결정을 한 정박사의 결단을 높이 평가하지 않을 수 없었다. 이로써 국내에서 최초로 연세대에 감사실이 설치되고 감사 전문인력이 상근직원으로 근무하는 선도적인 대학이 되게 되었으며, 이에 대한 정박사의 자부심과 긍지는 대단하였던 것으로 기억한다. 결국 정박사는 연세대에서 정년까지 재직하면서 재단의 최고책임자, 부속기관 경영자, 그리고 교수로서 본인의 뛰어난 역량과 재능 그리고 추진력을 마음껏 발휘하면서 학교 발전에 크게 기여하였음은 주지의 사실이다. 이와 더불어 학교 회계와 병원 회계와 같은 당시 불모지와 같았던 미개척분야인 비영리회계의 개척자로서 그리고 독보적인 존재로서 인정받으면서 위치를 확고히 했으며, 학계와 실무계에 큰 업적을 남긴 점도 대단한 공로라고 할 수 있다.

그동안 정박사와 교류를 계속하면서 여러모로 나에게 배려를 아끼지 않았는데, 그나마 내가 보답할 기회가 있어 다행스럽게 생각되는 일이 하나 있다. 그것은 정박사 박사학위논문 작성 시 논문을 열심히 읽어주고 약간의 보완해야 할 부분을 찾아 조언해주면서 우수한 논문이 될 수 있도록 약간의 보탬을 주었다는 점이다. 특히 논문이 완성된 후 마지막 조언으로 논문 제목에 논문의 핵심이 반영된 부제를 넣자는 제안에 그렇지 않아도 그런 생각을 하고 있었다면서 대단히 만족해하며 기뻐했던 모습이 떠오른다.

한편 우리 모두 회계학 전공자와 교육자이기 때문에 가능했던 일로 회계 원리와 생활 회계 두 저서를 공동 집필하면서 학문적 교류를 원활히 해올 수 있었던 점도 기억에 남는다. 저서 내용을 담는 데 있어 정박사는 실무적 관점을 제시하고 나름대로 다른 저서와 차별성을 강조하면서 그간의 교육을 통해 학생들에게 쉽게 터득할 수 있게 하는 학습 방법 그리고 체계적인 학습 가능성을 제고시키려는 의도와 노력이 반영된 저서로 보완해 주고 변모시킨 공로는 잊을 수 없다.

정박사와 교류하면서 아쉬웠었던 점이 한 가지 있다. 연세대 재직 시 능력과 역량을 인정받으면서도 한때 공정치 못한 대우를 받는 경우가 있어 내심 서운하고 답답한 심경을 토로하면서 불편해할 때가 있었다. 그 시절에 마침 수도권 대학에 세무회계학과가 신설되어 교수 채용한다는 소식을 접하고서 정 박사에게 교수직 지원을 제안한 바 있다. 정박사는 역사가 짧은 소규모 대학인지라 선뜻 전직 결정하지 않고 대신에 1년여 강의를 담당하면서 상황을 보고 1년 후에 결정하겠다는 의사표시를 하였다. 결국 1년여 전임교수 역할을 하고 난 후 교수직을 고사하면서 그간의 보수 대부분을 제자들 장학금으로 기부하는 통 큰 진정한 교육자의 모습을 보여주었다. 후에도 내 기억으로는 2년 정도 강의를 계속하면서 후학 지도에 열성을 발휘한 것으로 알고 있다.

그러나 내 입장은 그간의 연세대에서의 학교 실무경험과 회계 전문지식 그리고 탁월한 개인적인 역량과 경영 능력을 십분 살려서 신설 대학을 나름대로 차별화된 특성 대학으로 함께 노력해 경쟁력 있는 소규모 대학의 새로운 발전 모형에 관한 모범사례를 제시했으면 하는 나의 희망과 꿈이 무산된 것이 아직도 아쉬움으로 크게 남는 부분이다. 그 이후 나는 그런 꿈을 버렸고 정박사는 슬기롭게 재단 일을 헤쳐 나가면서 능력을 발휘하여 재단의 최고 책임자 자리까지 올라가 학교 발전에 지대하게 기여하고 대단한 공로자로 인정받았으니 정박사 입장에서는 잘한 결정이고 아쉬워할 부분은 별로 없을 것으로 생각된다.

정박사와 함께하면서 우정을 나눈 50여 년을 뒤돌아보면서 정박사에 대해 내 머릿속에 남아 있는 몇 가지 기억과 추억을 떠올리면서 정박사에 대한 내 생각을 다듬어 보았다. 같은 회계학 전공자이고 둘이 모두 대학에 평생을 몸담고 있었으며, 회계학 저서의 공동 저자이기도 해서 누구보다도 공통분모도 많고 함께 한 시간이 많아서 그런지 더욱 돈독한 우정을 나누면서 서로 아끼고 존중하면서 지금까지 좋은 친구 관계를 유지해 온 것 같다. 바라기는 정박사가 하루속히 건강을 회복하여서 예전의 불굴한 투지와 열정으로 활발한 사회활동과 왕성한 집필활동 그리고 여러 기관에 대한 봉사활동을 오랫동안 펼쳐나가길 고대하면서 이글을 마무리하고자 한다.

2박 3일간의 여행

정선영
고교 동창

정병수는 제 고교동창생입니다. 졸업 후 직장생활을 하는 동안 저는 주로 지방 근무를 하고 있어서 병수와 자주 만날 기회가 없었습니다. 2003년쯤부터 서울 근무를 하게 되었는데 동기 모임 또는 친구 애경사에서 병수와 자주 만남이 있었습니다. 당시 병수는 연세유업 책임자로 근무 중이었고 내 직장 역시 식품업체였으며 병수와 친분이 깊었던 심현제군이 나와 초등학교 동창이라서 셋이서 같이 자주 어울렸던 것 같습니다.

3~4년 전 병수가 인천 소재지 업체에서 경영자로 근무할 때의 이야기입니다. 절친인 심현제와 같이 월미도 유원지에서 만나 바다가 내려다보이는 2층 횟집에서 식사하였습니다. 그때 병수가 바다를 쳐다보며 70년대 중반에 군대 생활을 월미도 앞바다에서 전투경찰로 근무했던 이야기를 해주었습니다. 당시 바다를 헤엄쳐 1km 정도를 갔다가 돌아올 때 파도가 심해서 애를 먹었다고 회상하던 것이 생각납니다. 당시에 병수 발목과 장딴지를 만져보니, 부모님께 "좋은 유전자를 물려받았구나"라는 생각이 들 정도로 건강한 체격에 감탄한 적이 있습니다. 게다가 등산 등으로 본

인이 관리를 잘하고 있었으니 아주 건강해 보였습니다. 그런 친구 병수가 지금 많이 아픕니다. 최근에는 병수가 주관해 운영하는 '백향고전동연회'라는 공부하는 모임에 가입해서 주 1회 10여 명의 동연회 회원들과 화상 강의 및 토론회에 참석하고 있습니다. 그런 연유로 매주 가까이에서 병수를 대면하는 나는 병수의 상태(병세)가 호전되지 않는 것에 대해 주위 동료분들과 함께 몹시 걱정하고 있습니다. 돌이켜보면 그렇게 건강했던 병수가 이렇게 고질적인 병세로 고통을 받게 될 줄은 꿈에도 몰랐습니다.

3년 전인가, 친구 4명이 병수의 고향인 합천 여행을 하기로 약속을 했는데 병수가 허리가 안 좋다며 한두 차례 날짜를 연기하다가 가긴 갔는데 여행 도중에도 굉장히 불편해하며 겨우 여행을 마치긴 했는데 그때부터가 아프기 시작한 때였습니다. 그래도 함께 할 수 있어서 뜻깊은 여행이었습니다.

합천과 해인사, 이병철 고택, 이순신 장군 전적지, 서원, 가족 묘원, 병수가 어릴 적 살던 집, 자주 가던 친구네 집 동네, 오랜 기간 총 동문회장을 역임했던 쌍백초교 등을 2박 3일 여정으로 두루두루 돌아보고 왔습니다.

그 당시엔 병수의 상태가 그저 단순한 디스크 정도로 생각했었고, 디스크에는 어디 병원이 좋고 수술은 어디가 잘하고 그런 얘기들을 승용차 안에서도 줄곧 나누었던 기억이 납니다.

이렇게 고통을 받게 될 줄은 몰랐고, 모교인 연세의료원 의료진 수준이면 재단 본부장까지 역임한 선배에게 소홀하지 않을 것이라고 걱정조차 하지 않았는데……

병수는 참 부지런합니다. 여러 사회단체에 역할을 맡아 봉사도 열심히 하고 재능 기부 형식으로 강의도 많이 했습니다. 그 강의에 제 딸도 청강생으로 참여했던 기억도 납니다. 병수가 회사 일로 인천 오피스텔에 거주할 때 저녁에 가끔 놀러 가면 대학(원)생이 찾아와서 ONE POINT 지도를 받곤 했습니다. 참 대단한 스승과 제자라는 생각이 들곤 했습니다. 마지막으로 합천 촌놈이 공인회계사 되고 연세대 재단 본부장으로 역임하고 사립대학 회계를 정립한 선구자로 많은 역할과 흔적을 남겼습니다.

병수가 몸이 불편하여 여러 방법을 통해 다스리고 있는데 부디 '지성이면 감천'이라는데 좋은 치료 방법을 찾아 완치하여, 올바른 가치관과 인격 형성을 위한 공부 모임인 '백향고전동연회'의 영원한 회장으로 남기를 기원해 봅니다.

'별난 촌놈' 또 없나?

김현균
중동고 66회 동기

병수의 언어는 내 고향 마을을 감아 흐르는 시냇물 같다. 조용히, 유유히 그리고 막힘이 없다. 인문학적 소양과 전문적인 지식을 풀어낼 때면 주위를 빨아들이는 역량이 특출하다. 친구 간에 이야기 소재로서는 자칫 지루할 듯한 주제도 간간이 뱉는 유머가 어우러져 나도 모르게 빠져들게 한다. 유시(幼時)에 서당에서 갈고 닦은 기본적 소양이 풍부한 데다 오랜 세월 깊이 파고든 학문의 세계가 넓고 탄탄하기 때문일 것이다.

몇 년 전 친구들과 병수의 고향을 방문한 적이 있다. 병수의 제의로 나선 여행이었는데 그 여정에서 '병수다운' 모습을 새삼 확인하였다. 나는 풍수지리를 알지 못하지만 합천군 쌍백면의 고즈넉한 풍경과 소박한 마을을 보며 '동량지재(棟梁之材)'를 배출한 터로서 적지라는 생각을 했다. 1박 2일 가까운 벗들과 가벼운 마음으로 떠나는 일정임에도 고향의 역사적 인물과 장소를 소개하는 안내서를 직접 만들어 프린트해 온 정성에 적이 놀라지 않을 수 없었다. 시간별로 세심하게 계획하고 진지하게 안내하는 모습을 보며 역시 '병수답다'라는 생각을 하였다.

병수로부터 고향 곳곳에 얽힌 이야기를 들으며 남명 조식의 생가, 이순신 장군이 백의종군하며 머물던 곳, 3.1 독립운동 집결지 그리고 합천 해인사 등지를 둘러보았다. 모두 역사적 의미가 있는 곳으로서 현장을 둘러보며 새롭게 알게 된 것들이 많았다. 그러나 무엇보다 병수가 태어난 집 그리고 산소에서 술 한 잔 올리며 부모님을 회상하고 친구 집에서 차를 마시며 고향의 추억을 소소하게 이야기하는 모습은 지금도 생생하게 떠오른다.

병수의 고향 사랑과 모교 사랑은 남다르다. 늘 자신을 '촌놈'이라고 지칭하듯 꾸밈이 없고 언뜻 투박한 듯한 품새는 엘리트 박사님이라기보다는 영락없는 시골 양반이다. 병수의 이력은 어디에 내놔도 인정받을 만큼 뛰어나서 합천군의 역대 성공자들의 반열에서도 상위에 위치할 만하다. 회계학박사이며 연세대 재단 본부장(부총장 대우)을 역임하였고 국무총리 포장을 받고 여러 공기관의 감사와 임원 등으로 활동하였지만 전혀 티를 안 내는 그의 겸손한 언행과 태도로 인하여 어디를 봐도 그런 단서를 잡을 수가 없다. 병수의 자전적 에세이 「촌놈이 어때서」 「촌놈으로 살다 보니」를 읽으며 그렇게 자신의 촌스러움을 드러내놓는 솔직담백함이 병수의 매력이 아닐까 생각한 적이 있다. 병수가 경상도 '촌놈'이라면 나는 전라도 '촌놈'이다.

일찍 촌티 탈출하며 가능한 한 촌놈의 모습을 감추며 살아왔던 나와는 달리 늘 수더분한 모습으로 '촌놈'임을 거리낌 없이 드러낼 수 있는 것은 특출한 애향심의 발로임이 분명하다. 고향에 대한 남다른 사랑과 자부심이 있기에 세월과 거리를 뛰어넘어 어릴 적 친구들과 교우하며 지금도 모교를 위해 물심양면으로 공헌할 수 있다고 본다.

병수와 서초, 강남 지역 리더들의 모임인 EBM 포럼에서 함께 활동한 적이 있다. 재무회계 전문가로서 탁월한 능력을 알기에 회원들을 대상으로 몇 주간 특별과정을 진행해 달라고 부탁한 적이 있다. 새벽 6시부터 2시간씩 하였는데 수강생의 수준을 고려한 세심한 강연 준비와 진지하게 임하는 모습을 지켜보며 성실성과 자상함에 존경하는 마음을 갖지 않을 수 없었다. 분야에서 인정받는 교수이고 박사지만 친구가 부탁하니 이것저것 생각하지 않고 대뜸 받아준 병수는 셈이 어두운 '촌놈'임이 확실하다.

자신을 필요로 하는 곳이라면 이해를 따지지 않고 열과 성을 다하는 병수는 이 시대 보기 드물게 순진한 '촌놈'임이 분명하다. 치열하게 싸우며 이익을 위해 수단 방법을 가리지 않는 세태에 병수 같은 '촌놈'이, 병수 같은 훌륭한 '어르신'이 많으면 좋겠다.

내 삶의 동반자

심현제
고등학교 동기

〈백향 정병수 문집 발간위원회〉가 발족되고 친구 정병수 박사가 "걸어온 길"을 정리하고자 한다는 소식을 듣고 그와의 지난날을 잠시 생각해 봤습니다. 그는 오랜 세월 희로애락을 같이 해온 친구로서 그간 내 삶의 여정 속에 만남을 가져왔던 온갖 추억에 눈시울이 붉어지고 만감이 교차하지 않을 수 없었습니다.

경상남도 합천 쌍백 산골 촌놈 병수와는 까까머리 고교생이었던 1970년 중동고등학교 1학년, 짝이 되면서 시작된 인연은 백발이 성성한 나이 70, 지금까지도 이어져 병수는 내 삶의 중요한 부분이 되었습니다. 열일곱 살 까까머리 고교생 시절부터 백발의 칠십까지 53년 동안 교유를 이어오면서 아무것도 모르고 고뇌에 찼던 고교생 시절부터, 대학 4년, 군생활 3년, 근 40년간의 사회생활, 그러니까 청년·중년·노년을 통해 줄곧 동행해 왔습니다. 그와는 성정이 비슷하고 술·담배도 거의 하지 않는 데다 비교적 합리적이고 보수적인 면도 비슷하고 국가관도 확고해서 어떤 이야기를 나눠도 전혀 불편하지 않았던 것도 그와 인생의 동반자가 된 이유이기도 합니다.

병수와 자서전 또는 회고록을 염두에 두고 이야기를 나누던 중 본인과 지난 일상을 되돌아보며 다양한 사람들과의 만남을 통해 이루어졌던 기억의 편린과 친구들 이야기를 칠순 기념문집으로 만들겠다는 뜻을 표현했을 때, 그의 아이디어는 항상 그랬던 것처럼 산뜻했습니다.

대개의 경우 자서전·회고록을 만들 때 본인이 작가 앞에서 구술하면 작가가 대작해서 미화하기 마련인데 병수의 제안은 그답게 독창적이었고 진취적이었습니다.

연세대 재단본부를 그만 두고 인천에 있는 동아알미늄 재직 시 기거하고 있던 인천주안공단 내 오피스텔를 친구와 함께 그의 차로 가본 적이 있는데, 운전 중인 차가 자꾸 왼쪽으로 가는 것 같아서 이야기를 해보니, 본인도 그 점을 인지하고 있고 가족도 걱정을 하고 있다 하기에 짧은 소견에 뇌에 이상이 있는 게 아닐까? 하고 걱정을 한 적은 있었지만, 그게 척추측만증의 전조라는 생각은 전혀 하질 못했습니다.

그런데 그 증상이 점점 악화되어 허리가 옆으로 휘어서 어느 날 내 앞에 나타났을 때의 놀라움과 충격은 이루 말할 수 없었습니다. 영원히 건강하게 동행할 거라 믿었던 친구였기에 공허한 마음은 이루 형언할 수 없었고 이제 산을 간다거나 여행이 쉽지 않을 거라는 생각과 이제부터 쉽게 거동할 수 없을 병수를 보면서 안타까움에 그의 고통은 일생을 거의 같이 해온 나의 고통이기도 했습니다.

병수와는 늘 지척거리에 있으면서 휴일 새벽에 산에 가고자 하면 예정에도 없는 등산도 자주 갔고 여행도 자주 하며 일상의 진로나 개인신상에 관해 숨김없이 진지하게 상의도 많이 했는데 이제 자유롭지 않으니 마음이 몹시 아픕니다. 늘 활기 넘쳤고 도전적이었던 친구였기에 혹 우울해 하거나 마음상할 거 같아서 무척 신경도 쓰입니다.

그는 대학 재학 중 공인회계사에 합격, 회계법인 재직 중에 사회적 신분이 보장되는 엘리트 공인회계사를 용퇴하고 멸사봉공의 자세로 모교인 연세대 재단에 들어가 사회생활의 거의 전부를 대학 재단의 건전한 재정 운영과 회계의 투명성을 확보함으로써 연세대학교 재단 발전에 크게 이바지했다고 생각합니다.

서울역 앞에 우뚝 솟아있는 연세 재단빌딩 신축을 담당·관리하면서 전반적인 관리시스템을 제가 재직 중인 회사의 삼성동 무역센터 53층 사무동 신축공사의 건축관리 시스템을 도입, 참조했고 완공 이후 점심 시간에 1층 로비에서 입주자를 위한 음악회를 개최했고, 세브란스 병원 장례식장에 주류판매를 하지 않은 것 등은 정 박사의 새로운 시도였다고 생각합니다.

병수는 고교 시절에도 대학 진학 시 상대에 들어가서 학업을 마친 후 책을 많이 쓰는 것이 소원이라고 여러 번 이야기했던 기억이 납니다.

까까머리 고등학생 시절에 생각했던 대로 학계에 재직 중이지 않은데도 불구하고 그의 전공인 회계학에 관한 책도 여러 권 썼고 산뜻한 아이디어와 기획력으로 많은 책을 만들었습니다.

전공에 관련된 저서로

1. 학교법인의 법인세 실무(1991)
2. 사립대학 회계(1999)
3. 이야기 회계(2015)
4. 결산서를 읽고 활용하는 방법(2021)
5. 무서운 세금 이야기(2022)를 집필했고,

수필집/모임글으로는

1. 영원한 촌놈(2015)
2. 촌놈이 어때서(2017)
3. 촌놈으로 살다 보니(2021)
4. 그때의 고생이 이제는 추억이 되다(2022)
5. 연세대 경제학과 입학 40주년 동기문집, 우리들 이야기(2013)
6. 쌍백 우리들의 이야기(2014)
7. 각당 복지대단 재정 30년사(2018)
8. 독자 중심의 명심보감(2023)
9. 농포 유품과 생애 사진(2023)

등을 직접 집필했거나 기획하면서 고교 시절부터 꿈꿔온 희망을 실현하기도 했습니다.

병수와 여러 여행 중에 잊을 수 없는 것은 대학 2학년 시절인 1974년 7월말 군입대를 앞두고 여름방학에 갔던 제주도 여행입니다. 고교 동창 4명으로 시작된 제주도 여행은 용산발 목포행 3등 야간 완행열차와 이튿날 목포항 500T급 '가야호'로 저녁에 제주항에 도착, 탐라여행을 시작했습니다. 며칠 동안 넷의 여행을 끝내고 둘은 부산을 거쳐 귀가하고 병수와 나는 여행경비를 최대한 절약해서 한 곳이라도 더 가보자는데 의기투합하여 변산해수욕장 서해 바다를 맛본 후 다음 날 야간 열차 시간에 맞춰 김제역으로 나갔습니다.

시간에 여유가 있어 역 주변을 어슬렁거리며 누구 아는 사람이 없나? 살피던 중에 어제 변산해수욕장 가는 버스에서 봤던 여대생 둘을 만나게 되어 반갑게 인사를 하게 되었습니다. 둘 다 숫기가 없어서 변산행 버스 칸에서 앞뒤 칸에 앉았어도 오직 마음뿐, 말도 붙이지 못했는데 천우신조 하루 만에 김제역에서 힘없이 앉아있는 그들을 만난 것입니다. 용기를 내서 이야기를 해보니 변산에서 숙소를 정하고 해변가를 거닐디 민박집에 오니, 도둑이 들어 숙박비를 낼 수 없어 밤새 해변가에서 밤을 새고 용케 김제역에 왔는데 서울갈 차비가 없다는 것이었습니다. 무척 당황했습니다.

그렇다고 대학생으로서 모른척 할 수도 없고 우리가 갖고 있는 현금으로 차비를 계산해 보니 용산역까지 넷의 차비가 모자라 일단 천안까지 표를 사고 용산행 열차에 탈 수 있었습니다. 병수와 함께 비좁고 후덥지근한 찜통 열차를 오가며 아는 사람을 만나면 빌려서 서울까지 올 요량이었지만 막상 아무도 만나지 못했고, 결국 천안 친지에게 융통해서 귀경하겠다는 병수의 희생적인 제안에 셋은 무사히 용산역에 도착할 수 있었습니다.

예전 3등 완행열차라는 것이 돈 없는 서민이나 학생 전유물이어서 좌석은 고사하고 입석조차도 쉽지 않은, 발 하나 마음대로 뻗을 수 없는 지옥 그 자체였습니다. 하물며 무더운 한여름 3등 야간 완행열차 속에서 거의 붙어서 서 있는다는 것은 지금은 상상조차 할 수 없는 고통이었습니다.

예쁘장한 여대생 두 명을 세워 두고, 땀을 뻘뻘 흘리며 온 열차를 다 뒤졌지만 우리 둘 다 아무도 찾지를 못하고 결국 병수는 천안에서 내리기로 하고 서 있는데 목은 어찌나 마른지 미칠 지경이었습니다. 용산역에서 각자 집까지 버스비를 빼고 나니 10원인가 남아서 사이다병에 넣어 파는 보리차를 한 병 사서 여학생에게 주니 우리들한테 한 방울도 남겨 주지 않고 자기들끼리 마셔 버리는데, 조금이라도 남겨주면 목마름을 조금은 해소하리라 기대하며 기다리고 있다가 미쳐 죽는 줄 알았습니다. 결국 병수는 천안에서 내렸고 나머지 셋은 이튿날 아침 용산역에서 내려 차비로 마지막 동전 몇 개를 나눠주며 헤어졌습니다.

그 이후로 병수와 나는 혹시 학교에 엽서나 E대 학보가 오나 눈빠지게 기다렸지만 아무런 소식이 없었습니다.

E대 사회교육학과 여학생, 그 더웠던 용산행 3등 야간 완행열차, 보리차 한 모금, 병수와 만나면 이따금 그때 그 무용담을 나누곤 호탕하게 웃곤 합니다.

창가에서

언제나 자랑스런 심현제 친구
꺼져가는 배 위에서도
구명대 서로 사양하며
너만은 살아야 된다고
외칠 수 있는
아름다운 우정으로 살자

2019.7.2.
용인에서 백향 정병수

특별한 인연

박천보
영락 물산 대표이사

나는 중동고등학교 후배이자 연세대학교 후배이기도 하며 공인회계사이자 경영학박사인 정병수와는 40여 년간 친분을 유지하고 있는 사이다. 그런데 어느 날 그 후배로부터 부담스러운 부탁을 받았다.

"선배님, 죄송합니다만 저와 관련된 얘기나 에피소드를 A4용지 2~3매 정도 써주시면 안 될까요?" 나는 망치로 머리를 한 대 얻어맞은 것처럼 멍해진다.

"아, 정박사! 차라리 돈을 꿔달라고 하지, 글을 써달라고 하는 것은 자네도 알다시피 내가 학창 시절에 강제로 써본 일기(日記)가 다고, 그 외에 지금까지 글이란 글은 써본 적이 없는 나에게 강요한다면 그건 후배가 선배에게 기합을 넣는 것과 같은 것이야.",

"선배님! 글을 잘 써야 하는 것은 아니고요, 저와 관련된 이야기를 솔직하게 정리하면 되는 것입니다. 이번 기회에 저와 관련된 이미지도 정리하고요. 또 한편의 글도 남길 수 있다면 일석이조(一石二鳥)가 아니겠습니까? 못쓴다고 하지 마시고 그 좋은 머리로 한 번 시도해 보세요.”

후배의 추가 설명을 듣고 보니 그럴듯하다. “그래? 나중에 후회할망정 시도는 해보겠다만, 큰 기대는 하지 마라.”

전화를 끊으려고 하는데, 수화기 너머로 “고맙습니다.”라는 콧소리가 전해진다. 억지 춘향 격으로 약속은 했지만, 머리가 혼란스럽다. 그리고 이 나이에 무슨 재주로 기억을 되살리느냐고? 볼펜을 입에 물고 생각에 잠기다, 후배의 특성을 나열해 본다. 경상도 사투리, 성실함, 순수성 … 등등. 웃음이 나온다.

보통 고등학교 선후배 사이라면 아래위로 1~2년 정도 차이가 나는 경우가 대부분이다. 정병수 후배와 나는 무려 7년이나 차이가 난다. 10년 이내는 친구도 할 수 있다지만, 고등학교 7년 차이가 나면 웬만해서는 선후배 사이라도 친분을 이어가기가 쉽지 않은 것이 현실이다. 하지만 우리는 그렇지 않았다.

회상해 보니 정 회계사와 인연을 갖게 된 것은 40여 년 전으로 거슬러 올라간다. 당시 나는 건축업을 하고 있을 때였다. 복잡한 경영구조는 아니었으나 회계나 세무 문제는 나도 상대 출신인데도 불구하고 해법(解法)이 쉽지 않았다. 그래서 하루는 대학 친구가 회계사로 있는 회계법인에 갔는데 그 친구는 자기보다 내가 졸업한 고등학교, 대학교 직계 후배가 적합할 것 같다며 정 회계사를 소개해 주는 것이다. 나는 오히려 잘되었다고 생각하고 후배와 업무 이야기를 하기 시작했는데, 인상 깊었던 것은 후배가 경상도에서 서울에 온 지 적어도 10년은 넘었을 텐데도 "경상도 억양을 그대로 사용하고 있었다."라는 점이다.

일단 학력도 학력이지만 공인회계사 자격증을 가지고 있으니 공부를 잘한 것은 말할 필요도 없지만, 대화를 나누다 보니 업무적인 지식도 해박하고 안경 너머 '똘망똘망' 한 눈이 퍽 순수하고 맑아 보여 좋았다. 특히 식사할 때는 가리지 않고 아무것이나 잘도 먹어 대하기가 편했다. 무슨 운동을 좋아하느냐고 물으니 "운동 신경이 둔하여 축구를 제외하곤 별로 좋아하는 운동이 없다." 라며 겸손해 한다. 사실 내가 바라던 종목은 골프였다. 그때 나는 한창 골프에 빠져 있었기에 후배가 골프를 좋아하면 같이 라운딩 하는 것도 좋겠다라고 생각했기 때문이다. 어쨌든 골프를 연습하라며 치던 골프채 1세트와 골프연습장 1달 치 수강료를 주었던 기억이 난다.

당시 우리 회사는 소규모 아파트 연립주택 및 상가 등을 건축하여 분양하던 건설업이라 출납이나 경리업무가 그다지 복잡하지도 않고 일감도 많은 것도 아니어서 경력이 좀 있는 직원이면 누구나 할 수 있는 일이었다. 마침 경리직원이 시집을 간다고 퇴사하고 난 후라, 나는 정 회계사에게 경리를 맡길만한 사람을 추천해달라고 부탁했다. 정 회계사는 형님이 돌아가시고 홀로된 부인, 그러니까 형수님이 우리 분양사무실에서 멀지 않은 화곡동

목재상에서 일하고 계신다며 이직을 고려 중이라고 해서 어렵지 않게 우리 회사로 모셔올 수가 있었다.

그 후 우리 회사는 염창동, 인천 석바위, 수원 조원동, 벽제, 신월동, 화곡동 등 땅이 구해지는 대로 연립주택이나 아파트 등을 신축하여 분양하였다. 그러는 동안 정 회계사는 회계법인에서 연세대학교 재단 사무실로 직장을 옮겼다. 그러나 나에겐 늘 훌륭하고 친절한 세무상담사이자 회계상담사로 변함이 없었다.

아마도 정 회계사와 나와의 관계에 있어 가장 큰 사건은 정 회계사가 큰돈을 빌려 달라며 사무실을 찾아왔을 때가 아닌가 싶다. 어느 날 정 회계사는 매우 피곤한 기색으로 내 방에 들어서더니 사정을 들어봐달라고 거의 애원하다시피 했다. 듣고 보니 당시 서울시의 노른자위 땅이라고 할 수 있는 강남구 일원동 신축 분양 아파트에 당첨이 되었으나, 계약금 및 1차 중도금을 치를 돈도 없고 빌릴 곳도 모두 수소문하여 보았지만 허사로 끝나 계약을 할 수 없을지도 모를 처지라는 것이 요지였다. 그동안 정 회계사는 일주일간 이곳저곳을 다니면서 그 돈을 마련해보기 위하여 자기가 아는 모든 인맥을 동원했지만 천만 원만 빌릴 수 있는 것이 고작이었다고 눈시울을 붉히는 것이었다. 계약금 및 1차 중도금만 하더라도 약 6천만 원이 필요하였던 모양이었다.

남들은 아파트 분양을 위해서 신청해도 당첨이 안 되어 난리인데, 아파트 당첨이 되고도 계약금 및 1차 중도금이 없어서 무효로 될 수 있다는 소리에 후배가 갑자기 안 되어 보였다. 정 회계사는 아직 월급쟁이라 그 돈을 마련할 수 없는 것이 너무나 당연했다. 나는 속으로 이런 훌륭한 후배에게 돈을 빌려주지 못한다면 앞으로 영원히 후회할지도 모른다는 생각에서 그 돈을 추후 원금을 어떻게 갚을지는 따지지 아니하고 빌려주기로 했다.

경리 여사원에게 통장을 가져와 보라고 하니, 통장은 임자를 기다리고 있기라도 한 듯이 대략 6천만 원의 잔액이 있었다. 나는 그 금액 전액을 수표 한 장으로 찾아오게 하였다. 그리고 후배가 나를 매정하게 생각할지도 모르지만 생각한 바가 있어 나는 후배에게 차용증을 쓰게 하고 이자 조항도 넣었다. 후배는 돈 빌려 갈 때 대략 1년 후에는 갚을 수 있을 거라고 얘기하였던 것으로 기억한다. 하지만, 월급쟁이인 정 회계사가 무슨 재주로 생활비를 쓰고도 1년 후에 그것을 갚을 수 있단 말인가? 나는 아마 “2차 3차 중도금을 나에게 추가로 빌리지 않으면 다행일 것이다.”라고 생각했다. 아닌 게 아니라 1년이 지나니 정 회계사는 원금도 이자도 상환하지 못했다.

그런 사실에 본인은 자존심도 상하고, 나에겐 미안한지 소식도 끊는다. 그래도 나는 한마디의 독촉도 하지 않았다. 아마 내 돈을 갚기 위해서 또 이자 지출을 위해 별의별 궁리를 다 하며 고민하고 있음에 틀림이 없는데 거기에다 정신적 압박을 한들 무슨 소용이 있겠는가? 정확하게 또 1년이 지나가고 있었다. 어느 날 정 회계사는 그동안 돈을 꾸어준 것에 대해 감사하다며 비록 이자는 가져오지 못했어도 원금만은 준비해 왔다고 하는 것이 아닌가. 바로 그때였다. 나는 2년 전에 받은 차용증을 경리 여사원한테 가져오라고 하고선 정 회계사가 보는 앞에 놓고선 차용증을 쓸 때 숨겨둔 이야기를 했다.

"그동안 정 회계사가 고통을 참으며 원금이라도 상환해야겠다는 정신력과 그 돈을 마련하기 위해 고생한 노고를 높이 평가한다."라고 운을 떼고는, 나로선 "원금이 상환됐으니 후배의 모든 채무 이행은 종결됐다. 다만 처음에 이자 조항을 넣은 것은 그 조항이 없으면 이자 없는 차입금이라 영원히 갚지 않아도 된다는 유혹이 생길 것이고, 그렇게 되면 나는 어쩌면 "돈 잃고 후배도 잃게 되는 경우" 최악의 경우가 발생할 수도 있기에 그랬지, 처음부터 이자는 받을 생각이 없었다."라며, 정 회계사가 보는 앞에서 차용증을 갈기갈기 찢어버렸다. 정 회계사는 예상하지 못한 사태에 눈가가 촉촉해졌다. 후배는 목멘 소리로 "선배님, 고맙습니다."라며 말을 흐린다. 그 일로 인해 우리는 지금까지 변함없는 친분 관계를 유지해오고 있으며, 우리들의 관계가 더욱 돈독해질 수밖에 없었다.

정 회계사는 사람이 워낙 착실하고 노력형이라 그 후 바쁜 시간을 쪼개어 박사 학위도 받고 모교에서 강의도 하면서 재단 일과 연세우유 책임자도 하는 등 직급도 높여갔다. 부총장 대우를 받는 재단 본부장을 하면서 모교에 많은 업적을 남긴 것으로 듣고 있다.

점차 우리 회사의 세무나 기장 문제에 대해서는 상담할 일이 뜸해져 갔고 연락도 그만큼 뜸해졌지만 해마다 명절 때 선물도 보내오고 해가 바뀌면 연세대학교 달력도 보내줬다. 내가 40대, 정 회계사가 30대에 우리가 만났나 싶었는데 이제 다 같이 70대가 되어 있는 것을 보니 세월의 무상함을 느낀다. 간혹 후배가 "제가 지금까지 강남에 아파트 한 채 가지고 살 수 있었던 것은 모두 선배님의 덕분입니다."라고 할 땐, 비록 그것이 과장된 표현이라 해도 마냥 흐뭇하다 못해 "내 평생 몇 안 되는 선행(善行) 중의 하나"라 가슴 뿌듯하다.

옛이야기를 보내달라고 하여, 하는 수 없이 펜을 들기는 했으나, 기억 저편에 있는 것을 꺼내어 글로 만들어 보는 게 여간 고역이 아니다. 40년이 가까운 세월 동안 좋을 때도 나쁠 때도 있으련만 정 회계사와의 추억은 나빴던 것이 하나도 없으니 우리는 정말 '특별한 인연'인가 보다.

'어쩌다 촌놈'과 '영원한 촌놈'의 만남

심승진
고등학교·대학교 후배

자칭 '영원한 촌놈'이라고 주장하는 정병수 박사와 '어쩌다 대구 촌놈'이 된 서울 태생인 나와의 관계는 정병수 박사가 고교 및 대학 1년 선배로 맺어진다. 나는 경북대학교에서 학생들을 가르치다 정년이 되어 올해로 퇴임한 지 3년이 지났다. 정년퇴임을 앞둔 몇 년 동안, 퇴임 후의 생활에 대한 걱정과 불안으로 잠 못 이룬 적도 많다. 그러면서도 은근히 정년퇴직을 설레며 기대하는 나는 누구인가? "출근을 안 해도 되는 날이 가까이 온다!"라는 것이 상상이 안 되었다. 지금까지 살아온 것과 전혀 다른 삶이 될 것이기 때문이다. 그러나 막상 퇴임 시점이 다가오자 한 번도 경험하지 못한 미지의 앞날에 대한 불안감은 컸다. 그렇게 맞이한 정년 후의 삶도 어느덧 3년이 지났다. 지금은 막연히 한 걱정과는 달리 재미있고 의미 있는 일의 연속으로 하루가 채워지고 있다. 가끔 신선하고 자극적인 일까지 양념처럼 뿌려져 잘 지내고 있는 것 같아 스스로 대견스럽다.

나는 종종 퇴임 이전과 이후를 비교하기도 하고, 지금까지 가장 잘한 일과 제일 좋은 결정은 무엇인가를 자문해 보기도 한다. 그러다 나는 망설임 없이 두 가지를 든다. 하나는 1992년 3월 서울에서 이사하여 대구 달구벌에 삶의 둥지를 튼 것이고, 다른 하나는 2021년 8월 정년퇴임 후에도 달구벌을 떠나지 않고 삶의 둥지를 이어가고 있도록 한 점이다. 두 가지 결정을 자세히 보면 '모두 내가 촌놈이 되는 길'이라고 할 수 있다. 첫 번째는 서울 출신이 어쩌다 대구 촌놈으로 변해가는 '어쩌다 촌놈'의 과정이고, 두 번째는 정년퇴임 후에도 촌놈이 되기를 결정한, 즉 '늘 촌놈'이 되는 과정이라고 볼 수 있다.

1992년 3월이었다. 나는 아무런 연고도 없고 한 번도 가본 적이 없는 달구벌 대구에 직장을 정하였다. 더구나 만족스런 서울 직장을 포기하고 가게 된 곳인 만큼 꽤나 큰 고심이 필요했다. 처음 대구에 부임하여 온 때에는 연구실에 덩그러니 홀로 앉아 외딴섬에 온 듯하였다. 이후 한동안 연구실의 전화기는 장식품인 양 거의 울리지 않았고, 출입문의 노크 소리도 없었다. 고요한 섬과 다름없었다. 이날부터 나는 달구벌에 온 서울 촌놈이 된 것이다. 처음 1~2년의 외딴섬 생활은 무척 힘들었다. 할 수 없이 없는 서울 출장 업무까지 만들어 새마을호에 몸을 실은 적이 많았다. 그러나 2~3년이 지나면서 출장 빈도가 눈에 띄게 줄어들었고, 10년 차 이후로는 서울에 일이 있어도 가지 않게 되었다. 좀 더 정확하게 표현하자면 점차 서울에서의 일 자체를 만들지 않았다. 빠르고 복잡한 서울의 일상으로 발을 내딛는 것이 힘들어지게 된 것이다.

달구벌에서의 느리고 단순한 일상생활에서, '어쩌다 촌놈'인 나는 가끔 또 다른 촌놈을 생각하곤 하였다. 대구 경북 경남지역에 연고를 둔 친구나 선후배 가운데 경남 합천 출신의 병수 형이 있었기 때문이다. 형은 합천군 쌍백면에서 태어나 중학교를 고향에서 졸업한 뒤, 고등학교부터 대학 및 직장생활까지 서울에서 활동하며 성공적인 삶을 꾸려가고 있다. 무엇보다 병수 형은 스스로 '영원한 촌놈'이라 자랑스럽게 주장하고 있다. 왜 병수 형은 남들은 대체로 탐탁하게 여기지 아니하는 '촌놈'에 自負心을 가질까? 의문이 든다. 그러나 이에 대한 해답은 형의 첫 수필집 '영원한 촌놈'의 글 속에 잘 정리되어 있다.

"촌놈이란 단순히 시골 출신이라고 촌놈은 아닌 것 같다. 시골 출신이 촌놈이라면 우리나라의 역대 대통령의 대부분이 촌놈이다. 세계의 유명 지도자 중에도 '촌' 출신들이 적지 않다. 미국의 링컨 대통령은 켄터키주의 농부 출신이었고, 오바마 대통령은 어린 시절을 인도에서 보내며 성장했다. 또한 우리나라의 반기문 유엔사무총장도 충북 음성 출신의 시골 촌놈이다. 요새는 '촌놈'이라는 말을 잘 쓰지 않지만, 쓴다 해도 꼭 나쁜 뜻만은 아닌 것 같다. 내가 생각하기에 촌놈이란 일단은 시골 출신이되, 유행에 민감치 않고, 먹는 게 까다롭지 않으며, 마음은 영악스럽지 않은 자인 것 같다."

내가 '어쩌다 촌놈'으로 대구에 부임한 지 몇 년 후에 병수 형이 부친상을 맞았다. 합천으로 가는 문상 길은 지금도 뒤숭숭하다. 대구에서 깊숙한 시골로 들어가게 된 첫 나들이였다. 대구에서 고령, 고령에서 경남 합천으로 이어지는 길은 고속도로와 국도의 이정표를 따라 큰 문제 없이 빼어난 경관을 보며 갔다. 그러나 국도를 빠져나오면서 완전 시골 길치가 되어 버린 나는 이 길 저길 소로를 들락거리며 한 곳을 맴돌고 있었다. 병수 형 합천 집은 외지인에게 쉽게 빗장을 열지 않는 곳인가? '어쩌다 촌놈'에겐 쉽게 받아들이지 않는 곳인 것 같았다. 우여곡절 끝에 병수 형의 합천 집에 가까워지면서 눈에 담기는 주변의 산과 들과 초목들, 그리고 집 앞을 흐르는 시냇물과 하늘의 청명함은 온 세상을 품는 여유와 아름다움을 한껏 뽐내고 있었다.

문을 활짝 열고 어렵게 찾아온 문상객을 따뜻하게 품어준다. 다양한 인상과 느낌을 받으며 어렵사리 찾아간 합천 집, 장례식의 규모와 진행, 문상객에 대한 예의와 격식은 서울의 평균적인 그것과 달랐기에 매우 인상적이었다. 이곳에서 태어나고 유소년기를 보낸 병수 형, 그의 예의와 범절, 말투와 사투리, 심지어는 옷매무새 등 내면과 외면의 많은 특성에 대한 나의 긍정적 또는 부정적인 의문점들이 하나씩 풀려나갔다.

자신을 '영원한 촌놈'이라 큰소리로 세상에 외치는 병수 형이 너무나 자연스러웠다. 지금도 '어쩌다 촌놈'이 '영원한 촌놈'을 찾아가던 구불구불한 영남의 산길과 초목들, 그리고 시냇물과 하늘 등 그날의 기억과 추억이 새롭다. 태어난 곳과 공부한 곳이 다르고 일하는 곳이 또 다를 경우, 일생 내내 외지에서의 삶이 이어지게 된다. 이 경우 삶 자체가 도전의 연속이 될 수밖에 없다. 살아가는 내내 이런 끊임없는 도전을 잘 극복하고 일어서기는 쉽지 않다. 이제 와 생각해 보면, 합천의 '영원한 촌놈'과 달구벌의 '어쩌다 촌놈' 모두가 외지의 도전을 멋지고 자랑스럽게 잘 극복한 셈이다. 영원한 촌놈의 강한 성격과 말투, 그리고 옷매무새로는 외지 서울에 동화되기 쉽지 않았을 것이다.

그러나 심지가 굳고, 예의와 범절의 기본이 탄탄한 '영원한 촌놈'에게는 그 어느 것도 외지 생활에 걸림돌이 되지 않았을 것이다. '어쩌다 촌놈'인 나에게도 대구라 하면 보수적이고 폐쇄적이어서 외지인들이 생활하기에 어렵거나 함께 하기 힘들 거란 이야기가 많지만, 이런 것을 전혀 느끼지 못하며 30여 년을 살아왔다. 병수 형이 '영원한 촌놈 예찬론'을 펼친 만큼, 나는 '어쩌다 촌놈 예찬론'이라도 세상에 외쳐보면 어떨까 싶다.

2021년 8월은 내 인생에 두 번째로 정년퇴임식을 마치고 달구벌을 떠나지 않겠다는 결심을 했다. 이 결심이야말로 내 인생에 두 번째로 가장 잘한 일이다. '어쩌다 촌놈'에서 '늘 촌놈'이 되고자 결심한 것이다. 병수 형처럼 영원한 촌놈까지는 안 되겠지만 제대로 촌놈 흉내는 낼 수 있을 것 같다는 생각이 들었다. 현업에서 물러난 후에는 고향인 서울로 올라가리라 줄곧 생각해 왔었다. 거처도 아이들도 서울에 있으니 고향인 서울로 가는 것은 매우 자연스러운 일이다. 그러나 달구벌에는 수많은 매력이 있으며 그 어느 하나도 나를 서울로 떠나게 내버려 두지 않았다.

인구 237만 명인 대구는 이미 충분히 큰 도시이다. 그러나 1,000만 명에 가까운 서울에 비하면 아주 작고 소박하고 조용하기만 할 뿐이다. 인구 규모 200만 전후의 도시는 그 행정력이 도시 곳곳에 미치고 스며든다. 무엇보다 지나치게 붐비거나 넘치거나 바쁘지 않기에 여유로운 일상을 보낼 수 있다. 특히 대구는 지방 도시 가운데 문화 예술의 수준이 가장 높다. 나의 생활 주변에도 문화 예술을 사랑하고 즐기는 사람들이 늘 함께 생활한다. 대구가 채워주지 못하는 문화 예술 생활의 갈증은 아주 가끔 서울로 가서 풀기도 한다. 이 또한 감로수처럼 달콤하게 나의 온몸과 마음을 적셔준다. 대구의 음악, 미술 친구들 모두 따뜻하고 정이 깊은 이웃들이다. 이것이 내가 대구를 떠나지 못하는 가장 큰 이유이다.

달구벌을 떠나지 못하고 있는 2023년 7월의 어느 날, '어쩌다 촌놈'에서 '늘 촌놈'으로 승격한 나는 영원한 촌놈인 병수 형을 달구벌에서 만났다. 합천에서 서울로 간 '영원한 촌놈' 옆에 서울에서 달구벌로 온 어쩌다 촌놈이 오랜만에 해후한 것이다. 다부동

전투 유적지, 가창의 우록, 남평문씨 세거지, 인흥서원, 대구 경상감영, 모명재 등 대구 근교와 시내의 이곳저곳을 함께 답사하였다. 매우 재미있고 의미 있는 시간이었다. 합천의 영원한 촌놈이 들려주는 답사 이야기는 삶의 뿌리에 기초한 살아 있는 것이기에 힘이 느껴진다. 병수 형이 내내 건강해서 앞으로도 촌놈 옆에 촌놈이 되어 함께 즐겁고 의미 있는 시간을 많이 가졌으면 좋겠다.

잘한 일만 생각하다 보니 잘못한 일이나 아쉬웠던 일은 없었나 궁금해진다. 잘못한 일들이 너무나도 많지만 아쉬운 일 한 가지 찾아보는 정도로 내 삶을 한껏 미화해 본다. 못내 아쉬웠던 일 한 가지는 달구벌 사투리를 익혀서 쓰지 못한 것이다. 어쩌다 촌놈이 된 직후인 30년 전, 강의실 복도에서 우연히 지나치며 들었던 학생들의 말투와 어법, “그느마 강의 쥐긴다 마~”라는 소리가 아직도 귓전에 맴돈다. 당시에는 이게 학생이 할 말인지, 욕인지 칭찬인지 혼란스러웠다. 다시 시간을 되돌린다면 이런 말은 얼마든지 더 듣고 싶다. 그때 학생들의 말투에 보답이라도 하듯 달구벌 말투를 익혀서 강의하지 못한 점은 내내 아쉬운 부분이다. 서울 촌놈이 훌훌 내던지지 못한 서울 말투로 나긋나긋 강의를 해댔으니 달구벌 학생들이 얼마나 졸려 했을까. 조만간 영원한 촌놈, 병수 형을 만나면 합천과 달구벌의 말투와 어법 강의를 한 수 청해 들어야겠다. Soli Deo Gloria!

자랑스러운 정병수 선배님에 대한 나의 기억

이진우
고등학교 후배

정병수 선배님과의 인연은 내 인생에 많은 영향을 끼쳤다. 그도 그럴 것이 50년이라는 반세기 남짓 세월 동안 꾸준히 만남을 이어 오면서 서로 마음을 나누는 관계였기 때문이다. 특히 정병수 선배님의 성실함과 의리는 내 삶의 신조(motto)와 잘 맞아서 더욱 선배님을 따르고 존경하는 계기가 되었던 것 같다.

우선 정병수 선배님과 관련된 모임 중 '백송회'를 빼놓을 수가 없다. 중동고등학교 출신으로 연대 상대에 입학한 우리 선후배 모임 중 거의 열 몇 명은 부부 동반 모임까지 하면서 오랜 세월 많은 추억을 만들며 함께 늙어가고 있다. 이 모임이 이렇게 오래 지속될 수 있었던 데에는 정 선배님의 따뜻한 마음과 리더십 덕분이라고 생각한다. 선후배 사이에서 늘 교량 역할을 해주시며 모임이 뜸해지지 않도록 늘 소통을 중시해 오셨다. 언젠가 압구정동 좋은 식당에서 한 턱을 호탕하게 내시며 고향 이야기를 하던 기억이 난다. 고향 경남 합천에 있는 쌍백초등학교에서 동창회장 직을 기꺼이 맡아 하시며 자랑스럽게 '촌놈'임을 자처하고 있는 것만 보아도 정 선배님의 의리는 남다르다는 것을 알 수 있다. 고향에 대한 정겨운 애향심은 정 선배님의 수필집 '영원한 촌놈(2015)', '촌놈이 어때서(2017)', '촌놈으로 살다 보니(2021)', '그때의 고생이 이제는 추억이 되다(2022)'에서 잘 나타나 있다.

바쁘게 본업에 종사하면서도 위 수필집 외에 다수의 책을 출판하는 근면함 또한 후배들에게 모범이 되고 있다. 젊어서 쓰신 '사립대학 회계'는 모 사립대학 기획처장이었던 지인의 말을 빌리면 대학 회계의 바이블이라고까지 불린다고 칭송을 받기도 했다. 그 외 '결산서를 읽고 활용하는 방법', '쉽게 배워서 바로 써먹는 이야기 회계', '대학 경영', '생활 회계' 외에 최근 출판된 '무서운 세금 이야기' 등 다수의 전공 관련 저서만 보아도 선배님의 성실성은 입증되고도 남는다.

코로나19 때조차도 온라인으로 '명심보감'을 읽는 '백향고전동연회'를 이끌고 그 동아리 연구 모임의 결실로 '독자 중심의 명심보감'을 주도적으로 출판하였다. 올해 '백송회' 모임에서도 역시 후배들에게 책 한 권씩을 나누어주어 끊임없는 학구열에 감탄케 했다.

정병수 선배 소개로 중동고 65회 영문과 선배 이상국 교수와 함께 가입했던 역사 연구회도 내 삶에 큰 변화를 주었다. 조찬 모임 때마다 주제별로 각자 맡아 준비한 역사 연구 내용을 회원들

앞에서 발표도 하고, 충남 부여나 메이지 유신의 본류인 규슈 가고시마현 등 토론했던 역사 현장을 단체로 탐방도 하면서 내면에 잠재되어 있던 인문학적 소양이 새롭게 깨어나게 된 것이다.

이처럼 여러 가지 일에 열정적인 정 선배는 자신의 본업에서도 물론 뚜렷한 성과를 이루어 냈다. 연세대 상대 재학 중에 이미 공인회계사 시험에 합격해서 졸업 후 바로 회계법인에 근무하였고, 그 후 연세대 재단에서 30년 이상을 봉직하면서 재단 본부장을 역임하였다. 국무총리 포장도 받고, 경영학 박사학위도 취득하여 '우리나라 사학 법인의 투명성 지표' 등 연구 실적도 적지 않다. 또 교육부 사학분쟁 조정위원이나 대학설립 심사위원, 한국 사학진흥재단 경영자문위원, 한국공인회계사회 감사인증기준 위원 등 전공 관련 경력도 화려하다.

언젠가 정 선배님이 연세대학교 졸업 후 여의도 소재 모 회계법인에 취업해 계실 때 그곳을 방문하여 함께 식사하던 기억이 난다. 그 후 연세대학교에 취업한 지 얼마 후 연세우유로 발령받아 천안의 공장장으로 근무한 때가 있었는데, 그때 선배님이 판촉용 연세우유를 몇 차례 보내주셔서 가족들 앞에서 선배님 의리를 자랑할 기회도 있었다. 한번은 내가 천안 근무지인 연세우유 공장에 찾아간 적이 있었는데 여러 생산 공정을 보여주면서 공장 견학을 마친 후 정 선배님 사시는 관사에 데려가셨다. 하룻밤 묵으며 함께 술로 깊은 대화로 밤을 지새우던 추억이 아직도 생생하다.

어느덧 나도 2막을 맞아 충남 아산으로 이사 와 살고 있는지 10년이 다 되어간다. 정 선배님도 퇴직하시고 집필에 매진하며 함께 70대로 접어들고 있다. 이렇게 긴 세월을 함께 만나 마음과 마음을 서로 교류하며 살다 보니 나의 삶 곳곳에서 정 선배님의 흔적이 남아 있음을 느낀다.

이제는 우리 모두 인생의 후반부를 잘 살아내야 하는 과제를 앞두고 있다. 우리는 지금 인류 역사에 전례가 없는 장수 시대와 긴 노년기를 맞이하고 있다, 노년에 대한 사회적 시각도 많이 바뀌고 성공적인 노년을 위한 조언들이 다양한 매체를 통해서 쏟아지고 있다. 나는 인생의 후반기를 잘 살기 위해서는 스스로 삶에 의미를 찾는 일이라고 생각한다. 그러한 목적을 잘 수행하려면 무엇보다도 건강한 신체가 뒷받침되어야 할 것이다.

이 글을 쓰면서 앞으로 나와 내 지인들, 특히 정병수 선배님을 비롯한 50년 지기 우리 '백송회' 선후배님들 모두가 건강하고 행복한 노년의 길을 오래오래 함께 더 걸어갈 수 있기를 빌어본다.

5

연세대 경제학과 73 : 우리들의 이야기!

애정과 신뢰를 주는 인물 _ 이남수

나의 평생 벗 정병수 박사! _ 두현대

뚝심과 헌신의 모델 _ 김도경

병수는 계획이 있었다 _ 김철희

아니 벌써? _ 김영민

여행 후기 _ 정철환

여행 本記(남해안 여행을 마치고) _ 김종욱

입학 50주년, 기념 만찬에 붙여 _ 정병수

2박 3일의 남해안 기념 여행을 떠나며 _ 정병수

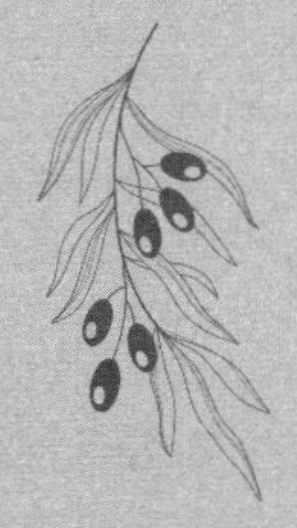

애정과 신뢰를 주는 인물

이남수
연대 동기

추억 1

내가 연세대학교 대학원 박사과정에 다닐 때의 일이니 1980년대 중반쯤이 될 것이다. 다른 학생에 비해 2~3년 늦게 진학했으니 석사 때와는 달리 명예교수실(경영관 416호)에 책상 한 칸을 마련해 공부하려는 마음이 생겼다. 직장생활을 하는 사람이 아니면 통상 지도교수가 계신 연구실로 들어가 논문을 준비하는 게 관례인 시절이었으니 약간은 엉뚱한 편이었다.

정병수 박사 얘기를 한번 시작해 보자. 하루는 꽤 괜찮은 외모의 점잖은 사나이가 명예교수 연구실에 등장했다. 우리 방엔 몇 분의 명예교수님 중 김규삼 교수님이 계셨는데, 이분은 경영대학원에서 관리회계를 강의하시면서 학교 재단의 감사를 맡고 있었다. 당시 삼일회계법인에서 '공인회계사'의 자격으로 재단에 영입되어 높은 직급의 관리직(당시 정확한 명칭은 몰랐다)을 맡았던 정병수 박사가 찾아오는 건 당연한 일이었다. 당시 김규삼 교수님은 연로하셔서 걷는 게 약간은 불편해하셨고 창문 가까운 자리를 차지했다. 두 분은 내가 잘 모르는 재단 업무 얘기를 열심히 나누니 나도 자연스레 대화 내용을 듣기도 했다. 세대 차이 때문에 그런지 모르지만 업무 처리 방향과 방식에 대해 이견도 노출하는 것 같았다. 그에 대해 다음으로 결정을 연기하든지 조정을 통해 합의하곤 했다. 모두 연세대학교 재단을 잘 관리하고자 하는 마음이었을 게다.

정병수 박사와 나는 그때부터 인연을 맺었다. 어떤 고등학교를 졸업했는지 몰랐지만, 익숙한 사투리 억양이라 고향이 경상남도(대구 쪽 말씨와는 억양이 약간 차이가 있다)일 것으로 생각했다. 나는 하숙을 오래 했고 귀가 남들에 비해 예민한 터라 상대방 얘기를 들으면 고향이 어디쯤인가는 잘 알아맞히는 편이었다. 정병수 박사와 나는 학과는 달랐지만 73학번으로 연대 동기였으며 고향은 경상남도 합천이라고 했다. 나는 석사 졸업 이후부터 연대 원주 미래캠퍼스에 강의하러 나갔고, 이후 국회에서 근무하면서도 정병수 박사와 인연을 이어 나갔다.

추억 2

정병수 박사는 공인회계사로서 실력도 대단했지만 아주 근면한 친구였다. 나는 1995년에 국회 법제예산실에 들어가 예산정책업무를 맡았고 매년 예산 및 결산업무에 대해 이런저런 정책을 제시하곤 했다. 한번은 기획재정부가 국회에 내놓는 결산체계가 이해하기 힘들고 마음에 들지 않아 정병수를 학교로 찾아가 諮問

을 요청했다. 책상에 정부 서류를 내놓으니 빠른 속도로 내용을 검토하고는 특유의 목소리로 “이게 무슨 정부 결산서인가?”라고 한다. 역시나 생각했다. 회계학을 잘 모르는 나에게도 제대로 체계가 잡히지 않은 엉터리처럼 보였으니 회계실무 전문가인 정병수 박사에게 오죽했겠는가? 나로서는 놀라운 일이 벌어졌다. 사나흘 만에 체계를 완전히 수정했다. 핵심은 예산과 결산이 상호 연계되어 작성되는 것이었다. 예산을 수립했으면 그를 바탕으로 같은 양식으로 결산을 작성함으로써 ‘한 눈’에 정부예산이 어디에 어떻게 지출되었나를 파악하는 것으로 아주 상식적인 얘기이다. 나는 아주 흡족한 마음으로 새로운 예·결산 체계(양식)를 예결산위원회에 제시했고, 유능하고 성실한 친구를 둔 게 자랑스러웠다.

하지만 당시의 기획재정부는 체계를 쉽게 고치려 들지 않았다. 민간기업과 정부가 회계업무 思考의 틀이 다른지 ‘두어 번’의 보고서로 새 예결산 양식을 제의하였지만, 당시 수정하지 않았었고 많은 세월이 지난 지금은 보고서를 접해보지 않은 관계로 어떤지 알 수 없다.

추억 3

정병수 박사는 재단 관리자로서 연세대학교 미래캠퍼스(현재 명칭)를 설계한 사람이라고 본인이 알려주었다. 내가 국회를 퇴직하고 난 뒤 정병수 박사와 나는 원주 미래캠퍼스에서 非전임교수로 강의하면서 학교 설립 당시의 얘기를 위시하여 원주로 통학하는 '서울 거주' 학생들의 애로사항에 대해서도 많은 얘기를 나눴다. 1년 선배인 영문학과 이상국교수도 함께 했다. 나는 서울서 셔틀버스를 타고 원주 캠퍼스에 도착하지만, 정병수 박사는 자기 승용차로 일찍이 학교에 도착해 이상국교수 연구실에 머물다 정해진 시간에 학교 식당으로 내려와 아침을 먹었다. 이런저런 얘기를 나누다 보면 시간이 으레이 부족했다.

학교의 구체적 설계에 간여한 얘기인즉, 학교 내 여러 건물의 모양과 색채를 꼼꼼히 결정하는 등 당시의 얘기를 들려주었다. 참고로 원주 미래캠퍼스는 국도변에 넓은 호수를 끼고 붉은 벽돌에 까만색의 지붕을 얹은 건물들이 전면 방향을 달리하면서 나열되었다. 우리나라 전체로 보아 경관이 빼어난 캠퍼스로 지명되기에 빠짐이 없어 보인다. 정병수 박사의 남다른 '학교에 대한' 애착과 정성이 낳은 결과로 여겨진다.

추억 4

정병수 박사의 다른 면모이다. 나는 2015년 공무원을 퇴직하고 2017년 초에 정병수 박사가 절친(경원대 전자공학과 교수)와 함께 만든 「4차산업혁명 연구모임」에 참여했다. 장소는 서울역 맞은편 대우재단빌딩(예전) 내 작은 공간에서 다양한 전공을 가진 여러 명의 박사가 관심 자료를 준비해 순서대로 발표하고 토론하곤 하는 성격이었다. 클라우스 슈밥의 「제4차 산업혁명」은 우리들의 기본 도서였다. 이 책은 당시 세계경제포럼의 공식 도서이자 세계경제연구원에서 추천한 도서였다. 그는 "세상은 더욱 빠르게 변화하고 초연결사회가 되어 더욱 복잡해지며 분열되겠지만 우리는 모두에게 이득이 되는 방향으로 미래를 설계해 나가야 한다. 그리고 지금이 그 절호의 기회이다."라고 적었다. 토요일마다 아침 일찍 모인지라 김밥과 만두를 준비해 토론을 진행하면서 먹었다. 각자의 전공이 다른데다 평소 하는 일도 달라 얘기하는데 개성을 보이는 등 즐겁고 유익한 시간이었다. 그때도 모임 장소를 정병수 박사가 마련했던 걸로 알고 있다. 우리의 토론 공간은 약간 고층(12층?)이라 따듯한 봄에 창문을 통해 보이는 바깥 풍경은 더 가까이 느껴졌다. 남산 둘레길의 시작 부분이 모였는데 개나리와 진달래가 소나무와 어울려 색상의 아름다움은 물론 평화로운 마음을 전달해줬다.

정병수 박사는 글쓰기를 좋아했다. 한번은 오래 출판사의 황인욱 사장과 세 명이 함께 저녁을 했다. 정박사는 소주를 한잔하고는 전혀 예기치 못한 얘기를 제안했다. 내가 국회에서 퇴직하고 시간이 많으니, 본인이 참여하는 작은 모임을 소개하면서 거길 나오면 좋지 않겠냐 하는 것이었다. 일주일에 한 번 주말에 만나 본인 글을 소개하고 다른 참석자들과 이런저런 얘기를 나누는 성격이었다. 난 다소 생소하게 느꼈지만, 당시 정박사의 제의를 딱 거절할 명분도 없어 참여하기로 동의했다.

내 집은 마포이고 모임 장소는 한티역이라 거리가 멀어 시간이 꽤 걸린 걸로 생각난다. 나이가 다양한 몇몇 여성들이 있었지만 남자는 정박사와 나뿐이었다. 나는 그때 생각했다. 정박사가 혼자 나가기가 어색하니 나를 초대했다고. 다들 문학적 소질을 살려 생활하면서 느낀 바를 글로 옮겨 왔다. 발표가 끝난 후, 다른 사람의 작품과 어휘에 대해 자기 생각을 자유롭게 얘기해주니 문학적 취향을 가꾸어 나가는 데 꽤 도움이 될 것 같았다. 나는 개인 사정으로 오래 참석하지 못했고, 지금은 오래되어 내용이 생각나질 않지만, '한 편'의 글을 적어 발표했었고 함께 이런저런 얘기를 나누었다. 대개 끝나는 시간이 점심때인지라 시간 여유가 있으면 식사를 하기도 하고 커피도 마시면서 다른 얘기들도 이어졌다. 그 후로 정병수 박사가 얼마나 오랫동안 모임을 했는지 알 수 없다. 상기에 여러모로 나열한바, 나는 정병수 박사를 좋아한다. 그는 매사에 정확하며 적극적이고 또한 남한테 애정과 신뢰를 주는 인물이기 때문이다.

나의 평생 벗 정병수 박사!

두현대
경제학과 동기

50년째 한 하늘 아래서 함께 가는 인연의 여정.
하늘이 어제도 푸르렀고 오늘도 푸르거늘 항차 내일이랴.
소나무에는 고금의 빛이 따로 없다.

경상남도 합천 명문 장손 가문의 삼남으로 태어난 정박사는 그 부모님께서 일 년에 십수 차례의 조상 제사를 지성으로 감당하셨다 한다. 조상 3대가 음덕을 쌓으면 (3대 양복), 그 후손이 큰 복을 받는다고 했으니, 과연 정박사는 생애를 일관해 발복(發福)하고 집안을 찬란히 빛나게 했다. 물론 아직도 진행 중임은 말할 것도 없고…

그가 여러 또는 전문 분야에서 괄목할 업적을 쌓은 것은 모두 자타가 인정하는 주지의 사실이며 후손 또는 후학에게도 보람찬 모범이 될 것이다. 정박사는 비록 혼란이 있더라도 평소 같은 편안한 마음을 가지는 사람이다. 그는 담력이 크고 심중이 깊은 너그러운 사람이다. 이런 사람은 만사를 순리대로 처리한다. 모 친구와의 이해관계에서 그의 곤란을 인지하고 흔쾌히 그를 용납했으니, 이는 위에 언급한 정박사 특유의 성격 발현이며 표본이다.

돌이켜 보건대 함께 가는 인생 속에 개인적으로도 결코 잊을 수 없는 큰 은혜를 입었다. 내 가족 일원의 인생을 이끌어 주었고 반석처럼 든든히 보살펴 주었다. 또한 어려운 추천장 부탁을 흔쾌히 받아들여 즉석에서 성심으로 처리해 주었다. 가슴에 깊이 담은 감동이다. 간담상조, 우정의 결실은 나의 몫이다.

이제 병수의 고희를 축복하며 병수가 세월의 진행에 결코 굴복하거나 타협지 않고 더욱 문무겸전으로 정진하여 세상을 향해 한층 크게 쓰일 것을 기대하며 확신한다.

승풍파랑(乘風破浪)!
임이여, 양양한 바람을 타고 만경창파 푸른 바다를 거침없이 헤쳐 나가소서!

2023년 11월 두현대 (연세대 상대 73 동기)

도움이 되기를 바라는 마음에서 나의 사부님 게송을 덧붙입니다.

"가슴 속에 대의 雄略<웅대한 계략>을 갖춘 사람에겐 갈 길이 멀고 세월이 더딘 법,

항시 몸을 단련하여 삶을 연장하고

때때로 산수와 벗하여 마음을 평온히 하여라.

자강불식,

문무의 역량을 축적해 나가며 하늘이 주시는 때를 기다려 움직여야 할 것이니라.”

뚝심과 헌신의 모델

김도경
경제학과 동기

며칠 전 정병수 박사가 뜬금없이 "올해가 자기의 칠순이라며 그동안 자기와 관련한 에피소드나 느낀 바가 있다면, 무엇이든 좋으니 글로 써달라"라고 진지하게 부탁을 하였다. 사실 정박사는 나뿐만 아니라 여러 대학 동기들과도 가깝게 지냈기 때문에 무얼 써야 할지 막막하였다. 게다가 대학 시절 정박사와의 관계를 더듬어 보려니까 벌써 45년 전 일이라 기억이 가물가물하다.

정병수 박사와 나는 연세대 경제학과 73번 출신이다. 엄밀하게 말하면 내가 71년도에 생물학과로 들어와 졸업한 뒤, 다시 경제학과로 학사 편입하였기에 2년 선배이기도 하다. 그런데 연세대 경제학과는 아무나 입학할 수 있는 쉬운 학과가 아니었기에, 입학 정원 60명 속에는 재수생과 삼수생이 많아서 나는 그들과 쉽게 친구가 될 수 있었다. 학사편입을 하면 교양과목은 패스하고 처음부터 전공과목을 많이 듣게 된다. 첫 수업 시간이었다. 수강생들을 살펴보니 짐작한 대로 군 복학생들이 주류를 구성하고 있었다. 그래서 이들과 "나이를 의식하지 않고 편하게 말도 트며 지내야겠다"라고 생각했다.

생물학과를 다닐 당시 나는 자주 학과 수석을 차지했기 때문에 주변에서는 당연히 내가 대학원에 가리라고 생각했고, 나도 그렇게 하겠다고 마음먹고 있었다. 그렇지만 막상 실험실 생활을 시작해 보니 전혀 즐겁지 않았고, 또 적성에 맞지 않는 생화학이나 분자생물학 등을 공부하려니까 이것은 결코 내가 원하는 분야가 아니라는 것을 알게 되었다. 그리해서 나는 4학년에 들어와서 생물학을 포기하고, 행정고시에 도전하려고 마음을 먹었다. 행정학과와 법학과의 수업을 들으면서 고시 공부를 시작했는데, 그때 조수철과 같이 고시를 공부하였다. 조수철은 고등학교 후배이기는 했지만, 나이가 비슷했고 또 생물학과 시절부터 친하게 지냈기 때문에 도서관에서 같이 공부하면서 많은 激勵를 주고받았다.

그러던 중에 어느 날 갑자기 조수철이 고시 공부를 그만두고 대학원을 가겠다고 하면서, 나에게 경제학과로 학사 편입할 것을 권했다. 나는 한동안 혼란스럽고 어떻게 하나 고민했지만, 한편으로 새로운 분야를 공부하는 것도 나쁘지는 않다고 생각해 과감하게 경제학과에 입학원서를 넣었다. 다행히도 생물학과의 성적이 좋아서였는지 입학이 쉽게 허락되었다. 이제 새로운 분야를 공부해야 했기에 고시 공부는 접었다. 고맙게도 경제과 동기들은 나를 따뜻하게 맞아주어서 격의 없이 친하게 지낼 수 있었고 많은 친구와 우정도 쌓을 수 있었다. 그 당시 강석문, 정철환, 황재현, 정삼용, 김철희, 노승철, 정병수 등과 가깝게 지냈고, 다른 동기들과의 추억도 많다. 강석문은 동아리 활동을 함께 했고, 정철환, 황재현, 정삼용, 김철희와는 당구를 열심히 쳤고, 또 노승철은 집에 가는 시간이 아깝다고 하면서 자주 우리 집에 와서 공부하곤 하였다. 같이 공부하면서 승철이에게 도움을 많이 받았다. 참으로 가슴 아픈 일은 이들 중에서 조수철, 김용군, 노승철이 이른 나이에 먼저 세상을 떠났다는 것이다.

당시 경제과에는 군 복무를 막 끝내고 복학한 학생들이 다수를 차지하고 있었기 때문에 군 경험에 대해 그들과 공감대를 형성하고 있었다. 군 생활과 관련해서는 김갑수와 황선대가 공수부대에 있었다는 것과 정철환이 통신암호부대에 있었다는 것, 그리고 정병수가 전투경찰로 군 복무를 마쳤다는 것이 기억난다. 또 기억나는 것은 박진근 교수가 가르치는 국제경제학 시간에 김용군이 자주 빠지곤 했는데, 그때마다 정삼용이나 정병수가 대리 출석을 해주곤 했다는 것이다.

이상이 경제학과를 다니며 갖고 있었던 나의 일반적인 회상이다. 그런데 과 동기들과 어울리며 학교생활을 하고 있을 때 어느 날부터 병수를 보는 일이 뜸해졌다. 윤여봉에게서 얘기를 들으니 공인회계사를 준비한다고 했다. 병수를 가끔 보기는 했지만, 마음을 독하게 먹었는지 공부에만 매달리고 있다는 분위기가 그의 얼굴에서 진하게 풍겼다.

그런가 보다 하고 있었는데, 어느 날 병수가 갑자기 우리 집에 찾아왔다. 내일 공인회계사 시험을 보는데 계산기가 없으니 계산기를 빌려달라는 것이었다. 사실 그때 내가 가지고 있던 계산기는 초기의 조악한 모델로 더하기, 빼기, 곱하기, 나누기만 가능했고, 숫자 단위도 8단위까지만 계산할 수 있었다. 그래서 병수에게 이런 것이라도 괜찮겠느냐고 물었더니, 이 정도면 충분하다고 하면서 그 계산기로 시험을 보았다. 그 계산기가 얼마만큼 도움을 주었는지는 몰라도 병수는 공인회계사 시험에 합격하였고, 우리 동기들 모두가 그를 축하해 주었다.

그때만 하더라도 공인회계사에 합격하는 것이 고등고시에 합격하는 것만큼 힘들었기 때문에 공인회계사가 되면 남들이 부러워하는 고소득의 직장생활을 할 수 있었다. 졸업 후 병수는 회계법인에 들어갔고, 생활이 안정되어 가는 것이 보였다. 일반적으로 경영학과 학생들이 많이 도전 하는 것이 공인회계사인데, 경제학을 공부하면서 공인회계사에 도전하는 것은 그 자체가 모험이었지만, 오로지 정병수다운 뚝심으로 이뤄낸 결과로 판단된다.

그 후 7년의 세월이 지났다. 잘 지내고 있던 병수가 어느 날 느닷없이 모교인 연세대 사무직으로 들어가겠다고 하는 것이 아닌가. 그 이유를 물었더니 재단 본부에서 능력있게 일할 사람을 찾고 있는데, 나중에 모교 총장을 하신 송자 경영학과 교수의 강력한 권고가 있었다고 한다. 나는 연세 재단에 대해 아는 바가 없었기 때문에, 병수의 결정이 잘한 것인지 또는 못한 것인지를 알 수 없었다.

병수는 연세 재단에 들어가 나름대로 적응도 잘하고 일도 열심히 잘한 모양이다. 그런 생활이 1년쯤 되었을까? 소문이 어떻게 났는지는 몰라도 몇 군데서 이직 제안을 받아 마음이 혼란했던 모양이다. 내용을 들어보니 한 화장품회사에서는 기획실장으로 오라고 제의했고, 저 멀리 포항의 모 사립재단은 최고의 근무 조건을 제시하며 병수를 5번이나 초빙했다는 것이다. 병수는 한마디로 즐거운 비명을 지르고 있는 상황인 것 같았다. 그때 나는 병수에게 그래도 네가 공인회계사인데 어떤 조직의 임원으로 가는 것이라면 몰라도 '실장' 정도로 가는 것은 바람직하지 않다고 말했던 적이 있다. 결국 병수는 모교 연세 재단에 남았고, 이후 연세우유 사장 등 여러 요직에 등용되었고, 마지막으로 재단 본부장을 맡아 연세대학을 위해 많은 일을 하였다.

정박사가 재단 본부장을 그만두고 연세대학교 객원교수를 열심히 하고 있을 때였다. 병수는 내 사무실에 와서 회계학 저서를 새로 발간하려고 한다면서 원고 교정을 부탁해 왔다. 그래서 사무실에서 원고를 열심히 수정하고 있었는데, 갑자기 병수가 책 발간을 그만두겠다고 해서 나도 원고를 병수에게 되돌려준 일이 있다.

그로부터 2년쯤 지난 후에 우연한 기회에 병수의 몸을 자세히 살펴보니, 그의 허리가 오른쪽으로 심하게 꺾여 있었다. 그렇지만 병수는 그 심각성을 모르고 있었기에 내가 그에게 싫은 소리를 심하게 하곤 하였다. 그래서 내 짧은 실력으로 그의 허리를 교정해주곤 했는데, 그때마다 몸이 정상으로 돌아오곤 했지만, 며칠 지나면 허리가 다시 꺾여 있었다. 이런 일이 반복되다가 병수는 다른 곳에서 교정을 받기 시작했지만, 내 생각에는 크게 좋아진 것 같지 않다. 내가 걱정하는 것은 아직도 병수가 자신의 몸 상태를 간과하고, 힘든 몸을 이끌며 여러 모임에 참석하고 있다는 것이다.

정박사와 나는 경제학과 시절부터 가깝게 지냈지만, 세월이 지나가면서 더욱 친해지게 되었다. 그래서 정박사는 개인적인 일이 있을 때마다 자주 나의 조언을 구하였고, 동기회 모임을 준비할 때마다 나의 의견을 구하곤 했다. 둘이서는 자주 인터넷 바둑을 두기도 했고, 산에 같이 오르곤 했다. 그래서 최근 들어 정박사의 허리가 더 악화된 모습을 보면 가슴이 아프다. 정박사가 속히 회복되어 과거와 같이 건강한 모습으로 지내는 것이 나뿐 아니라 동기들 모두가 바라는 바이기도 하다.

차제에 정박사에 대해 칭찬을 몇 가지 하고 싶다. 무엇보다도 병수는 대학 졸업 후 아주 오랫동안 73경제학과 동기회의 총무를 맡아서 동기들의 단합을 위해 궂은일을 도맡아 하였다. 행사를 진행하기 위해서는 신경을 써야 할 것이 많은데도, 매년 아무 불평 없이 대부분 혼자서 그 일들을 감당하였다. 장소를 구하는 일, 동기들에게 연락하는 일, 차량과 숙소를 예약하는 일, 경비가 부족할 경우 지원자를 끌어오는 일까지 마다하지 않고 고생을 자처했다. 병수는 일을 진행할 때마다 여러 친구의 조언을 구하곤 했기 때문에 그가 진행하는 일에는 뒷말이 없었다. 일을 항상 깔끔하게 처리했고, 동기들에게 부담을 주지 않았다.

또 병수는 고된 직장생활을 하는 바쁜 와중에서도 박사학위를 취득했고, 모교에서 강의까지 함으로써 학문적인 성취를 향한 걸음을 멈추지 않았다. 지금도 아픈 몸을 이끌고 회계학을 가르치고 있으니, 그 열정이 대단하다. 게다가 회계학을 아주 쉽게 설명한 책도 여러 권이나 저술했다. 몇 년 전에 병수가 회계학 관련 새로운 책을 쓰고 싶어했는데, 더 진전시키지 못한 것이 못내 아쉽다. 병수의 학문적인 호기심은 회계학에만 그치지 않고 역사와 한문에까지 그 영역이 대단히 넓다. 최근에는 명심보감을 쉽게 설명한 책을 발간하였고, 고향 역사에 관한 책도 저술하였다.

사실 정박사가 나에게 '자기가 참석하고 있는' 역사모임에 들어오라고 여러 번 권했으나, 내가 너무 바빠서 참석하지 못했다. 또 명심보감과 논어를 공부하는 고전연구모임에 들어오라고 했지만, 이 역시 내가 게을러서 참석하지 못했다. 그렇지만 병수는 이

두 모임에 꾸준하게 참석하여 역사를 보는 눈이 대단히 넓어졌고, 한문도 깊게 이해하고 것처럼 보였다. 그뿐 아니라 병수는 촌놈이라는 주제로 애향심과 애교심을 담은 수필을 3권이나 써서, 주변 사람들을 놀라게 하였다. 어린 시절의 기억을 되돌아보며 느낀 바를 과장 없이 솔직하게 쓴 그의 수필집은 많은 사람에게 공감대를 주었기 때문에 나는 단숨에 읽어나갈 수 있었다. 더 나아가서 자신의 수필집에 그치지 않고 경제과 동기들의 입학 40주년을 기념하여 문집까지 만들더니, 2023년도에는 2박 3일간의 기념 여행을 해냈고 나아가 입학 50주년 기념 문집까지 발간하고자 동분서주하는 모습을 보면 그의 헌신에 감탄하지 않을 수가 없다.

나는 병수처럼 뚝심이 있고 헌신적인 친구가 가까이 있음을 항상 자랑스럽게 생각한다. 이상은 내가 정박사에 대해 가지고 있는 솔직한 평가이다. 70세를 넘긴 우리가 과거의 추억을 더듬어 볼 때 아마도 병수 얘기는 빼놓을 수 없을 것이다. 병수야, 네가 반드시 건강을 회복해 더 많은 추억을 남겨야 하지 않겠니?

병수는 계획이 있었다

김철희
경제학과 동기

아무리 가까운 사이라도 남을 제대로 평가한다는 것은 어렵고 또 조심스럽다. 일찍이 소크라테스는 사람들은 자기 자신도 잘 모른다고 설파했으니 하물며 다른 이를 어떻게 안다고 할 수 있겠는가? 그래도 원고 청탁을 받았으니 최대한 팩트에 입각해서 '인간 정병수'에 대해 이야기를 해 보련다.

나와 병수는 연세대학교 경제학과 입학 동기다. 그러니까 만난 지가 바야흐로 50년도 더 되는데, 이는 조선 시대 사람들의 평균 수명보다도 훨씬 긴 세월이니 아마 전생에 대단한 인연이 있었을 수도 있다. 대학교 시절의 병수는 조용한 친구로 기억된다. 나처럼 백양로 잔디밭에서 노닥거리며 카드를 하거나 당구장을 들락거린다든지 또는 동아리 활동을 하는 부류들과는 거리가 멀었는데, 재학 중 공인회계사 시험에 합격하여 오랜 기간 회계사 일을 하다가 공부를 더 해서 박사도 되고 교수도 되고 연세대학교 재단본부장까지 하며 사회 지도층의 자리에까지 올랐으니, 지금에서 돌이켜 보면 어느 영화의 명대사처럼 병수는 대학생 때 이미 계획이 다 있었고 그것을 강한 의지로 훌륭하게 달성해 낸 사람인 것 같다. 그런 면에서 정말 존경스럽다.

내가 졸업 후 삼성전자에 입사한 신입사원으로 새벽부터 밤늦게까지 정신없이 근무하고 있을 때였다. 근무 장소는 당시 서울시에서 가장 임대료가 비싸다는 시청 앞 삼성본관 빌딩 12층이었다. 하루는 점심을 하려고 엘리베이터를 타고 내려가는데 11층에서 낯익은 친구가 타는 게 아닌가?

난 나도 모르게 "너, 병수 아니니?"라고 말했다.

"어! 철희로구나! 너 여기에서 근무하니?"

그때서야 엘리베이터에는 모르는 사람들로 가득 찬 것을 확인하고, 우리는 1층에 내려 자초지종을 주고받았다. 병수는 재학 중 가정 형편상 한국전력 장학금을 받았기에 한국전력에 의무 근무를 3개월 하다가 공인회계사 합격 발표가 나 회계법인으로 이직을 해 3월부터 근무하게 되었다는데, 하필이면 내 사무실 바로 아래층이었던 것이다. 우리의 인연은 그렇게 이어졌다.

당시 병수가 근무하던 회계법인은 세계 제1의 글로벌 회계법인으로 발음도 어려운 프라이스 워터하우스(Price Waterhouse)로, 해당 도시에서 임대료가 가장 비싼 건물에 임차하는 관례가 있었던 모양이다. 그러니까 1980년의 서울 소재 건물 중 가장 좋은 곳은 삼성본관 빌딩이라는 뜻도 된다. 그 후로 우리는 종종 만났는데, 나보다는 시간적 여유가 많은 병수가 12층으로 올라와 나를 찾으면 주로 복도나 비상계단에서 틈을 내어 둘이서만 이야기를 나눈 기억이 난다. 아마 그 이야기 시간이 대학 재학 시절 캠퍼스에서 나눈 시간보다도 많았을 것이다. 나는 힘든 회사 생활에 대해 그러니까 신세타령(?)을 주로 한 것 같은데 병수는 늘 묵묵히 들어주었다.

오랫동안 해외에 주재하느라 한동안 연락이 끊겼었는데 내가 2004년에 귀국해서 보니 병수는 대학 동기 모임을 활성화시키는 중추적인 역할을 하고 있었다. 우리 동기 모임이 〈졸업 30주년 앨범〉을 만들고 〈입학 40주년 문집〉도 만들더니, 다른 학과에선 생각하기 쉽지 않은 〈입학 50주년 기념 2박 3일 여행〉를 올 4월에 21명이 즐겁고 의미있게 가졌다. 나는 그 2박 3일간 오락부장이라는 직책으로 즐거움에 일조하였음을 영원히 잊지 못할 것 같다.

특히 이번 두 번째로 발간하는 〈입학 50주년 기념〉 동기회 문집(文集)은 동기생 23명의 단상과 50주년 기념으로 간 2박 3일간 여행한 얘기는 물론이고, 재미 동기생 2명의 모교 방문기가 실려 있다. 또한 50년 전의 경제학과 학습환경과 50년 후인 오늘날의 경제학과 환경이 어떻게 변화 발전되었는지를 비교한 글이 수록되어 있다. 이는 아마 연세 역사에 처음 시도되는지도 모르겠다. 또한 수시로 국내 여행을 다니고 매월 트래킹을 하는 등 우리 동기들이 노후를 심심치 않게 보낼 수 있음은 전적으로 병수 덕분이라 생각한다.

다음은 참 병수와 우리 모친과의 일화이다. 2004년에 남미에서 귀국하니 병수가 나의 모친에 대해 칭찬을 넘어 부러워하는 것이 아닌가? 병수가 동기회 앨범을 만들기 위해 나에게 연락을 취하였으나 연락이 되지 않자 집 전화로 했는데, 어머님의 목소리가 너무나 고운 데다 보통 어머니와는 말투가 달랐다는 것이다. 그래서 병수가 나를 만날 때마다 어머님 이야기를 할길래 선친이 돌아가신 빈소에 제1착으로 조문을 온 병수에게 "어머님을 뵀으면 한다는 친구가 바로 이 친구야!"라고 하자, 모친에게 공손히 인사를 하던 기억이 뚜렷하게 난다.

병수는 글도 잘 써서 회계 전문 서적 이외에도 자전적 수필집을 여러 권 내었으며 유머 감각도 있고 문자 쓰기도 좋아하는 이른바 한량 기질이 있는데 이는 나와도 많이 겹치는 성향이라 하겠다. 그래서 이런저런 독서 모임, 글쓰기 모임, 한문 독해 모임 등이 생기면 제일 먼저 나에게 전화해서 참여를 독려하였으니 이는 병수도 나를 잘 파악하고 있기 때문일 것인바, 대부분 응해주지 못한 것은 미안함으로 남는다.

병수가 나와 다른 면도 당연히 있는데 하나만 꼽자면 병수는 다소 가부장적인 사고를 갖고 있다는 것이다. 여기에서 우스갯소리를 하나 하자면, 세상에 하늘의 별을 따는 것보다 어렵다는 일이 세 가지 있으니 그 첫째는 중 머리에 머리핀 꽂기요, 둘째는 앙드레김에게 검은 옷 입히기요, 세 번째는 장가간 아들 자기 편 만들기란다. 근데 병수 이야기를 듣다 보면 장가간 두 아들이 아직도 자기 편이고 자기의 영향력 아래 있다는 생각을 하고 있지

는 않은가 하고 느낄 때가 있다. 아니라면 그냥 내가 틀린 것으로 하자. ㅎㅎ

병수는 요즈음 허리가 좋지 않아 고생하고 있다. 그럼에도 책을 계속 발간하고 사회적 활동도 계속하고 동기 모임에도 열성인데 이제는 일도 대충대충 하고 본인 몸 간수에 보다 신경을 썼으면 하는 바람이다. 아부 같지만 글을 맺으며 한마디 덧붙이면 병수는 다음 생에도 인연을 이어가고 싶은 멋진 친구다. 친구야, 빨리 건강 회복해서 트래킹 함께 가세~~

아니 벌써?

김영민
미국 거주 동기

정병수 대감이 미국 사는 박주용 박사에게 모교 방문기를 주문하는 카톡을 보고서야 아이코 6월 30일이 입학 50년 기념 문집 마감날인 걸 뒤늦게 깨달았습니다. 뭘 써서 보내야 하나, 정박사는 왜 자꾸 이런 책을 만드시나, 그냥 슬쩍 넘어갈까 구시렁거리다 10년 전 만든 "우리들의 이야기"를 서가 한구석에서 겨우 찾아 훑어보았지요. 무슨 소리를 썼나? 또 본의 아닌 재방송 방지 겸해서요. 오글거리게 김삿갓 '세계 방랑기'로 '어쩌구저쩌구'하는 '신변잡기' 내지 personal history를 주저리주저리 썼더군요. 대체로 본인이 쓴 글(학교 리포트 포함)을 나중에 읽어 보면 좀 머쓱할 때가 많더군요. 물론 제 경우에 한한 얘기겠지만요.

참, 우선 지난 4월 여행에 참석하지 못해 대단히 송구하게 생각합니다. 뉴저지, 메릴랜드 장로님 두 양반은 먼 길 다녀오셨는데, 저는 한국 뜨지가 아직 몇 년 안 되어서인지 마음의 가려움증이 덜 절실했나 봅니다. 2019년 5월 미국 뉴욕시 근교로 퇴직해 살러 온 이후 그놈의 코로나 Pandemic 때문에 한국을 4년째 못 간데다 이번 여름방학을 틈타 아이들과 손주들 데리고 여행 계획을 세웠던 차라 이번 50주년 기념 여행에 참석하지 못하는 결례를 범했습니다. 하필 고교 졸업 50년 강원도 여행도 같은 날로 정해져 어차피 갔어도 어디로 붙어야 하나 고민 좀 했을 듯합니다. 어찌 됐건 아마도 이 책이 경제과 73년 입학 동기들이 합동으로 출간하는 마지막(?) 책이 될듯한 예감이 들기에 이렇게 죽치고 앉아 쓰고 있습니다.

10년 전 글에서도 살짝 비췄지만, 솔직히 소생은 입학 때나 지금이나 변함없이 경제과 방관자(outsider) 같은 느낌입니다! 요즘 말로 '인싸'가 못돼었구요. 연세대학교를 다닌 것은 제 인생의 큰 행운이라 늘 생각하지만, 아무리 생각해도 과를 잘못 선택(?)했나 하는 회의 속에 4년을 다녀서인지, 아니면 '다른 과' 고교 동기들과 맨날 함께 다녀서인지 경제과 동기들과는 대체로 소원했던 것이 사실입니다. 또 졸업 후 직장 생활하며 이 나라 저 나라 특히 미국을 들락거리며 살다 보니 과 동기들과 거의 만나지 못했고 그것이 가끔 마음에 걸리기도 했답니다. 그래도 2004년 오랜 부재 후 다시 귀국했을 때 '병수' 학형이 적극적으로 이끌어 주고 오영수 회장과도 가끔 만나며 과 동기들과의 거리를 조금 좁히긴 했어도 여전히 이방인 같은 느낌이랄까 일종의 '자격지심'을 이참에 고백합니다.

되돌아보면, 사실 조금만 노력했다면 "과 동기들과 더 친밀하게 지낼 수 있었을텐데" 하는 아쉬움이 있는 것도 사실입니다. 초등학교 때부터 쭉 친구인 건이, 종욱이, 동욱이, 재현이, 동균이, 갑수형, 철환형, 기수형, 수익이 등등 내가 좀 더 자주 연락하며 살았어야 했는데 이런저런 핑계로 그러지 못했군요. 그래서인지 부산을 떠나기 직전 여러 동기를 저의 임시 나와바리에서 만나 뵈어 좋았답니다. 그래도 이렇게 멀리 미국 촌에 살면서 여러 동기 이름과 얼굴을 떠올려 보니 참 좋습니다. 승철이, 경학이, 건상이 얼굴도 쓱 떠오르구요…

제가 요즘 사는 이곳 롱아일랜드는 뉴욕시 동쪽에 붙어있는 섬도 아닌 것이 섬이라 불리는 교외 지역입니다. 흔히들 아시는 플러싱, 퀸즈, 브루클린 등도 사실은 롱아일랜드섬 왼쪽 귀퉁이입니다만, 그 동네들은 뉴욕시에 포함되므로 그곳들을 제외한 동쪽(오른쪽) 지역을 의미합니다. Great Gatsby의 배경으로 등장하는 Gold Coast, North Shore, Hampton, Montauk 같은 지역들이 있는 꽤 근사한 장소입니다. 남쪽으로는 대서양, 북쪽으로는 코네티컷과의 사이에 롱아일랜드 Sound(만)가 있어 남북으로 바다가 가까운 길쭉하고 꽤 커다란 땅덩어리이지요. 제주도 면적의 약 두 배나 된다고 합니다. 1400 스퀘어(square) 마일. 뉴욕시 근교치고는 좀 촌티도 나고 일부 동네는 부자 별장 같은 느낌도 있는 곳입니다.

'안물안궁'일 텐데 "왜 이런 얘기를 장황하게 쓰고 있을까"하고 스스로 생각해 보니 너무 짧게 글 써 보내면 야단맞을까 봐 그런

듯합니다! 아무튼 좌우지간, 소생은 이곳에서 동갑내기 마누라와 Bethpage라고 하는 값싸고 괜찮은 동네 퍼블릭 골프장에서 매주 골프도 치고 브루클린에 사는 아들네(손주 둘), 딸아이 가끔 만나며 잘 지내고 있습니다. 교회도 열심히 출석하고(아직도 서~리 집사이지만) 페이스북도 노인치고는 열심히 하고 낡은 집도 여기저기(사람 시켜) 고치며 은퇴한 촌노로 매일 지냅니다. 동네 미국 아재들과 뒷마당 'Wine Dinner도 가끔 하면서요. 40년 직장생활 마치고 아이들 곁으로 와 Finishing Well 또는 Dying Well을 소망하며 지낸답니다. 하지만 어린 손주들의 재롱이 요즘의 가장 큰 기쁨입니다. 모든 동기 여러분들 아무쪼록 늘 건강하시고 평안하시길 기원하며, 문안 편지 겸 소생의 짧은 미국교포 귀촌 업데이트 글 마칩니다. 모두 평안하세요! 샬롬

여행 후기

정철환
경제학과 동기

친구님들! 입학 50년이란 타이틀로 함께한 남쪽 여행은 어느 한순간도 지루할 틈이 없는 즐거움 그 자체였습니다. 앞으로도 오래오래 고귀한 추억으로 남겠지요.

불원천리 마다하고 한 걸음으로 달려온 미국 친구들, 불편한 몸으로도 끝까지 투혼을 발휘해 주신 정병수 회장님, 기획 단계부터 완벽하고 깔끔한 연출 실력을 자랑하신 김갑수 사무총장님, 그리고 저를 비롯한 우리 친구님들 또한 이번 여행의 무대에서 각자의 주어진 연기를 혼연일체가 되어 완벽하게 수행한바, 성공적인 작품으로 마무리되지 않았을까 생각해 봅니다. 막간의 삐에로 김철희 오락부장님 또한 더할 나위 없는 공력으로 무대 완성에 양념을 보태 주셨지요.

다들 감사 드립니다.

여러분들과 함께해서 정말로 행복했습니다.

이제 일상으로 돌아가 각자에게 주어진 인생을 열심히 살아 가십시다. 아울러 다음 만날 때까지 부디 건강과 평화를 기원하겠습니다.

그리고 사랑합니다!!

여행 本記(남해안 여행을 마치고)

김종욱
경제학과 동기

스물한 명의 동기들과 연세대학교 경제학과 입학(1973년) 50주년을 기념하는 남해안 여행(2023년 4월 10~12일)을 마치고 미국으로 돌아온 지 이제 한 달이 조금 더 지났다. 뒤돌아보니 한편의 아주 기분 좋은 꿈을 꾸고 돌아온 것만 같다. 먼저 이번 여행을 계획하고 세심하게 준비한 회장단(정병수 회장, 김갑수 총장, 김철희 오락부장)에게 깊은 감사의 말을 전하고 싶다.

수년 전 한국을 방문하였을 때 정병수 회장을 비롯한 몇몇 동기들과 저녁 식사를 같이 한 자리에서 병수로부터 몇 권의 책을 받은 적이 있다.(병수는 친구들을 만나게 되면 미리 책을 준비하여 기념으로 주는 친구임을 이번에 다시 알게 되었다.)

그때 받은 책 중에 "졸업 30주년 기념앨범"이 있었는데 미국에 거주하고 있는 나와 박주용을 비롯해 몇몇 동기들은 연락이 안 되는 동기생으로 적혀있는 것을 보고 놀란 적이 있다. 1985년 5월에 뉴욕 주재원으로 와서 그동안 동기들과 제대로 소통하지 못한 나의 불찰의 결과인 것 같다.

정확히 언제 경제학과 동기생들의 단체 카톡방에 들어가게 되었는지 기억을 못 하지만 카톡방을 통하여 입학 50주년 기념 여행을 기획하는 소식을 듣고 참으로 반가웠다. 스무 살을 전후해 함께 입학하여 수학한 동기들과의 입학 50주년 기념 여행에 꼭 참석하고 싶은 생각에 여행 전 김갑수 총장과 여러 번 개인적으로 소통을 하기도 하였다(나의 질문에 매번 친절하게 답변을 준 갑수에게 감사한다). 2박 3일의 여행을 위해 미국에서 한국을 방문하는 것이 쉬운 일은 아니었지만, 입학 50주년이 주는 무게와 느낌은 나에게 남다르게 다가왔다. 요즈음 모두 백세 시대를 이야기하고 있지만 이제 동기들도 모두 칠십 전후가 되었으니 "그동안 어떻게 지내 왔는지, 어떤 모습으로 변했을까?" 궁금하기도 하고 모두 만나 보고 싶은 생각이 간절했다.

4월 10일 아침 일찍 남해안으로 떠나는 일정이어서 나는 4월 4일 뉴욕을 출발, 4월 5일 서울에 도착하여 조그마한 호텔에 여장을 풀었다. 평소 여행이나 출장 시에는 대개 정해진 일정에 맞추어 여유 없이 목적지를 향하여 출발하는 습관이 있었으나 이번에는 달랐다. 이제 현업에서 은퇴하여 시간에 여유가 있기도 하고 동기들과의 여행인 관계로 여유를 갖고 싶은 생각이 들었다.

동기생들과 함께 지낸 이번 2박 3일의 남해안 여행은 1973년 입학 후 처음으로 동기들과 함께 갔던 '일영 야유회'를 떠오르게 하였다. 아마 동기들 대부분이 이때 처음으로 소주를 함께 마시지 않았는지 모르겠다. 입학 후 첫 야유회 때 "My name is 이창수"라고 자신을 독특하고 확실하게 소개한 창수와 양동욱이 특별히 생각난다. 창수와 동욱이를 만나보고 싶다. 그동안 어떻게 지내왔는지 궁금하다.

동기들과의 남해안 여행 일정은 나에게 특별히 의미 있는 일정이었다. 이번 4월 한국방문 기간 중 개인적으로 꼭 참석할 가정사가 있었는데 모든 일정에 순조롭게 참여하여 처리할 수 있게 되어 정말 다행이고 감사하다.

나에겐 초행이었던 순천만 국가정원, 사천 항공 우주 박물관, 여수 오동도 해상 케이블카 탑승, 거제 해금강을 지나 올라가 본 외도 보타니아, 남해군 관음포에 있는 이순신 장군 순국 공원, 박경리 기념관, 바람의 언덕 방문 등은 동기생들과 함께하여 생동감과 기쁨이 넘치는 일정이었다.

주요 일정 및 여행지는 다음과 같다.

일자	도시	여행 및 관광지
1일 차	서울-양재 순천 여수	- 아침 7시 출발 - 순천만 국가 정원 - 여수 오동도, 해상 케이블카 - 돌산
2일 차	남해 사천 통영	- 노량대교, 충렬사 - 관음포 - 금산 보리암 - 삼천포 대교 - 사천 항공 우주 박물관 및 과학관 - 통영 박경리 기념관
3일 차	거제 서울-양재	- 해금강 및 외도 보타니아 - 바람의 언덕 - 저녁 8시 해산

근래 가보지 못하고 밟아 보지 못하였던 조국의 땅과 바다, 하늘길은 우리 모두를 반갑게 맞아주었다. 하늘은 드높고 출렁이는 바다는 생명의 힘으로 다가왔다. 바닷가의 해송은 우리를 그리움으로 기다린 듯하였다. 4월의 싱그러운 공기와 바람, 꽃향기는 우리 모두의 가슴속에 깊이 스며들어 조국의 그리움을 각인시켰다. 특히 빼놓을 수 없는 것은 모두가 즐긴 남해안의 향토 음식이다. 조국의 땅에서 재배하고 바다에서 거두어 준비한 정성스러운 음식은 정말 진한 고향의 맛이다.

오락부장 김철희는 자기가 맡은 일을 아주 철저히 준비하는 친구임을 이번에 알게 되었다. 2박 3일 동안의 오고 가는 버스 안에서 우리 모두를 즐겁게 해준 진짜 오락부장이다. 철희의 노트를 보고 싶다. 깨알 같은 글씨로 그 수많은 내용을 어떻게 기록해 놓았는지 궁금하기도 하다. 철희가 직접 작사, 작곡한 "벌써 오십년"(연세대 경제학과 73학번 입학 50주년을 기념하기 위한 곡)을 우리는 모두 소리를 모아 힘껏 불렀다. (애써준 철희의 노고에 경의를 표한다). 또한, 노래방에서 열창한 친구들 노래 솜씨에 감탄했다. 나는 태생이 트로트나 가요를 부르지 못하는 체질이다. 아, 다음 여행을 위해 나도 한 곡을 준비해야 할지 모르겠다.

호텔에서 취침 전 주류파 동기들이 한방에 모여 아주 기분 좋은 시간을 보냈다고 나중에 들었다(밤늦은 시간에 안주를 받은 '배달의 민족'이다). 비주류파 친구들도 함께 모여 정다운 시간을 함께 했어야 하지 않았나 하는 아쉬운 생각이 든다.

친구여! 다음 여행 때는 우리 모두 모든 시간을 함께하여 추억의 두께와 무게를 더합시다.

여행 후 오영수 동기가 마련한 저녁 식사 자리는 아름답고 즐거운 뒤풀이 시간이었고 여행을 같이하지 못한 동기들도 만나게 된 소중한 시간이었다(강성문, 김병기, 김수익과의 만남).

이번 여행을 통해 진짜 50년 만에 만난 동기생들이 있다. 강성문, 김도경, 김병기, 손일태, 윤여봉 친구들이다(참으로 반가웠고 짧은 시간이나마 함께 한 친구들에게 감사하다).

남해안 여행을 마치고 서울에 돌아온 후 홍성찬 동기의 안내로 미국에서 온 박주용, 서울의 장홍범과 함께 그동안 몰라보게 변모하고 발전한 모교를 돌아보았다. 상전벽해라는 말이 진정 실감났다. 동기들과 이어지는 만남(김상해, 김수익, 박주용, 장홍범)은 명동 성당 안에 있는 한 식당으로 걸음을 옮기게 하였다. 짧은 만남이었지만 헤어지게 됨은 아쉬움을 진하게 남긴다. 4월 25일 서울을 떠나기 전 이지원과 여러 번 식사할 기회가 있었다. 지원이는 호텔에 혼자 있을 때마다 전화를 걸어 함께 식사하고 커피도 함께 나눈 고마운 친구다.

관음포 이순신 장군 순국 공원을 돌아보고 온 후 나라를 위하여 일생을 바친 장군의 삶이 새롭게 다가왔다. 나는 어떠한 삶을 살고 있고 어디를 향하여 달려가고 있는지? 미국에 돌아와 이순신 장군의 난중일기를 일독하게 되었다. 일기 속에 나온 한 편의 시를 동기들과 같이 나누고 싶다.

달빛이 비단결처럼 고와
바람도 파도를 일으키지 못하는 도다.
바다로 하여금 피리를 불게 하니
밤이 깊어서야 그치는구나.

오래전 2001년 타임지(誌)에 미국 최고의 신학자로 선정된 스탠리 하우어워스(Stanley Hauerwas)가 저술한 덕과 성품(The Character of Virtue: Letters to a Godson)이라는 책을 읽어 본 적이 있다. 그는 좋은 삶을 일구는 핵심 미덕으로 자비, 진실함, 우정, 인내, 소망, 정의, 용기, 기쁨, 단순함, 한결같음, 겸손(과 유머), 절제, 너그러움, 믿음의 14가지를 꼽고 있다. 나는 이번 남해안 여행을 함께 한 동기들이 모두 이러한 미덕을 소유한 사람들임을 알게 되었다.

"연세 73 경제 동기들이여 영원 하라! 영원 하라! 영원 하라!"

정병수 회장의 선창에 모두 함께 외친 구호가 아직도 귀에 맴돈다. "아카라카!"

우리는 영원한 연세인이다. 나는 미국에서 디아스포라(Diaspora) 한국인의 삶을 살고 있지만 73년 연세 경제학과 동기생들과의 우정과 그리운 만남이 계속되기를 기대한다. 동기들이여 꼭 다시 만납시다!

동기생들 모두의 건강을 빈다.

입학 50주년, 기념 만찬에 붙여

73 경제 동기회장 정병수

입학 동기 여러분! 2023년 4월 10~12일 기념 여행을 한 후 이틀 지나 여독(旅毒)이 채 가시기도 전인데도 반갑습니다. 터키의 혁명 시인 나짐 히크메트는 "진정한 여행"이란 시에서 "가장 훌륭한 시는 아직 쓰이지 않았다. 가장 먼 여행은 아직 끝나지 않았다."라고 노래하면서 "어느 길로 가야 할지 더 알 수 없을 때, 그때가 비로소 진정한 여행의 시작이다."라고 강조하고 있습니다.

그렇습니다. 우리가 연세대학교 입학 50주년 기념으로 2박 3일간 꿈같은 여행을 하고, 이제 어디로 갈지 고민 중인데, 오영수 KIDB 회장께서 우리를 만찬에 초청했습니다. 감사드립니다. KIDB 회장 오영수 동기는 경제학과를 졸업하자 Northwestern 대학의 Kellogg 대학원에서 재무관리 박사 학위를 취득하고, 2006년 ㈜KIDB 채권 중개를 설립하여 현재는 KIDB 회장으로 재직 중입니다. 특히 73 경제학과의 회장도 오랫동안 맡으면서 물심양면으로 지원하여 총무인 제가 여러분에게 회비를 1원도 거두지 않았던 것을 기억하실 것입니다. 큰 박수를 보냅시다.

2박 3일간의 여행 소감을 정철환 친구는 "입학 50년이란 타이

틀로 함께한 남쪽 여행은 어느 한순간도 지루할 틈이 없이 즐거움 그 자체였습니다. 앞으로도 오래도록 고귀한 추억으로 남을 것입니다… 그리고 저를 비롯한 우리 친구님들 또한 이번 여행의 무대에서 각자의 주어진 연기를 혼연일체가 되어 완벽하게 수행한바, 성공적인 작품으로 마무리되지 않았을까 생각해 봅니다. 막간의 삐에로 김철희 오락부장님 또한 더할 나위 없는 공력으로 무대 완성에 양념을 보태 주셨습니다. 다들 감사 드립니다. 여러분들과 함께해서 정말로 행복했습니다. 그리고 사랑합니다!" 상기 글에 모두 공감할 줄 믿습니다.

그러나 저는 한 가지 더 보태고 싶습니다. 함석헌 선생은 "그대 그런 사람을 가졌는가?"라는 시(詩)에서 이렇게 절규하고 있습니다. 〈구명대를 서로 사양하며, '너만은 제발 살아다오' 할 그 사람을 그대는 가졌는가?〉 〈잊지 못할 이 세상을 놓고 떠나려 할 때 '너 하나 있으니' 하며 빙긋이 웃고 눈을 감을 그 사람을 그대는 가졌는가?" 여러분! 우리가 바로 "그대가" 되도록 노력합시다.

다시 한번 이렇게 분위기 있고 멋진 곳에서 만찬을 하도록 주선하신 오영수 회장께 감사 드립니다.

연세대학교 경제과여! 영원하라!

2박 3일의 남해안 기념 여행을 떠나며

경제학과 동기회장 정병수

안녕하세요? '73 경제학과' 회장 정병수입니다. 입학 50주년 기념 여행이라고 생각하며 전세버스를 타니 조금은 흥분되지요? 이번 행사를 이미 오래전에 계획했지만, 예상치 못한 코로나19가 온 세상을 힘들게 하고, 제 몸도 정상이 아니라 그만 포기할까도 했습니다만 총무를 자임하겠다고 나서는 동기도 나타나고 트레킹 모임도 잘 되는 것 같아 계획대로 하기로 했습니다. 저도 이 자리에 서니 감개무량합니다.

저는 주위에 고교 졸업 50주년을 기념하기 위해 이벤트를 한다는 소리는 들어 봤지만, 대학 입학 50주년을 기념하여 동기생들이 함께 여행한다는 이야기는 들어보지 못했습니다. 연세대학교에도 우리 '73 경제학과'를 빼고는 들어본 바가 없습니다. 그만큼 이번 여행 행사는 남다르며 동시에 의미가 큽니다. 공교롭게도 칠순이 되는 친구들도 많아 그분들은 '一石二鳥'의 좋은 여행이 될 것 같습니다.

제가 모교에서 30여 년 동안 근무할 때의 사무실이 민족시인 윤동주가 한때 거처했던 옛 기숙사 건물이었습니다. 그 건물 앞엔 "하늘을 우러러 한 점 부끄럼 없기를…."로 시작하는 그분의 서시(序詩)가 새겨진 시비가 있어 마음이 울적할 땐 찾곤 했습니다. 그러나 오늘은 반세기 동안의 추억을 가슴으로 더듬어 보며 달려가는 여행입니다. 그래서 윤동주 시 "별 헤는 밤"을 일부 개사해 회장으로서 인사에 갈음하고자 합니다.

> 계절이 지나가는 하늘에는 가을로 가득 차 있습니다. 나는 아무 걱정도 없이 가을 속의 별을 다 셀듯 합니다.
>
> (중략)
>
> 별 하나에 추억과
> 별 하나에 사랑과 별 하나에 쓸쓸함과
> 별 하나에 동경과 별 하나에 시와
> 별 하나에 친구를!

나는 별 하나마다 '대학 1학년 때 한 교실에서 공부했던 기억'과 그 후 50년간의 추억을 더듬어 동기생 이름을 불러 볼까 합니다. 아! 어떤 친구들은 별이 아스라이 멀 듯 이미 멀리 갔습니다. 그 친구들을 호명할 때 조용히 묵념해 주시기 바랍니다(이영우, 조수철, 노승철, 김용군, 장건상, 이경학 이상 6명).

다음으로 이 버스에 탄 22명의 이름을 가나다순으로 일일이 불러 보겠습니다. 〈강건, 강철준, 김갑수, 김도경, 김상해, 김종욱(미국), 김철희, 김홍근, 박주용, 손일태, 신동혁, 유동균, 윤여봉, 이지원, 장성호, 장홍범, 전태환, 정병수, 정철환, 최재현, 홍남훈, 홍성찬〉. 이들 22명에 대해서는 나름대로 이미지와 추억이 있지만 시간 관계상 오늘은 두 명만 얘기하겠습니다.

첫째는 미국에서 이 행사를 위해 특별히 온 박주용입니다. 우리 집사람과 결혼 전 데이트할 때 박주용이를 아느냐고 묻기에 졸업 때까지 옆자리에 앉아 수업한 기억도 없고 대화다운 대화를 한 적도 없었기에 "솔직히 이름과 얼굴은 알지만 잘 모른다고"고 얼버무린 적이 있는데, 주용이의 인상은 '부르주아'의 냄새를 풍겼습니다. 왜냐하면 가방 속에는 경제학 관련 책보다는 팔레트 등 그림 도구 등을 갖고 다니면서 경제학 수업에는 어쩌다 나타나곤 했기에 미대 학생인줄 착각을 할 정도였습니다. 결혼 후 알고 보니 내 아내의 바로 위 작은 처남과 고등학교 때 같은 연극반에 있었더군요.

두 번째는 홍성찬 학장에 대해서입니다. 3학년 1학기 때 필수과목의 하나가 경제학설사 기말고사 시간이었습니다. 이 과목은 내 학부 학점 중 유일한 D인데 사연이 있습니다. 당시 나는 공인회계사 시험을 준비하느라 경제학과 과목은 집중할 시간이 없었을 뿐 아니라, 어머님께서 갑자기 돌아가셨기에 울적하던 시기였습니다. 드디어 계단교실 209호실에서 시험지를 보니, 아니나 다를까 답을 쓸 수가 없었습니다. 답안지에 그냥 이름만 쓰고 시험장을 나가는 것이 내 양심에 맞고, F학점 하나쯤 갖는 것도 나쁘지 않을 것 같다는 만용으로 답안지를 백지로 남긴 채 나가려 하는데 조교가 못 나가게 하는 것이었습니다. 아니 조교는 나에게 사정을 하는 것이었습니다. "나를 봐서라도 제발 한 줄이라도 쓰고 제출하라며…." 그때 조교가 지금 연대 경제학과에서 학문적으로나 학장으로서 우리 73 경제학과의 명예를 날리고 있는 홍성찬 교수입니다. 그때 홍성찬 조교가 나의 백지 시험장을 그냥 받았더라면 F 학점이었을 테고. 그러면 제 때 졸업하지 못했을 것이고 그렇게 되면 내 인생은 어떻게 되었을까? 생각하니 지금도 어질어질합니다.

공자는 명심보감 〈교우〉 편에 "노요지마력(路遙知馬力) 일구견인심(日久見人心), 즉, 먼 길을 가봐야 그 말의 힘을 알 수 있고, 세월이 흘러야 그 사람의 마음을 알 수 있다."라고 했습니다. 반세기를 지내고 보니 우리 동기생 모두는 참 좋은 친구들입니다. 이제부터 순천 여수 통영 거제를 돌아보는 2박 3일 동안 여러분의 가슴에 좋은 추억을 많이 새기길 바랍니다. 봄이면 꽃이 피고 파란 잔디가 나듯 50년 전의 봄으로 돌아가 봅시다.

감사합니다.

6

연세대 선후배·제자들의 아름다운 백양로 이야기

국내 비영리회계의 일인자

허기태

지파이브 세무회계 파트너 회계사

정병수 박사로부터 '나와 정병수 박사 본인과의 관계'에 대한 원고청탁을 받고, 평소 우리는 여행도 하는 등 사이가 가깝다고 생각해 막상 글로 옮기려 하니 알 듯하지만 명확한 것이 많지 않았다. "우리가 언제 어디서 만났지?" 잠시 과거로 돌아가 조용히 회상해 본다. 아하! 생각이 난다. 아마 1991년이었지 싶다. 지금으로부터 어언(於焉) 30년이 넘었다. 연세대학교 경영학 석사과정을 함께하며 고생한 추억과 인연들이 아스라이 스친다. 정종암 교수의 '중급회계' 수업에서 정 박사를 처음으로 대면한 것이다. 당시 나는 중견 건설회사의 경리 책임자였고, 정박사는 공인회계사이면서도 회계법인에 근무하지 않고 연세대 재단에서 일하고 있다기에 의아한 적이 기억난다.

첫인상은 엷은 미소를 머금은 온화한 모습에서 따스한 인간미가 물씬 배어 나왔고, 그 이면에는 주머니 속 송곳(낭중지추, 囊中之錐)처럼 불시에 재능을 분출할 수 있는 영민함도 엿보였다. 고향이 비슷한 데다 투박한 사투리에 정이 넘치고 매사에 열성과 진지함으로 삶을 살아가는 모습이 인상적이었다. 이런 자세로 매진한 동창 정병수는 후에 결국 회계학 박사 학위를 받았다. 이런 인간 정 박사의 모습은 다른 지인들도 쉽게 발견할 수 있을 것이므로, 이 분야에 대해선 다른 분들에게 쓰도록 기회를 양보하고, 나는 일반인들이 잘 모를 것으로 보이는 분야 즉, 우리의 같은 전공에 관해 언급하고자 한다.

그것은 공인회계사(公認會計士)이자 회계학 박사로서 한국 회계학 발전에 공헌한 업적에 대해서 언급하고자 한다. 그렇게 하지 않으면 회계학을 전공하지 않는 사람들은 사실의 중요함에도 불구하고 모를 것이고, 회계학에 관심이 있는 많은 분에게는 폭넓은 이해가 되리라는 생각 때문이다.

첫째 정 박사의 석사학위 및 박사 학위 논문에서 제기한 '재무제표 명칭 및 계정과목의 개선 방향'에 대한 연구를 들 수 있다. 정 박사의 석·박사 연구논문에서 제기한 문제점과 개선 방안의 실증 검증 결과를 토대로 현재의 한국기업회계기준에 반영된 내용을 요약하면 아래와 같다.

일본식 회계용어를 무조건 도입하였던 우리나라 과거의 회계용어 폐해를 줄이고 이해를 높이기 위하여 대차대조표(貸借對照表: 대차를 어떻게 대조한다는 것인지 모호한 표현)를 현재의 재무상태표(財務狀態表: 특정 시점의 재무 상태인 자산과 부채 및 자본 상태를 명료하게 표현)로 변경하는 데 일조하였으며, 손익계산서(損益計算

書: 손실과 이익을 계산한다는 의미의 손실이 포함된 부정적 표현)는 이익계산서(利益計算書: 계속기업을 가정한 이익계산을 명료하게 표현)로 변경하는 게 표(表)의 속성을 이해하는 데 중요한 과제임을 제기하였다. 이는 현재까지 회계학계의 뜨거운 논쟁거리이나, 머지않은 장래에 반드시 반영되리라 본다.

세부적으로 계정과목의 변경이 필요한 부분에서는 과거의 감가상각충당금(減價償却充當金: 감가상각을 어떻게 충당한다는 것인지 모호한 표현)이라는 용어를 현재의 감가상각누계액(減價償却累計額: 특정 시점까지의 감가상각비 누계액으로 명료하게 표현)으로, 퇴직급여충당금(退職給與充當金: 퇴직급여를 어디에 충당을 하였는지에 대해 모호한 표현)을 현재의 퇴직급여 충당부채(退職給與充當負債: 특정 시점의 퇴직급여로 지급할 충당부채로 명료하게 표현) 용어로 한국기업회계기준의 용어를 변경하게 된 계기를 들 수가 있다.

특히, 회계학에 입문하는 학생들이 배우게 되는 거래의 요소들을 분개할 때 사용하는 차변(借邊: '빌린다'라는 뜻의 부채를 차변에 기록, Debit)과 대변(貸邊: '빌려준다'라는 뜻의 채권, Credit)은 회계를 가르치는 선생도 때때로 혼란스러울 정도이다. 대부분 일반상거래에서는 차변과 대변이 가지는 속성이 아무런 의미도 없는데도 관습적으로 사용해 오고 있는데도 한자어에서 파생되는 선입견으로 오늘날까지 그 폐해가 지속되고 있는바, 회계학을 배울 때 누구나 한 번쯤 의문을 가졌으리라 본다.

이에 대한 해결책으로 정 박사는 석·박사학위 논문에서 차변을 좌변(左邊: 왼쪽에 기록), 대변을 우변(右邊: 오른쪽에 기록)으로 명칭을 변경하자고 의견 제시를 했다. 현재까지 회계학계에서 무수히 많은 토론과 연구를 거치면서 정 박사의 문제 제기가 점차 설득력을 발휘하여 점진적인 방향으로 개선하고 있는 것으로 알고 있어 매우 고무적인 현상이 아닐 수 없다. 사전적 의미를 보더라도 좌변(左邊)은 한자의 왼 좌(左)는 열십(十: 많다는 뜻)과 장인 공(工: 만들다 뜻)이 합쳐진 형성자에 해당하므로, 이는 여러 번 장인의 손을 거쳐 만들어진 재고자산과 유형자산, 그 결과물로 회수한 예금 등이 '좌변'에 위치한다고 하는 의미로 해석되며, 우변(右邊)은 한자의 오른 우((右)는 열십(十: 많다는 뜻)과 입구(口: 자본 등이 들어온다는 뜻)가 합쳐진 형성자에 해당하므로, 이는 여러 번 외부에서 돈을 차입 또는 자기자본·매출금 등이 들어오므로 '우변'에 위치한다는 의미로 해석되는 의미가 심오하다.

둘째, 회계 분야의 동반자로서 가까이서 본 정 박사가 걸어온 길을 축약하자면, 처음 접했던 낭중지추(囊中之錐)의 모습 그대로 일생을 쉼 없이 '영리 회계'는 물론이고, 남들이 관심을 보이지 않는 비영리회계에 젊음을 바쳤다고 할 수 있다. 사립학교 회계, 사회복지법인회계, 병원 회계, 장학법인회계 등 비영리재단법인 회계와 각종 사단법인 회계 등 특수회계 분야에서 무수한 전문 서적의 집필과 대학에서의 회계학 강의로 자타가 공인하는 국내 비영리회계의 일인자(一人者)라는 찬란한 금자탑을 쌓은 분이다.

또한 후학들에게 '오호로의 시수지건(嗚呼老矣 是誰之愆)' 즉, 학문정진을 게을리하여 "아~ 늙었구나 탄식하며, 이 누구의 허물인가?"라고 하지 않도록 경종을 울리며, 그 자신이 '소년이노학난성 일촌광음불가경(少年易老學難成 一寸光陰不可輕)'의 권학문을 몸소 실천한 분이다.

셋째, 정 박사는 公私로 바쁜 중에도 작고하신 은사 고(故) 송자 연세대 총장님이 잠드신 남한강 공원 묘소에도 참배를 잊지 않고 스승님의 은혜를 기리시는 수제자(首弟者)의 면모를 실천하고 있다. 이러한 인자(仁者)의 모습을 가까이서 지켜보면서 나는 인생의 큰 가르침으로 삼고 있다. 또 "노요지마력 일구견인심 (路遥知馬力, 日久見人心)"이란 말이 있다. 길이 멀면 말의 힘을 알게 되고, 세월이 오래되어야 그 사람의 眞面目이 드러난다는 뜻이다. "사람은 겪어봐야 안다"라는 말이기도 하다. 그런 면에서 보면 정 박사는 30년이 넘도록 한결같은 사람이다.

정 박사는 앞으로도 회계학에 대한 변함없는 애정과 열정으로 회계학의 발전과 후학들의 인생 성찰에 길라잡이가 되어주시길 진심으로 바라며, 당신의 고희기념 문집에 글을 올리게 되어 영광스럽게 생각합니다.

연세대 큰 별

고봉훈
前 LH공사 경기도 본부장

저는 월남전에 해병대 소대장으로 병역의무를 다하고 난 후, 국영기업체인 LH공사(한국토지주택공사)에 공채로 입사하였습니다. 그 후 직급이 1급으로 되어, 회사의 재개발 업무를 맡고 있을 때였습니다. 입사한 지 20여 년이 흘렀습니다. 어느 날 지나간 세월을 조용히 생각하니 특별히 공부한 것이 없다고 느꼈습니다. 주위를 돌아보니 집안 친동생 둘이 안암동 대학에서 석사학위를 받았고, 집사람은 신촌 이화여대에서 석사학위를 받았는데 저 혼자만 석사학위가 없었던 것을 깨달았습니다, 그러자 심경의 변화가 일어났습니다.

당시 직장 다니면서 제 전공인 경영학을 살릴 수 있는 경영대학원이 있는 대학을 알아본 결과, 관악산 서울대에는 2부(야간대학)가 없었지만, 신촌의 연대와 안암동의 고려대에는 경영대학원을 운영하고 있었다는 것을 확인했었습니다. 연세대와 고려대 중 어느 대학으로 지원할지 잠시 고민이 되었습니다. 그러나 전통적으로 시중에 명성이 높은 연세대학교 상경대학에 지원하기로 했었습니다. 지원하긴 했지만, 지천명(知天命) 50세 늦은 나이에 과연 합격할 수 있을까 걱정이 되었습니다. 경쟁률이 무려 6.5:1이었습니다. 합격 발표가 있던 날, 나에게 천운이 내렸는지 다행히 합격하였습니다. 늦은 나이에 대학원을 다니는 것이라 '모든 것이 녹록하지 않을 것'이라 각오하고, 첫 등교를 하였습니다. 학생으로서 파악할 여러 가지 사항이 많았습니다. 약 1주일이 되었던 것 같습니다. "원우회 회장을 선임해야 한다"라는 것이 공지되었고 나는 운 좋게도 원우회 회장에 선임되었습니다.

입학하자마자 100여 명 대학원생 회장 선임에서 본의 아니게 소생이 선임되었습니다. 훌륭한 인적자원이 많은데도 불구하고 본인이 선임된 것은 "대학원생을 위해 열심히 봉사하며 모든 대학원 동기생이 함께 무사히 학업에 매진하라"라는 뜻으로 받아들이고 저 나름대로 노력했습니다. 이렇게 하여 대학원 동기생 한분 한분 인연을 길게 맺어 서로 격려하며 대학원 생활은 시작되었습니다. 인적자원은 당시 서울대 출신, 본교 출신이 주류를 이루고 공인회계사도 다수 있어 우리나라 엘리트층으로 이루어져 있었습니다. 이렇게 훌륭한 대학원 동기 중 특별히 눈에 돋보이는 동기생이 있었으니 정병수 공인회계사가 있었습니다. 정 공인회계사는 연세대 상경계를 나와 한국 최고의 대기업에 내정된 상태인데, 당시 考試에 상당하는 어려운 공인회계사에 합격, 모교에 남아 있어 내심으로는 좀 의아한 생각이 들기도 하였습니다. 아마 큰 뜻이 있으리라 생각하기도 하였습니다.

그동안 우리 대학원 동기생들은 세계적으로 유일한 연세대 경영대학원 '고등학교'에 다니고 있었어요. 수업 시간 1교시 120분 1초의 여유도 없이 공부하였음을 기억하실 것입니다. 어느 학생은 방석을 의자에 깔고 버티고 공부하였지요. 출석은 과감히 불러 꼼짝할 수 없고 훌륭한 교수님의 열과 성의에 우리는 함께 했습니다. 이런 과정에서 정병수 동기생은 수업이 끝나고 뒤풀이를 쏘았지요. 그때마다 사기를 올려 다른 대학원 기수들이 통상 약 반도 안 된 수가 졸업하는데 어떻게 하여 우리는 적어도 3분의 2 이상 졸업하도록 독려했습니다. 고비마다, 어려움이 있을 때마다 서로 격려하여 각 기수의 타 졸업생보다 우리 기수 대학원 동기들이 제일 많은 수가 졸업을 하게 되었습니다.

정병수 동기생은 우리 대학원 동기생 그리고 연세대 모교에 대한 애교심으로 초지일관 전심전력하신 모습은 모두에게 본보기가 되었습니다. 그 후 우리는 대학원을 졸업하고 실력을 쌓아 서로 응원하며 긍지를 가지고 각자 열심히 사회생활에 임했습니다. 졸업 후에도 정병수 동기생은 우리 대학원 동기생에 대한 애정이 지속되었습니다. 당시 대학원 동기생은 귀중한 앨범을 제작·배포하였고 인생을 살아가면서 '어려울 때 외로울 때' 위로받을 수 있도록 "그대 그런 사람을 가졌는가?"라는 名詩를 제공하였다. 어느 동기생은 행사 후 다정한 표정으로 다가와 "오늘 회장님께서 저녁 경비를 내시겠습니까?"라는 얘기도 했고, 등산이 끝난 이후에는 기꺼이 "그리하고 말고요"라고 응답했습니다. 그때 저는 오히려 고맙게 생각했어요. 동기생에 대한 애정은 물론 소생에게도 그만큼 신뢰할 수 있는 남다른 애정이 있다는 것을 느껴서요.

제가 지켜본 정병수 박사는 꾸준히 자기 관리하여 공인회계사 직분을 최고로 발휘하여 모교 연세대 내외 막중한 행정 및 회계 감사 등 업무에 탁월한 노력으로 사학재단에서 연세대 부총장급 소임까지 맡게 되었습니다. 이렇게 된 배경에는 정병수 박사의 저력을 키운 삶의 원천을 재발견하게 되었습니다.

정박사는 경남 합천, 버스도 없는 산골 마을 농촌에서 태어나 시골의 향수 어린 내 고향 정자나무 숲 생활에서 인생관이 정립된 것으로 그에게는 아름다운 시골 전원 삶을 느낄 수 있었습니다. 그는 신세대처럼 유행에 민감하지 않고 식성도 까다롭지 않으며 마음은 소박합니다. 세련된 옷을 입을 줄 모르며, 먹는 것도 소탈합니다. 성격은 우직하고 착하여 옳다고 생각하면 강하게 밀고 나갑니다. 또 가사는 외우지 못하지만, 팝송을 듣기는 좋아하는 것 같습니다.

사회적으로 교육부의 사학분쟁조정위원 등 한국 공인회계사 감사 인증기준 위원 등으로 봉사하였고 기타 여러 사단법인과 재단법인의 감사와 이사로 봉사하고 있습니다. 저서로는 '사립대학의 회계', '대학 경영', '생활 회계' 등이며 정병수 박사는 '내 고향 정자나무 숲'으로 '한국수필'에 등단하여 지금 수필가로도 활동하고 있습니다. 소생 역시 시인으로 활동하고 있어 정병수 박사가 문인으로서 훌륭한 업적을 쌓아 일취월장 발전하시길 기원합니다.

일단 정병수 박사에 내재하여 있는 성품은 정직, 성실, 소박, 결단력, 인내력입니다. 따라서 정박사의 자화상은 '멋쟁이 시골 신사'로 부르고 싶습니다.

정병수 박사님과 함께한 이야기

송기재
와이즈 케이 컨설팅 대표

정병수 박사님과는 연세대학교 경영전문대학원 경영 석사과정(52기)을 1992년 8월에 졸업한 후 2008년부터 2010년까지 동기회 모임을 함께 운영하면서 가깝게 지냈다. 정 박사님은 회장이셨고, 나는 총무를 맡았다. 당시 정병수 박사님은 연세대 재단 본부장을 맡고 계셨고, 나의 직장은 경복궁역 쪽이었는데 연세대학교와는 멀지 않은 거리여서 가끔 만나서 모임의 운영을 함께 논의하곤 했었다. 회장으로서 세심하게 챙겨 주시고 뛰어난 리더십 덕분에 송년회 행사나 봄나들이/산행 등의 모든 행사가 잘 운영되었다.

정 박사님은 동기 모임을 하는 동안 동기들의 경조사를 잘 챙기셨고, 행사 때마다 푸짐한 찬조를 통해 넉넉한 마음을 표현하셨으며, 임기를 마무리할 때 동기들의 앨범을 제작하여 우정을 다졌습니다. 임기 후에도 명예회장으로서 다음 해 춘천의 중도 봄나들이를 적극적으로 지원하는 등 지속적인 지원을 아끼지 않으셨다.

다음은 정 박사님이 회장을 맡은 동기 모임의 내용이다.

- 2008년 봄 모임, 2008. 4. 22. 중식당 공리(교대전철역 부근), 22명 참석, 김기영 교수님 강의
- 2008년 송년회, 2008. 11. 21. 공리, 25명 참석(김태현 경영대학원 원장님 강의 외)
- 2009년 여름 모임, 2009. 8. 10. 북악산 등산, 13명 참가
- 2009년 송년회, 2009. 11. 26. 공리, 13명 참석
- 2010년 봄 모임, 2010. 4. 10. 연세 인천장수농장 방문, 소래산 산행, 송도 연세국제캠퍼스 방문, 11명 참가
- 2010년 송년회, 2010. 11. 19. 공리, 22명 참석, 신임회장 박중권, 명예회장 정병수 선임, 정병수 전임회장에게 감사패 전달

위와 같은 정 박사님의 헌신적인 동기회 운영에 대해 동기회에서는 정 박사님께 감사패를 드렸는데, 그 내용은 다음과 같다.

> 귀하께서는 2008년부터 2010년까지 연세대학교 경영전문대학원 경영 석사 52기 동기회의 회장으로 재임 시 헌신적인 노력으로 동기회의 발전에 크게 공헌하였으므로 감사의 뜻으로 이 패를 드립니다.
>
> 연세대학교 경영전문대학원 경영 석사 52기 동기 일동

정 박사님과 함께하면서 개인적으로 특히 감사하게 생각하는 것 중의 하나는 2011년 여름 나의 어머니께서 돌아가셨을 때 정 박사님의 도움으로 세브란스병원 장례식장을 사용하는 데 안내를 잘해주신 점이다. 덕분에 장례를 잘 치를 수 있었기에 그 고마움을 지금도 잊지 못하고 있다.

그리고 하나 더 있는데, 작년 초 나는 그동안의 글로벌 물류회사 CFO를 은퇴하고 새로운 일을 하게 되었는데, 사업번창을 기원하는 축하 蘭을 보내주신 것이다. 이런저런 이유로 한동안 정 박사님과 연락을 자주 하지 않고 지내 온 상황인데도 정 박사님이 제게 많은 배려를 해주신 것이다. 그 축하 난이 아직 나의 사무실에서 정 박사님의 고마운 마음을 전해주고 있다.

겸손하시고 진솔하시고 세심하시고 지혜로우신 정 박사님께서 주위 사람들에게 오래오래 좋은 영향을 끼쳐 주시길 바라며, 항상 건강하시길 바랍니다.

백향 정병수 박사의 칠순 기념 문집 발간에 즈음하여

김영희
제원기업 유한회사 대표이사

저 김영희는 2009년 하반기 연세대학교 언론홍보대학원 제28기 언론홍보 최고위 과정을 수학하면서 백향 정병수 박사를 알게 되었고 벌써 14년이란 세월을 함께하고 있습니다. 당시 함께 수학한 학우들이 38명으로 기업가, 법조인, 교육계, 의료인, 언론인, 정치인, 방송인, 공무원 등등 다양한 분야에서 직업을 가진 사람들로 구성되어 있어 사회인으로서 폭넓은 유대관계를 가질 수 있었습니다.

그중에서도 백향 정병수 동기는 학업 활동에도 적극적이며 특히 야간에 수업을 마치고 늦은 시간에도 동기들과 유대관계를 형성하기 위하여 2차 미팅 장소에 적극적으로 참여하는 등 높은 참여 의식으로 친화력을 발휘하였고, 학문적 성과를 성취하는데 모범을 보이는 등 매사에 자신의 역량을 마음껏 나타내는 실력을 겸비한 동문으로 주변 많은 동문이 항상 함께 하고자 하는 사람으로 느끼는 바입니다.

나의 멘티이자 멘토인 정병수 박사

김태향
대학 선배

정병수 박사가 칠순을 맞아 기념 문집을 발간한다고 나에게 본인에 관한 글을 써달라고 부탁을 해왔다. 글재주가 없어 잠시 망설이다 정박사와 필자와의 오랜 친분을 생각할 때 차마 거절하지 못하고 승낙해버렸다. 무엇을 쓸까 잠시 고민하다 내가 정박사에 대해서 어떻게 생각하고 있는지 나의 마음을 글로 전달해야겠다는 생각이 들었다.

정박사를 처음 만난 때부터 지금까지의 긴 시간을 되돌아볼 때, 정박사는 나의 멘티(mentee)이자 멘토(mentor)라고 말할 수 있을 것 같다. 정박사와 내가 처음 만난 초창기에는 대학 선배이면서 회계사 선배인 내가 정박사의 멘토로 역할을 감당했었다. 그러나 학문의 길에서는 정박사가 나의 멘토로 역할을 감당해왔다.

선배 회계사로서의 정박사에 대한 나의 멘토링

내가 정병수 박사를 처음 만난 것은 지금으로부터 43년 전인 1980년 10월이었다. 나는 당시 Big 8(국제적인 회계법인)의 하나인 Price Waterhouse의 한국 회원사인 세화 회계법인의 Senior

Accountant(선임 회계사)로 일하고 있었고 정박사는 신입 회계사로 입사한 새내기 회계사였다.

당시의 회계법인들에 소속된 공인회계사 수는 그다지 많지 않았는데, 'Big 8' 중 가장 소규모였던 세화 회계법인에 소속된 공인회계사는 미처 30명도 되지 않았던 것으로 기억된다. 당시 세화 회계법인은 감사본부와 세무 본부가 있었는데, 정박사는 본인이 자원하여 세무 본부에 소속되었었다. 새내기 회계사 중에 세무 본부를 지원한 것은 정박사(지금부터 정 회계사) 한 사람뿐이었다.

정 회계사가 나와 가까워지게 된 계기는 정 회계사의 전문직업인으로서의 '일 욕심'에서 비롯되었다. 공인회계사의 가장 주된 업무는 회계감사 업무인데 본인이 세무 본부에 소속되다 보니 회계감사 업무를 배울 기회가 없어 아마도 초조했던 것 같았다. 하루는 대학 선배인 나에게 와서 회계감사 업무를 가르쳐 달라는 것이었다. 회계감사 업무를 배우려면 회계감사 실무를 해야만 하는데 세무 본부 소속 회계사를 감사본부 업무에 배치한다는 것은 내 권한 밖이었다. 회계법인 안에서 감사본부와 세무본부 상급자들의 승인이 있어야만 하였다. 당시 'Big 8'의 업무평가시스템은 매우 엄격하였다. 정 회계사가 수행한 업무는 Senior Accountant인 내가 책임져야 하고 내가 수행한 업무는 나의 상급자인 Manager 회계사가 책임져야 하였다. 그런데 Manager 회계사에 대한 평가는 당시 일본 동경에 주재하고 있었던 Price

Waterhouse의 Partner에 의하여 실시되었다. 그러다 보니 나와 대학 동기였던 Manager 회계사는 "정 회계사가 일을 망치면 어떻게 하려고 하느냐? 일이 잘못되면 당신이 책임지라"라면서 철저히 감독할 것을 신신당부하였다.

당시 세화 회계법인은 태평로 삼성본관빌딩 12층에 소재하고 있었는데 정 회계사와 내가 회계감사 업무를 수행할 회사는 남대문로 KAL 빌딩에 소재하고 있던 ○○해운이라는 회사였다. 새내기 회계사를 데리고 고객 회사에 가서 회계감사 업무를 수행하는 것은 쉬운 일이 아니었다. 어린애를 물가에 내놓는 것과 다름없어 늘 불안하였다. 하지만 정 회계사는 정말 열심히 일하였다. 정 회계사에 대한 나의 첫 번째 평가는 정말 성실한 사람이라는 것이었다. 정 회계사를 알게 된 후 지난 43년을 뒤돌아볼 때, 정 회계사에 대한 나의 평가는 틀리지 않은 것 같다.

어쨌든 현장에서의 업무를 마치고 회계법인에 돌아와서 정 회계사가 한 업무를 검토하다 보니 Review Note(상급자가 잘못된 것을 지적하거나 follow-up을 요구하는 사항)이 무척 많았다. 보통의 회계사들은 상급자가 Review Note를 작성해 주면 그것을 'follow-up'해 상급자에게 제출한다. 그리고 대부분 회계사의 경우 아주 가까운 관계가 아니면 상급자에게 Review Note의 내용을 직접 물어보거나 자기의 의견을 강하게 주장하지 않는다. 그런데 정 회계사는 나에게 혼나면서도 '귀찮을 정도로' 감사 조서를 들고 와서 자기에게 가르침을 달라는 것이었다. 시시콜콜한 것까지 물어보고 자기의 생각도 끝까지 주장하는 것이었다. 그런 정 회계사의 태도가 싫지 않았던 나는 작심하고 정 회계사를 매섭게 다루었다.

경상도 사나이인 정 회계사의 목소리도 큰 데다 나의 목소리도 상당히 큰 편이라 일과가 끝난 시간이었지만 사무실이 무척 시끄러웠던 모양이었다. 고등학교와 대학 선배였던 회계법인의 높은 위치에 있던 회계사가 나를 조용히 불렀다. “당신은 정 회계사가 대들면 어떻게 하려고 그렇게 큰 소리로 야단을 치느냐”는 것이었다. “본인이 그렇게 요구했으니 걱정하지 마십시오”라고 답할 정도였다. 이처럼 정 회계사가 나와 함께 한 첫 번째 시행한 회계감사 실습은 정 회계사에겐 매우 힘겨웠다.

그렇게 혼이 났으면 다시는 나에게서 회계감사 업무를 배우겠다고 하지 않을 텐데 정 회계사는 다시 한번 자기를 다른 고객 회사에 데리고 나가 달라는 것이었다. 그래서 다음에는 외국 기업의 한국지사에 대한 회계감사 업무에 정 회계사를 데리고 나갔다. 지사(branch)이기 때문에 재무제표가 매우 간단했다. 그러나 어쨌든 하나의 회계단위이기 때문에 감사 절차를 수행하는 것은 정 회계사가 이전에 나와 함께 수행했던 회계감사 업무 때 수행되었던 대부분의 감사 절차를 수행하여야만 했었다. 그러기에 회계감사 업무의 전체적인 윤곽을 익히기에는 아주 좋은 기회일 수 있었다. 내가 정 회계사와 함께 고객 회사에 나갔지만, 지난번과는 달리 이번에는 정 회계사가 모든 감사 절차를 수행하도록 조치하였다. 특전사 요원을 적진에 낙하산으로 투하시키는 경우와 비슷한 과감한 조치였다.

이 회계감사 업무는 새내기 회계사인 정 회계사가 경험한 세 번째 회계감사 업무였다. 그런데도 정 회계사는 기꺼이 하겠다는 것이었다. 아무리 조그만 회사라도 정 회계사처럼 경험이 부족한 회계사에게 전적으로 모든 감사업무를 맡기는 것은 고객 회사에 실례가 될 수 있는 일이었다. 하지만 내가 그와 같이 과감한 조치를 단행할 수 있었던 것은 그 회사의 지사장이 나와 대학 동기였기 때문이었다. 나는 지사장에게 "우리 대학 후배이니까 잘 이해해 달라"고 부탁하고는 바로 회계법인으로 돌아왔다. 정 회계사는 혼자서 회계감사 업무를 마치고 회계법인으로 돌아왔다. 내가 잘 마쳤냐고 물으니 "잘 마쳤다"라면서 자신 있게 대답하는 것이었다.

나의 매서운 review(감사 조서 검토)가 시작되었다. 정 회계사가 수행한 업무는 내가 기대했던 것보다는 제법 만족스럽게 수행되었었다. 그러나 정 회계사는 반드시 실시해야 하는 필수적 감사절차를 수행하지 않았던 것으로 생각된다. 아무튼 나는 정 회계사에게 다시 그 회사에 가서 감사 절차를 수행하고 오라고 지시하였다. 회계감사 업무를 마치고 철수하고 난 후에 본인의 업무가 미진하여 다시 고객 회사에 가서 양해를 구하고 추가적인 감사 절차를 수행하는 것은 회계사로서는 정말 창피한 일이었다. 그런데도 정 회계사는 묵묵히 고객 회사에 다시 가서 업무를 마무리 짓고 돌아왔다. 정 회계사에게 그런 부끄러움을 느끼게 하는 것이 마음이 편치 않았지만, 내가 정 회계사에게 그런 엄격한 조치를 했던 것은 정 회계사를 훌륭한 감사인으로 훈련해 내기 위한 고육지책이었다.

나와 함께 두 개 회사의 회계감사 업무를 수행한 이후 정 회계사가 세화 회계법인에서 회계감사 업무를 수행해 보았는지는 기억이 잘 나지 않는다. 나와 2회에 걸쳐 회계감사 업무를 수행하면서 나와 가까워진 정 회계사는 외부감사법이 시행되기 시작하면서 우리나라 공인회계사들의 대이동이 있었던 1982년에 내가 세화 회계법인을 떠나 신설 회계법인으로 적을 옮길 때, 나를 따라 신설 회계법인에 합류하였다. 그 회계법인에서 정박사와 나는 한 감사팀의 팀원으로서 3~4년간 함께 일하였다. 이후 1985년에 정박사가 그 회계법인을 떠나 연세대학교 재단에서 일하게 되면서 정박사에 대한 나의 멘토로서 역할은 막을 내렸다. 지금에 와서 돌이켜 볼 때, 선배 회계사로서 정박사에 대한 나의 멘토로서 역할은 그다지 훌륭하지 못했다고 생각한다. 특별히 정박사로 하여금 세화 회계법인을 떠나게 한 것은 그다지 훌륭한 멘토가 아니었다는 후회를 한다.

학문의 길에 있어 나의 멘토가 된 정박사

1999년 1월 정박사는 나에게 자신의 박사 학위 축하연에 와 축사를 해달라고 요청했다. 당연히 나는 거절하였다. 박사 학위 취득을 축하하는 자리인데 학사 학위밖에 지니고 있지 않고 거기에 더하여 사회 저명인사도 아닌 내가 축사를 한다는 것은 정말 격에 맞지 않다고 생각했다. 그래도 정박사는 막무가내였다. 자신의 고향인 경남 합천에서도 축하객들이 오니 자신을 잘 아는 내가 꼭 축사를 읽어주었으면 한다는 것이었다. 내가 정박사에 대해서 해준 것은 별로 없고 도움만 받고 있는데 정박사가 나를 그렇게 가깝게 생각해 준다는 것이 고마워서 분에 넘치는 자리에 나서 축사를 하게 되었다.

나는 정박사가 박사학위를 취득했던 바로 그 해인 1999년에 서울대학교에서 경영학 석사학위를 취득하였다. 내 나이가 거의 50이 다 되어갈 때 정말 뒤늦게 석사학위를 취득하게 되었는데, 내가 그 학위를 취득하도록 결정적인 역할을 한 사람이 바로 정박사였다. 정박사의 이러한 역할이 정박사를 나의 학문의 길에 있어 멘토라고 말하는 이유이다. 내가 서울대학교 대학원에 입학한 것도 순전히 정박사 때문이었다. 서울대학교 대학원에 들어가서 공부한다는 것을 전혀 생각하지 않고 연세대학교 경영대학원에서 석사과정을 밟으려고 생각하고 있던 나를 서울대학교 대학원에서 공부하도록 권유한 것은 정박사였다.

정박사의 강력한 권유로 서울대학교 대학원에서 1983~84까지 석사과정을 수료하였으나 나는 매우 까다로운 지도교수를 만나 석사학위를 취득하지 못하였다. 그러다가 서울대학교가 석사과정을 수료하였으나 학위논문을 쓰지 못한 나와 같은 학생들을

1996~99년까지 4년간에 걸쳐 한시적으로 구제하는 규정을 제정하였다. 나는 당연히 주어진 기회를 활용하여 석사학위를 취득해야겠다고 생각하고 학교를 찾았다. 그런데 논문자격시험 중 경영학 시험을 다시 치러야 하는데, 당시의 출제 문제들을 보니 내가 대학원에서 공부할 때의 문제들과는 전혀 다른 것이었다. 경영학의 발전 속도가 매우 빠른 것이 주된 이유였다. 그래서 나는 논문자격시험 지원 최종 마감일인 1998년 12월 31일까지 지원하지 않음으로써 나에게 모처럼 주어진 석사학위 취득 기회를 포기하였다.

포기한 직후 정박사 박사 학위 축하연에서 축사를 읽게 된 나는 자연스럽게 정박사와 나를 비교하게 되었다. 정박사는 이렇게 박사 학위까지 취득하게 되었는데 나는 석사학위도 취득하지 못했으니 새삼 내가 초라하게 느껴졌다. 나는 정박사와 만나 논문자격시험이 어려워서 나에게 주어진 모처럼의 기회를 포기했다고 말하였다. 그 얘기를 들은 정박사는 답답하다면서 "선배님 실력 정도면 충분히 논문자격시험에 붙을 수 있다"라면서 도전해보라는 것이었다. 그래서 나는 "이미 마감이 되어 끝났다"라고 말했더니 "학교에 찾아가서 사정해 보라"는 것이었다. 정박사의 강력한 권고를 받아들여 나는 학교에 가서 사정했고 신기하게도 나에게 논문자격시험 응시 기회가 주어졌다. 그리고 40여 일 후에 실시된 논문자격시험을 기적적으로 합격하고 힘든 학위논문 작성 과정을 거쳐 1999년 1학기에 석사학위 논문이 통과되어 드디어 '정부 회계제도'를 주제로 서울대학교에서 경영학 석사학위를 취득하게 되었다.

정말 정박사의 멘토가 없었다면 불가능한 일이었다. 이 경영학 석사학위논문을 기반으로 하여 나는 23년 후인 2022년에 '북한의 회계제도'를 주제로 숭실대학교에서 「기독교통일지도자학」 박사 학위를 취득하게 된다. 내가 학문의 길을 걸어가는 데 있어 정박사를 나의 멘토라고 말하는 이유는 그가 나보다 먼저 그 길을 가면서 등대같이 나를 인도해 주었다는 점과 내가 포기했을 때 나에게 힘을 주어 그 길을 끝까지 가게 했다는 점이다.

상대방의 멘토가 되어 함께 걸어가는 인생길

정박사가 초임 회계사의 길을 걸어가는 동안 잠시나마 내가 정박사의 멘토가 되어 그가 걸어가는 길을 인도해 주었다. 그러나 학문의 길을 걸어가는 데서는 정박사가 나의 멘토가 되어 나를 인도해 주었다. 정박사와 나는 1980년에 만나 1985년에 정박사가 연세대학교로 직장을 옮기면서 회계사로서 각자의 길을 걸어왔지만, 항상 서로 돕고 이끌어 주면서 인생길을 걸어왔다. 서로 도움을 줬다기보다는 사실 내가 정박사로부터 더 많은 도움을 받았다. 그러다가 내가 2006년부터 공인회계사 업무를 접고 선교사의 길을 가면서부터 두 사람의 관계가 소원해졌다. 그러다가 내가 선교지에서 돌아와 2000년부터 숭실대학교에서 박사학위 과정을 공부하면서 정박사는 또다시 나의 멘토가 되었다.

이같이 정박사와 나는 상대방의 멘토가 되어 인생길을 걸어왔던 것 같다. 내가 나이로는 형이고 대학의 선배이지만 내가 정박사의 멘토가 된 경우보다는 오히려 정박사가 나의 멘토가 된 경우가 더 많았던 것 같다. 무엇보다도 정박사가 나에게 많은 도전을 심어주고 멘토 해준 것은 정박사의 저서들이다. 나는 70이 넘도록 석사학위 논문과 박사학위 논문 외에 회계학원에서 학생들을 가르치기 위하여 저술한 경영학 문제집과 선교사 업무를 수행하면서 학생들을 가르치기 위하여 저술한「구약 개론」외에 출판사를 통해서 발행된 저서는 한 권도 남기지 못했다. 내 주변에 많은 사람이 저술한 책들은 나에게 도전이 되지 않는데 유독 정박사의 저서만은 나에게 도전을 주고 있다. 왜 그런지 모르겠다. 더군다나 고희를 맞이하여 문집을 낸다고 하니 나도 분발해야겠다는 생각이 번쩍 든다.

사실 나는 지금으로부터 4년 전 한 작은 교회에서 '스가랴서 강해 설교'를 할 수 있었다. 강해 설교를 마치고는 '스가랴서 설교집'을 출간하려 마음을 먹었었다. 그러나 나 같이 초년의 목사가 건방지게 무슨 설교집을 발행하냐는 생각이 들어 아직 출간할 엄두도 내지 못하고 있었다. 그런데 이 글을 쓰면서 다시 한번 출간을 생각해 봐야겠다는 생각이 든다. 이 또한 정박사가 나를 멘토하고 있는 것이다.

정박사와 나는 1980년에 대학 선후배로 처음 만나 상호 멘토를 통해 40여 년을 보냈고 25여 년은 같은 공인회계사로서 함께 길을 걸어왔다. 그리고 내가 2006년부터 선교사의 길을 가면서는 15년이라는 상당히 긴 시간 동안은 따로 각자의 길을 걸어왔다. 그런데도 항상 서로를 지켜보면서 그리고 서로에게 영향을 주면서 사랑의 관계를 이어왔다. 이제 정박사와 나, 두 사람 모두 인생의 마지막 결승점을 바라보면서 마지막 경주를 달릴 지점에 와 있다. 서로 사랑의 끈을 놓지 말고 서로의 연약한 부분을 채워주고 멘토하며 마지막 경주를 힘써 달려갔으면 좋겠다는 바람이 나에게 있다.

마지막으로 고희를 맞은 정박사를 위하여 하나님께 기도드리면서 이 글을 맺고자 한다. “하나님 아버지 나의 사랑하는 정박사를 70년간 지켜주시고 모교인 연세대학교 발전에 큰 역할을 감당하게 해주셔서 감사합니다. 사랑하는 정박사와 사모님 그리고 두 아드님의 가정 위에 하나님께서 부어주시는 은혜와 평강이 늘 풍성하기를 간절히 기도드립니다. 무엇보다도 정박사의 아픈 허리를 빨리 치유해 주시고 정박사가 남은 생애 동안 하나님께서 정박사를 통하여 이루시고자 하는 모든 일을 충성되게 이루어 내게 힘주시고 이끌어주옵소서. 그리하여 하나님 앞에 섰을 때 ‘착하고 충성된 종’이라고 칭찬받을 수 있게 하옵소서. 존귀하신 예수님의 이름으로 간절히 기도드립니다. 아멘.”

부귀보다 봉사를 택한 삶

김홍기
경현재 후배

제가 정병수 선배님을 뵙게 된 것은 대학교 2학년 때 경현재에서 공인회계사 시험공부를 하면서부터입니다. 당시 연대는 자유로운 학풍의 영향으로 경쟁대학과 비교해 사법고시나 행정고시 같은 국가고시에서 매우 부진한 실적을 내고 있어 사법고시의 경우는 심지어 한 명도 합격자를 배출하지 못하는 해도 있었습니다. 이러한 상황은 상경대도 마찬가지로 상경계의 고시라 할 수 있는 공인회계사 시험(당시는 소수 인원 선발로 행정고시보다 어려웠음)에서 서울대, 심지어는 고려대와 비교하여서도 저조한 실정이었고, 이는 연세 상경대학인의 자존심을 몹시 상하게 하였습니다.

이에 몇몇 뜻있는 학생들이 주축이 되어 학교 측에 강력히 요구하여 어렵게 상경대 1층에 고시 준비생들을 위한 도서실을 만들었고 이를 '경현재'라 명명하게 되었던 것입니다. 처음으로 경현재 기틀을 세우고 학습 분위기를 조성하며 유명 강사를 초청하여 특강을 하는 등 공인회계사 배출의 요람으로 키워내신 분 중 하나가 바로 정병수 선배님입니다. 처음 만난 순간 억센 경상도 사투리에 강렬한 눈빛, 강단 있는 말투 등으로 한 눈에도 범상치 않은 '리더의 資質'을 가지고 있는 분이라는 인상이 들었습니다.

정 선배님의 카리스마 넘치는 인상으로 처음에는 다소 대하기 어려운 느낌이 들었지만, 가까이 지낼수록 반듯하고 상대방을 배려하는 따뜻한 마음을 가진 분이라는 것을 알게 됐습니다. 아마도 정 선배님이 본인의 저서에서 여러 번 언급한 '촌놈' 기질이 아닌가 봅니다. 정 선배님 등 여러분의 헌신적인 노력에 더해 때마침 미국에서 평생이 보장된 종신 교수직을 마다하고 송자 박사님께서 회계학 교수로 부임하셨습니다. '금 단추' 달린 옷을 입고 기존 한국의 회계학교육을 질타하고 열정적인 강의를 하며 학생들의 공인회계사 시험 준비를 독려하시던 모습이 지금도 눈에 선합니다. 송 박사님의 애제자가 바로 정 선배님과 지금은 목회를 이어가는 한종수 목사입니다.

이러한 교수님들과 선배들의 노력에 힘입어 연대가 드디어 서울대까지 제치고 공인회계사 합격자 수 1위에 등극하고 10여 년간 합격자 수 1위, 누적 합격자 수 1위 달성의 찬란한 기록을 세우게 됩니다. 공인회계사 시험에서의 성공이 연대에서 일종의 '나비효과'를 만들어 행정고시에서도 경쟁대학을 앞지르게 되었고, 요즈음은 Law School도 크게 발전한 것으로 듣고 있습니다. 이렇게 배출된 연대 공인회계사들은 회계법인, 재계, 학계, 공직 등으로 진출하여 중추적인 역할을 하고 있고, 경영대 신축 시 300여 명의 연세 회계사 동문이 모금에 적극적으로 참여해 10억 원 가까운 기부를 하였고, 경영대 건물 내에 '수민 송자도서관'을 헌정하게 됩니다. 아무것도 없는 불모지에서 시작하여 정상에 도

달한 '연세회계사회'의 발전에 크게 공헌하신 분이 바로 정병수 선배님입니다.

학교를 졸업한 후 정 선배님은 당시 Global Big 회계법인인 Price Waterhouse(세화), 저는 Coopers & Lybrand(삼일)에 입사하여 각자 바쁘게 직장생활을 하고, 주로 연세 회계사동문회에서 뵙게 되었는데, 업무로 다시 만나게 된 것은 연세대 회계감사에서 비롯됩니다. 그 사이 정 선배님은 송자 총장님의 간곡한 부탁으로 회계법인에서 연세대학교 재단으로 옮기셨습니다. 아시다시피 연세대는 다른 대학들과는 달리 주인이 없는 학교입니다. 주인이 없는 학교인 탓에 특정인에 의한 전횡이 일어나지 않는 장점이 있지만, 한편으로는 선택과 집중이 어렵고 자칫 전체 최적보다는 부서의 이익을 우선하며 신상필벌의 원칙이 제대로 적용되지 않아 결과에 대하여 '책임을 지지 않는' 방만한 운영이 될 수도 있는 위험이 있습니다. 이러한 문제점을 방지하기 위하여, 연세대에서는 국내 대학 최초로 학교 재무제표에 대해 외부 회계감사를 자발적으로 받고 이를 적극적으로 공시하는 등 운영의 투명성을 높이기 위한 제도들을 시행하였으나, 이는 시작에 불과했습니다.

연세대는 본교, 세브란스병원(4개), 미래 캠퍼스, 국제캠퍼스 등 방대한 조직으로 구성되어 있고, 그 규모는 국내 대학 중 가장 큽니다. 이러한 복잡한 조직을 종합적으로 조정하고 이끌어 나가는 곳이 바로 '재단 본부'인데, 이를 위해서는 회계와 경영에 대한 전문지식을 가지고 추진력 있는 인재가 꼭 필요합니다. 요즘에야 학교법인에 회계사들이 많이 있지만 당시에는 회계사가 있는 학교는 全無한 실정이었습니다. 당시 학교의 보직을 맡고 계시던 송자 교수님의 계속된 간곡한 부탁으로 정 선배님께서 고소득의 미래가 보장된 회계사업계를 떠나 연대 재단으로 옮기시게 된 것입니다.

정 선배님은 눈부신 활약을 수행하게 되는데, 재단에서의 기획/관리업무뿐만 아니라 연세대 재단의 가장 중요한 수익사업인 연세우유의 공장장으로 직접 생산 현장에서도 뛰시는 등 전천후 활약을 하시고, 학교 전체의 관리를 실질적으로 총괄하는 학교재단 본부장(부총장급)에 취임하시게 됩니다. 정 선배님께서 재단 본부장으로 계시는 동안 학교는 비효율적인 면을 개선하여 내실을 다지고 재정이 확충되어 더욱 발전하게 되는데, 이는 정 선배님의 사심 없는 모교 사랑과 추진력이 발휘된 결과라고 생각합니다. 총장을 포함하여 중요 보직에 대하여 연임을 좀처럼 허용하지 않는 학교 관행에 따라 더 오래 본부장을 하시면서 능력을 발휘하셔서 학교를 더욱 발전시킬 기회를 못 가지신 점은 큰 아쉬움으로 남습니다. 정 선배님께서는 30여 년 동안 학교 재단에서 봉사하신 후에도 본교의 객원교수와 미래 캠퍼스의 겸임교수로서 후배들을 위하여 아낌없이 재능기부를 하시는 섬기는 삶을 이어나가셨습니다. 또한 바쁘신 와중에도 네 권의 회계 관련 전문서적을 집필하셨고, 다수의 수필집도 내시는 놀라운 활동력을 보이셨습니다. 특히 저서 중 '사립대학회계'는 미개척분야였던 비영리 학교 회계 분야의 새로운 지평을 여는 명저로 꼽힙니다.

정 선배님의 70년 여정을 돌이켜 볼 때, 학생 시절부터 회계 분야의 발전을 주도하셨고, 졸업 후에는 전문회계사로서 고소득이 보장된 미래를 마다하시고, 모교를 위하여 헌신하셨습니다. 선배님의 이러한 인생 여정은 한마디로 '부귀보다 봉사를 택하신 삶'이라고 할 수 있으며, 같은 회계 분야에서 종사하였던 後學의 입장에서 존경과 경외심을 금할 수 없습니다. 앞으로 오래도록 건강하시어 후배들을 계속 이끌어주시고 지도 편달해 주시기를 간절히 바라며, 이러한 선배님을 곁에서 평생 내조해주신 사모님을 포함한 선배님의 가족분들께도 감사의 말씀을 올립니다.

고마움을 이제야 전합니다

정래용
경제학과 후배

정병수 본부장님으로부터 본부장님에 대한 글을 써달라는 부탁을 받고 기꺼운 마음으로 응한 것은 30여 년 전의 과거로의 여행에 대한 기대뿐만 아니라 본부장님(경제학과 73학번이시고 본인이 경제학과 81학번이니 직속 선배가 된다. 이하 "선배님"에 대한 고마움 때문이었다. 이런 기회를 통해 선배님에 대한 고마운 마음을 전달할 수 있어 기쁘다.

본인(이하"나")이 선배님과 처음 인연을 맺은 것은 당시 경영학과 78학번 김상호 선배의 소개로 재단 기획감사과에 입사했던 1991년 11월부터였고, 그곳을 퇴사한 것이 1994년 5월 말이니 학교에서의 공식적인 근무 기간은 2년 7개월간이지만 이후의 만남을 고려하면 30여 년이 된다.

그곳에서의 맺어진 소중한 인연들이 많지만, 지금까지 종종 만나고 있는 민지홍 처장, 생협의 김민우 부장, 최영곤 부장을 평생의 인연으로 더욱 기쁘게 여긴다. 백영철 처장(경제과 후배)은 공적으로, 그리고 사적으로 전화하거나 만나고 있다. 당시 기획감사과에서 같이 근무했던 황혜성 팀장(부장)도 가끔 재단을 방문하면 서로 반가워한다. 역시 같이 근무했던 함경일 소장(회계법인에서 함께 근무했었던 인연이 있었던 내가 재단에 소개하여 입사시킴)도 종종 연락을 주고받고 있다. 함소장의 부인은 내 아내하고도 아는 사이가 되어 지금도 가끔 안부를 묻는다.

선배님과 둘이서 재단에서 근무를 시작할 때 나에게 처음 맡겨진 업무는 연세재단세브란스빌딩 내부감사였다. 당시 빌딩의 골조만 올라가 있던 상황이었는데, 고 문원빈 소장님이 피(被) 감사인이었다. 감사보고서를 선배님이 칭찬해 주신 기억이 새롭다. 그 칭찬이 나에게 큰 격려가 되었다. 당시 선배님은 무척 부지런했던 기억이 새롭다. 아마 기억이 정확하다면 거의 매일 7시경에 출근했고 늦게 퇴근했다. 참으로 열정적이었다. 이는 재단과 학교에 대한 사랑의 표현이기도 했고, 이 과정에서 느낀 대학 선배님의 많은 문제의식이 교육부와의 소통으로 이어지고 나아가 학교 행정의 많은 개선으로 연결되었다. 그중의 하나가 사학기관 특례규칙의 개정일 것이다(선배님의 '사학기관의 회계'는 당시 선구적인 도서였다). 언젠가 선배님은 나에게 이런 말을 한 것을 기억하고 있다. "정 회계사, 나는 말이야, 퇴근해서 집에 들어갈 때 오늘 열심히 일했다 싶으면 그렇게 기쁠 수가 없고, 오늘 일을 많이 하지 못했다 생각되면 마음이 무척 우울해" 이런 열정이 어느 정도는 나에게도 영향을 주었다고 믿는다.

내가 자연스럽게 맡게 된 업무는 학교법인(재단 수익사업이나 학교 기관들이나 병원)의 세무(법인세 신고 포함)나 회계 그리고 학교법인 전체의 내부감사였다. 그때 세무 관련 무슨 검토를 진행하면서 내가 주변에 있던 작은 책자 형태의 세 법전을 사용하는 것을 보고 선배님이 "세무 전문가는 3단 배열식 세 법전을 사용해야 한다"고 이끌어준 것이 기억난다. 지금도 세무 문제를 처리할 때마다 예규, 판례 등을 기본적으로 검토하게 된 기초가 그때 만들어졌다고 생각한다.

그리고 어떤 학교 관련 세무 검토 중 이래야 하나 저래야 하나 한참을 고민하고 있을 때, 선배님이 던진 말이 거의 평생의 화두가 된 것이 있다. "그냥 내버려 두면 안 되나?" 이것은 살아가면서 배우게 된 큰 지혜가 되기도 했다. 일종의 "흘러가는 대로 내버려 두기"이다. 이렇게 처신해야 할 때가 얼마나 많은가? 우리는 살아가면서 무슨 행동을 취하지 않고 그냥 내버려 두어야 하는 것이 참으로 많다. 예컨대 속이 상해도 자식을 그래야 할 때가 많다. 우리나라의 교육도 그냥 내버려 두지 못해서 생긴 어려움이 크다고 생각한다.

그리고 그때 선배님 밑에서 배운 세법 지식의 기초에는 선배님의 저서인 '사립대학의 세무'도 포함되는데 이것도 당시 선구적인 저술이었다. 이때 선배님 밑에서 배운 세법 지식과 업무 스타일은 나중에 산학협력단(공학원) 지방세 소송, 의료원 세무소송 승소에 큰 도움이 되었다. 지금도 비영리 분야의 세무가 나의 주된 업무 분야가 된 것은 그때 기초가 만들어졌다. 그리고 재단을 떠나서도 민 처장 등 당시 인연들과 자주 만나서 소통하면서 갖게 된 문제의식이 업무에 많은 영향을 주었다. 이는 학교에 대한 애정이 바탕이었음을 부인할 수 없다. 민 처장은 학교가 세무조사를 받을 때마다 나와 상의를 많이 했다.

그때 선배님이 나에게 생활협동조합 내부감사를 맡긴 것은 생협과의 오랜 인연의 출발이 되었다. 김민우 부장은 내가 처음 감사를 시작했을 때 무척 깐깐하게 굴었다는 이야기를 종종 했었다. 그러나 그때의 기억이 잘 나지는 않지만, 아마 선배님의 업무스타일이 그대로 전염되어 그러하지 않았을까? 어찌 됐든 그때 맺어진 인연은 곧 생협에 대한 사랑이 되었다. 2021년경의 생협의 구 사업소세 소송의 패소는 지금도 아픈 기억으로 남아 있지만, 나는 그 아픔을 다른 방법으로 해소하려고 이런저런 방법으로 노력하고 있다. 즉, 학생 후생 용역이 법인세 과세 대상이 아니라는 점(그러면 학생복지시설도 지방세 과세 대상이 아니다), 그리고 학생 후생 용역도 교육용역처럼 부가가치세 면세가 적용되어야 한다는 점에 대한 소신이 언젠가는 세법 개정으로 나타날 것으로 믿고 있다.

1991년 당시 나는 회계법인에서의 회계사 생활(고생 좀 했었다)을 거의 청산하고 재단에서 회계사 분야가 아닌 새로운 업무를 하고 싶은 마음이었으나, 선배님이 회계사이시고 나에게 맡겨진 업무도 회계사 관련 업무가 대부분이어서 이것이 그냥 운명이려니 하고 받아들여야 했다. 피할 수 없었기 때문이다. 그런데 나에게 맡겨진 학교 관련 세무 관련 업무를 처리하려다 보니 그리고 선배님 수준을 따라가려다 보니 내 수준이 너무 한심하다는 생각이 들어 당시 아침 일찍부터 영등포 그리고 광화문에 있는 세무 학원에서 보충수업을 들었다. 물론 이 수업들이 선배님의 강한 훈련만 하랴? 그로부터 한참 시간이 지난 뒤 최근 수년 전이었을 것이다. 민 처장 그리고 선배님과 동문회관 근처 식당에서 저녁 식사를 하면서 선배님께 말씀드렸다. “제가 지금 가지고 있는 세법 지식의 기초는 그때 선배님으로부터 비롯된 것들입니다” 이것은 진심이었다.

1994년 재단을 떠나 증권회사에 근무하면서 그리고 회계사 생활을 하면서 많은 보고서를 작성해야 했는데, 종종 보고서 작성 스타일에 선배님의 냄새와 분위기를 느끼곤 했다. 간결한 문장, 신중한 용어 선정, 타이틀, 줄 간격, 글 박스 만들기, 심지어 글씨 크기까지 선배님으로부터 꾸지람을 들으며 배운 것이라고 느꼈다. 선배님의 깐깐함과 강훈련 업무 스타일은 유명했다. 그런데 선배님에게 의외로 따뜻하고 마음 여린 부분이 있다는 것을 모르는 이들이 많을 것으로 생각한다. 내가 1994년 5월 재단을 떠날 때 선배님이 보여준 태도를 지금도 잊을 수 없다. 그때 선배님의 헤어짐에 대한 서운함의 표시는 통상적인 직장 내에서의 그런 사직의 느낌과는 다른 어떤 정서를 선배님은 보여주셨다. 바로 그 느낌이 선배님과의 인연을 지금까지 이어지게 했다고 본다. 나에게 금일봉을 전달해 주시면서 그 봉투에 쓰인 문구('정 회계사, 서운하구나. 더욱 진보하기를 바란다'라는 문구였을 것이다)나 분위기에서 나는 그 정서를 읽었다.

재단을 떠나서도 나는 종종 선배님을 방문했었는데, 언젠가 학교 서문 근방에 있는 연세유업(선배님은 당시 전무)을 찾아갔을 때였다. 이런저런 대화를 나누다가 선배님은 나에게 이런 말을 하는 것이었다. "정 회계사, 그때 내가 좀 심하게 했지?" 당시 나는 많이 놀라기도 했고 또 마음이 좀 뭉클하기도 했다. 결과적으로 선배님의 강훈련이 나에게 많은 도움이 되었지만, 그때는 아픔이기도 했기 때문이다. 지금 생각해 보아도 사람들은 대개 나이가 좀 들어서까지 이런 종류의 말을 하기가 쉽지 않다는 것을 안다. 선배님에게는 이런 '시원한' 면이 있다는 것을 그때 알았다.

선배님의 따뜻함에 대한 기억은 많다. 나에게 이러저러한 방법으로 일감을 많이 챙겨주신 것은 이런 마음 표시의 일부였다. 김천대학의 4년제 승격 업무나 한국 사이버 대학(지금의 숭실사이버대학) 외부감사(지금 한국 가상교육 연합에 대한 감사로 이어지고 있다), 이화여고나 이화외고를 운영하는 이화학원에 대한 외부감사도 선배님이 챙겨 주신 것들이다. 그리고 내가 종종 선배님을 방문할 때마다 그런 따뜻함을 느껴보곤 했다.

그런데 선배님의 학교에 대한 사랑은 업무적인 열정으로 나타났고, 불합리한 부분에 대한 개선을 시도하는 과정에서 변화를 기뻐하지 않는 학교 구성원 중 소위 기득권자들로부터 적지 않은 오해와 반대를 겪은 것들을 기억하고 있다. 언젠가 내가 선배님을 방문했을 때 이런 성경 구절을 편지 형태로 위로의 말을 전달한 기억이 난다. 로마서 12장 19절이었다. "사랑하는 여러분, 여러분이 직접 원수를 갚지 말고 하나님의 진노에 맡기십시오. 왜냐하면 성경에 '원수갚는 것은 나의 일이니, 내가 갚겠다. 주님의 말이다.'라고 기록되어 있기 때문입니다"

뒤늦기는 하나 선배님께 위로의 말씀을 드리고 싶다. "선배님 주변에는 선배님의 진의를 이해하고 있는 이들이 적지 않습니다." 당시에 우리는 선배님의 진의를 분명히 알고 있었고, 선배님이 당하는 반대의 본질을 잘 알고 있었지만, 우리가 할 수 있는 일이 거의 없어 안타까웠다.

이렇게 지난 일들을 기억하다 보니 선배님과 연결된 과거가 새롭고 소중하다. 그리고 감사한 느낌이 든다. 지금 허리 건강이 좋지 않으신 선배님의 쾌유를 빈다.

삶을 사랑하고 실천하는 백향

이상국
연세대 명예교수

수필가 백향 정병수님으로부터 지나온 세월의 인연을 소개해 달라는 요청을 지난 9월에 받았다. 어떤 글도 쓰기에는 부담이 된다. 더구나 글 빚의 무게는 더할 나위 없이 무겁게만 느껴진다. 지나온 세월의 인연이라고 해서 가벼워지지 않는다. 백향 선생에게 폐를 끼치지 않기를 바라면서 지난 세월을 되새기며 이제야 몇 자 적는다.

돌이켜 보면, 백향 선생과는 같은 고등학교와 같은 대학교를 1년 차이를 두고 입학·졸업했으니 학연으로 따지면 오래되었다고 할 수 있다. 하지만 고등학교 시절의 1년 차이로 교유가 쉽지 않았고, 백향 선생은 학부 시절 병역을 마치느라, 필자는 대학원을 졸업한 후 병역을 시작하여 교유가 없었다. 1993년 필자가 같은 직장인 연세대학교에 부임하고 나서, 고교 동문 3년 후배의 소개로 1990년대 중반 사당동으로 기억하고 있는데 백향 선생과 만나면서 인연이 시작되었다. 그러나 백향 선생은 재단법인에서 근무하고 있었고, 나는 원주캠퍼스(현, 미래캠퍼스) 영문과에 적을 두었으니 물리적 거리로 인해 인연의 깊이는 더하지 못했다. 30년 가까이 지난 지금도 나의 뇌리에 남는 백향 선생의 말이 있다. "선배님! 보직은 절대 맡지 마십시요!" 오랜 경험에서 나온 말이었으리라 짐작만 했다. 이제 퇴직하고 나니 비로소 그 말이 새삼 울림을 준다.

백향 선생과의 인연은 선생의 충고와 달리, 1996년 원주캠퍼스에 언어연구교육원 원주분원을 설립하고 2000년에 원주캠퍼스의 교양 영어교육을 확대한 후, 2001년에 연세 ELP학원 설립을 하면서 이어졌다. 책상물림에 불과한 보통의 평범한 교수가 학교라는 온실 울타리를 벗어나는 일은 생각보다 어려웠다. 학원 사업을 시작하기로 해, 실제 학원 설립·운영하는 과정에는 원주캠퍼스 부총장님, 기획처장님을 비롯한 보직교수님들과 행정직원 그리고 학교법인의 이사장님을 위시한 이사님들, 그리고 상임이사의 이해와 격려가 있어 가능했다. 그러나 학원 설립 결정과 정관변경을 포함한 모든 결정 사항과 관련한 기획서 제출, 검토, 결재의 과정을 거치면서, 재단 이사회의 승인, 학원 건물의 매입, 운영 요원·강사의 채용·교육·교과과정 개발, 그리고 건물 리모델링, 학원 사업의 운영 계획, 마케팅, 교육 기자재 매입 등 영어교육의 꿈을 사업과 접목하기에는 너무 많은 부족함을 느꼈다. 이런 곤경을 헤쳐 나갈 수 있게 법적·행정적 조치에 대한 조언과 방향 제시를 해준 백향 선생의 사업적 안목과 행정처리 능력은 필자 같은 문외한에게는 한 줄기 빛이었고 구원 자체였다. 이런 백향 선생의 지도로 2004년 3월 연세 ELP 학원을 무사히 개원하고 운영할 수 있었다. 그때 겪었던 수많은 고충을 생각해 보면, 보직을 맡지 말라는 백향 선생의 충고는 옳았다고 지금도 절절히 느끼고 있다.

이렇게 깊어진 인연은 2006년 말로 기억하고 있는데, 어떤 모임에서 백향 선생이 나에게 "역사에 관심이 있느냐?"고 물었는데, "전에는 역사책을 자주 본 편이다"라 했다. 그러자 백향 선생이 참여하고 있는 '역사를 사랑하는 모임(역사모)'에 참여할 수 있냐고 물어보아서 찬성을 표하고 2007년부터 '역사모' 2기로 참여할 수 있었다. 그 모임을 현재도 참여하고 있다. 백향 선생은 2006년부터 회장으로서 '역사모'의 활성화를 위해 노력한 결과로 현재는 한강 역사문화 포럼으로 확대 발전할 수 있었다. 정치·경제·군사에 집중했던 모임의 주제도 정치, 경제, 군사, 인문, 음악, 미술, 건축, 및 영화 등으로 다양화하였다. 포럼에서는 첫 모임부터 구성원들이 직접 원고 집필과 PPT 발표를 하고 토론을 하는 전통을 세웠다.

2020년 8월, 백향 선생이 "고전에 관심이 있느냐?"고 물어보는 전화 연락이 왔다. 그래 "관심이 있다"라고 하니, 고전 공부에 진심인 지인들이 모여서 어떻게 할지 논의하기로 하니 13일 양재역의 한 식당에서 모이자고 하였다. 이날 모임에서 너무 어려운 책을 교재로 삼으면 고전 공부에 흥미를 잃어버릴 수도 있으니 무난한 책을 교재로 하기로 하여 명심보감을 읽기로 하고, 장소는 양재역 근처의 적당한 장소로 결정하기로 하였다. 2020년 후반에 본격적으로 닥친 코로나19의 영향으로 2021년 1월 16일부터 '줌' 프로그램을 이용하여 비대면으로 진행하기로 하였다. 명심보감 교재를 공부하며 발견한 오탈자를 정리하여 출판사에 전달하였다. 출판사의 요청으로 새롭게 책의 내용을 깁고 더해 『독자 중심의 명심보감』(2023)이라는 제목으로 백향 고전 동연회 명의로 새로운 책이 출간되었다. 명심보감으로 시작한 고전 공부는 2021년 5월 8일부터는 『논어』를 읽기로 하였다. 이후 2022년 10월 1일부터는 『채근담』을 읽었다. 2023년 11월 11일부터 2024년 2월 17일까지 성리학의 기본입문서라는 『대학』을 읽었다. 2024년 2월 24일부터 『중용』을 읽고 있다.

백향 선생과 인연이 깊어진 2001년 이후로 약 이십 수년이 지났다. 그동안 옆에서 본 백향 선생에게서 일관하고 있는 몇 가지 특성을 느낄 수 있다. 첫째가 『영원한 촌놈』(2015), 『촌놈이 어때서』(2017) 및 『촌놈으로 살다 보니』(2021)와 같은 수필집에서도 느낄 수 있듯이 고향을 사랑하는 사람이다. 중국 남북조시대의 시인 유신(庾信)이 쓴 징조곡(徵調曲)에서 "열매를 딸 때는 그 나무를 생각하고/물을 마실 때는 그 근원을 생각한다[낙실사수(落實思樹) 음수사원(飮水思源)]"라고 하듯 고향을 그리워하고 백향 선생을 키웠던 쌍백면을 잊지 못하여 쌍백초등학교 동문회장을 연임하기도 하였고, 쌍백 문인협회를 결성하여 초대 회장을 역임하며 고향 발전에 이바지하려고 하였다. 고향에 대한 그리움을 『쌍백 우리들의 이야기』(2014)라는 책자로 엮었다. 이러한 백향 선생의 고향 사랑으로 2023년 5월 6일 제8회 자랑스러운 '쌍백인 상'을 수상할 수 있었다.

백향 선생과 교유하다 보면, 빠지지 않는 게 '고향 이야기'이다. 서울에서 자라 성장한 사람에게는 생경하게까지 느껴지는 고향에 대한 진한 향수, 그리고 애정을 옆에서도 느낄 수 있다. 아호인 백향은 고향 쌍백(雙栢)의 백(栢)과 선친께서 지은 마을 이름인 묵향(墨香)의 향(香)을 따서 지었다고 한다. 고향 사랑과 선친을 잊지 않는 모습이 겹쳐서 감동을 준다.

둘째는 연세를 누구보다도 사랑하는 사람이다. 연세의 회계 체제를 제대로 해야 한다는 스승의 한마디에 우리나라 유수의 회계법인을 박차고 나와서 30여 년간 연세대학교 재단법인에 몸담아 연세대학교의 회계 체제를 정상화했다. 더 나아가 대한민국의 사립대학 회계 체제의 모범이 되도록 노력했으며, 재단법인 본부장이라는 막중한 소임을 수행했다.

셋째로는 『사립대학 회계기준 해설』(1995), 『사립대학 회계』(1999), 『개정 사립대학 회계』(2010). 『대학 경영 ABC』(2011), 『행복한 삶을 위한 생활 회계』(2014), 『쉽게 배워서 바로 써먹는 이야기 회계』(2015), 『결산서를 읽고 활용하는 방법』(2021) 및

『우리나라 사학법인의 투명성 지표 개발에 관한 제언』과 같은 비영리기관의 경영과 회계에 관한 저서를 출간한 목록을 보아서 알 수 있듯이, 30여 년간 재단법인에 몸담아 실무를 꿰뚫고 있다. 경영과 회계 분야에 이어, 세금 분야에서도 『무서운 세금 이야기』(2022)는 백향 선생이 가진 전문 지식과 역사 인식이 결합하여 나온 교양 역사서로 역사를 바꾼 세금에 대한 중요성을 일깨운다. 백향 선생은 이처럼 끊임없이 학문적 성과를 내고, 그 실무경험과 전문 지식을 후학들에게 객원교수와 겸임교수로 강의를 통해 전수해 주려는 학구적 열의로 가득 찬 사람이다. 백향 선생의 학문적 열정을 볼 수 있을 때는 아호 백향은 '측백나무'라는 같은 의미이지만, 유학자들이 존경의 대상으로 삼은 소나무와 측백나무를 말하는 송백(松柏)의 백(柏)을 써서 백향(柏香)으로 쓰는 선생의 높은 기개를 엿볼 수 있다.

넷째는 역사모 창립에 적극적으로 참여하고, 주변 지인들을 이 모임에 적극적으로 가입시켜 역사 마니아로 만드는 열정에서 보듯이 역사를 사랑하는 사람이다. 실례로 충무공 이순신이 중상모략으로 28일 동안 의금부에 갇히고 관직이 박탈되는 시련을 겪은 후, 초계(합천)에 있던 도원수 권율 장군을 찾아가는 640km의 여정인 백의종군 길을 고향 사람들에게 나라 사랑하는 마음을 새롭게 다지도록 2019년 3·1절 100주년 기념식을 마치고, 합천지역 충무공 이순신 '백의종군 길' 선양회 단장의 자격으로 회원 30여 명과 함께 도보 순례 행사를 개최한 일을 보면, 자랑스러운 고향의 역사를 '자랑스러워'하는 실제 모습을 엿볼 수 있다.

백향 선생의 특성을 이루는 본질은 백향 선생의 가진 끝없는 호기심, 이를 충족하려는 뜨거운 학구열, 문제의 핵심을 파악하는 예리한 질문 그리고 이를 기록하는 습관이다. 호기심과 질문은 동전의 양면과 같다. 호기심이 없으면 질문이 생기지 않는다. 질문이 없다는 것은 호기심을 갖지 않았기 때문이다. 유대인 부모가 자녀가 학교에서 오면, "오늘 학교에서 무엇을 배웠느냐?"라고 묻지 않고, "무엇을 질문했느냐?"고 백향 선생은 말하곤 했다. 이러한 자세를 선생은 '백향 고전동연회' 모임에서 몸소 실천하고 있다.

마지막으로 백향 선생에게 가장 놀랐던 일화는 선생이 약 50여 년 전 군대 시절의 일기장을 가지고 있었고, 그 일기장에 군대 시절의 일들을 기록해 보관했던 일이다. 더 나아가 그 기록을 50여 년이 지난 지금, 책으로 엮어 『그때의 고생이 이제는 추억이 되다!(2022)』로 출판했다. 이 책을 읽으면서 "기록의 중요성은 쉽게 말하지만, 실제 기록하는 습관을 실행하는 이를 보기는 어렵다"라고 느꼈다. "호기심–학구열–질문–기록"이라는 일관된 자세는 지성인이면 누구나 갖추어야 할 덕목이지만, 이를 실천하는 백향 선생을 따라올 인물은 많지 않을 것이다.

공장 견학을 시켜주신 첫 교수님

이종현
제자

공인회계사 교수님

2018년 1학기(봄학기), 저는 병역의 의무를 마친 후 학교로 돌아온 복학생이었습니다. 대부분의 갓 전역한 군필자들이 그렇듯, 저 역시 이제는 새사람이 되겠다는 일념으로 학교 수업에 충실하겠다는 열의에 가득 차 있었습니다. 또한, 추후 공인회계사 시험을 준비하고자 마음을 굳힌 상태였기 때문에 정병수 교수님의 관리회계 과목 수업에 자연스레 이끌렸던 것 같습니다. 수업계획서에 기술된 정병수 교수님의 약력에 공인회계사, 연세 재단 본부장이란 단어들은 능력을 인정받은 진정한 회계전문가를 뜻하는 듯하여 제 기대를 증폭시키는 데 충분했습니다.

설레는 첫 수업 날, 교수님을 처음 대면하게 되었을 때 저의 상상과는 많이 다른 모습이셨습니다. 미디어에서 접하던 머리를 정갈하게 넘기고 날카로웠던 전문직의 모습보다는, 푸근한 모습의 큰아버지를 보는 듯했습니다. 딱딱하고 매정한 그런 말투는 일체 보이지 않았고, 학생들에게 아침은 먹고 왔느냐는 따뜻한 인사로 학생들을 맞이하셨습니다. 그런 온화한 모습은 제가 교수님에 대해 더 친근감을 느끼게 하였고 교수님과 가까운 관계가 되고 싶은 계기가 되었습니다. 그러한 생각에서 교수님의 수업 준비를 돕는 반장의 역할을 맡겠다고 자원하게 되었습니다.

관리회계 수업 교수님

회계 과목의 특성상 개념이 친숙하지 않은 학생들에겐 매우 딱딱하고 지루한 주제였을 것 같습니다. 그 때문에 교수님께선 교재 장(章)에 들어가기 전 흥미를 유발할 수 있는 가까운 실제 사례를 들며 해당 사례에서 적용되는 관리회계 개념을 소개해 주셨습니다. '마트에 생닭은 저렴하지만, 치킨은 왜 그렇게 비싼 것인가?' 화두를 던지시며 제품의 원가 구성(요소)을 설명하시던, 눈빛에 열정 가득한 모습이 아직도 제 기억 속에 지금도 선명하게 남아 있습니다.

교수님은 학생들과 소통하는 것을 매우 즐기셨습니다. 교수님께서 설명하시는 중간에도 질문은 언제나 환영한다고 하셨습니다. 실제로 한 학생의 교수님께 계속되는 질문으로 수업 시간 1시간 동안 토론하신 적이 있습니다. 저의 처지에선 얼토당토 않은 질문들이었지만, 교수님께선 기분 나빠하시는 내색 없이 '훌륭한 질문들로 수업이 풍성해졌다, 고맙다'라며 오히려 학생을 독려하셨습니다.

수업이 끝나면 교수님께선 거의 매 수업 학생들과 식사를 하고자 하셨습니다. 저는 반장으로서 정말 매번 수업 시간이 끝난 후 교수님과 식사를 같이 하였고 수업을 듣는 학생들에게 '점심을 사주겠다'라고 하시어 결국 돌아가면서 거의 모든 학생이 교수님과 식사를 한 번씩 했습니다. 교수님들을 위한 식당이 따로 있음에도, 학생회관에서 학생들과 부대끼며 그들의 생활을 물으시고 그들을 이해하려는 시도를 계속해서 하셨습니다.

학부 수업에서 견학을 처음으로 가본 수업이었습니다. '백문이 불여일견'이라 하시며 습득한 관리회계 지식을 바탕으로 실제 제품이 탄생하기까지 어떠한 방식으로 원가가 발생하고 제품화되는 프로세스를 직접 보기 위해 인근 공장에 견학을 다녀왔습니다. 학부 수업을 경험하신 분이면 "합법적으로 수업을 대체하여 견학간다"라는 것이 어떤 기분인지 아실 거 같습니다. 저 역시 견학을 고대했었고, 매우 흥미로운 경험을 하고 왔던 것 같습니다. 공정에 들어가기 전 위생점검, 공정이 진행되는 과정을 눈으로 직접 보고 체험해 보니, 문자로만 보던 특이한 원가들이 왜 발생하는지 이해가 가지 않았던 것들을 해결할 수 있던 기회였습니다.

도움을 드리고 싶은 교수님

교수님께서는 반장인 저를 믿고 제가 학습할 기회를 주셨습니다. 공인회계사를 준비하는 데 유익한 지식을 얻으려는 마음으로 교수님께 도움이 될 일이 있으면 맡겨달라고 요청하였습니다. 저는 수강 중인 다른 회계 수업 반장의 역할을 수행 중이었고 다른 교수님께 같은 요청을 했음에도 정병수 교수님만이 제게 수행할 일거리를 주셨습니다. 회계와 관련된 문서작업이 주를 이뤘는데 알고 있는 지식을 바탕으로 회사의 잘못된 회계처리를 옳다고 생각하는 방법으로 바꿔보도록 제게 문제를 내주셨습니다.

저는 당시 얕은 회계 지식으로 일을 수행했습니다. 결과는 당연히 제대로 고치지 못하는 부분이 많았고, 옳은 회계처리도 틀리게 바꿔놓기도 일쑤였습니다. 교수님께서는 하나씩 잘못된 부분을 옳게 고치도록 일러주셨습니다. 지금 와서 생각해 보면 한 번만 일하면 될 것을 두 번 고쳐야 하는 귀찮은 일을 감당해 주신 교수님의 인내심이 존경스럽고, 저를 위해주셨던 세심한 배려에 정말 감사할 따름입니다.

교수님의 책 출판에 도움을 드린 적 있습니다. 교수님께서 전경 생활 중 작성하신 일기를 워드로 입력이 필요하다고 부탁하셨습니다. 매번 점심을 사주시기도 하시고 받은 은혜에 보답하고자 흔쾌히 수락했었습니다. 하지만 얼마 후 학기가 끝나고 저는 공인회계사 시험을 준비하러 가야 해 입력 작업을 수행하는 것이 곤란해졌습니다. 그래서 교수님께 이러한 사정을 말씀드렸고 교수님께선 당연히 공부에 집중해야 한다며 제게 미안해하지 않아도 된다고 말씀해 주셨습니다. 너무 감사한 말씀에 감동하여 저를 대신할 친구를 소개해 드렸습니다. 그랬더니 교수님께선 노동엔 응당 대가가 따라야 한다며 입력 아르바이트 비용을 지급하시고자 하셨습니다. 제 동기 중 일찍 대학원에 들어간 친구들이 우스갯소리로 담당 교수님이 시키는 것은 무엇이든 하는 노예 생활이라고 했던 말이 떠올랐습니다. 그러나 정병수 교수님께선 권위를 행사하지 않고 정당한 값을 지급하시고자 하는 모습을 보고 훗날의 저도 교수님과 같이 행동하겠노라 다짐했습니다.

오랜만입니다, 교수님

오랜 수험기간 동안 교수님을 찾아뵙지 못하였습니다. 그러다 어느 날 책장을 정리하다 보니 교수님의 작업을 도와드렸을 때의 일기장이 제게 있었습니다. 교수님께 그간의 안부도 전하고 당시 고민하던 문제도 여쭙고자 찾아뵙게 되었습니다. 그날은 늦가을 비가 내리던 중이었습니다. 점심을 같이 하려 찾아간 '뽀얀 진국을 내어오는' 설렁탕집 앞에서 익숙한 얼굴을 뵐 수 있었습니다. 하지만 하얗게 그을린 머리카락, 세월의 무게를 지탱한 몸은 너무도 낯설었습니다. 학부 수업이 끝난 후 같이 점심을 먹을 때면 교수님께서 밥술을 뜨시는 도중 갑자기 졸음에 빠지시는 모습이 불현듯 스쳐 갔습니다. 그간 교수님께서 끝날 줄 모르는 어려운 싸움을 하고 계신 것 같아 마음이 무거웠습니다.

제가 여쭌 고민에 대한 답을 하실 때의 총기는 여전하셨습니다. 저 스스로 애써 부인하고 있던 사실을 간파하시더니 현실적인 조언을 제게 해주셨습니다. 제가 원하는 방향으로 가기 위한 것이 있으면 교수님도 도우시겠다며 관련 자료를 찾아보신 후 연락을 주겠다 하셨습니다. 시간이 흘러 교수님과의 식사가 끝나고 집에 가려고 하는데 비는 계속하여 땅을 차갑게 적시고 있었습니다. 교수님께서는 거동이 불편하셔서 나지막이 끌고 오신 자전거에 몸을 맡기고 빗속을 뚫고 점점 멀어져가셨습니다. 저는 충격으로 당장 그 장소를 벗어나지 못했습니다. 오랜 기간 찾아뵙지 못한 죄책감, 알면서도 부인하고 있는 현실에 대한 고민, 예견되지 않는 미래에 대한 걱정에 잠시 그 자리에 머물러 침묵했습니다.

정병수 교수님

교수님께서 나는 어떤 사람이었는지 알고 싶다는 부탁을 받았을 때 굉장히 고민이 되었습니다. 그저 좋은 교수님의 모습만을 말씀드려야 할지 아니면 저의 관점에서 보고 느낀 정병수의 모습을 말씀드려도 되는지. 현생이 바쁘다는 핑계도 댈 수 있었습니다. 하지만 제가 존경하는 교수님께 꼭 말씀드려야 할 것 같았습니다. 교수님께선 온화하고 친근하였으며 배려 깊고 공명정대하신 대단한 분으로 저의 기억 속에 있음을 말입니다.

마지막으로 교수님의 칠순을 진심으로 축하합니다. 또한, 교수님의 쾌유를 진정으로 기도합니다.

무서우리만치 날카로우면서도 부드러우신 분

박준화
연세춘추 131기

회계학을 강의하신다는 정병수 교수를 뵙게 된 것은 아주 친한 경영학과 최지수 학생의 소개로 용인의 아파트로 갔을 때였습니다. 조교로서 주요 업무는 교수님의 컴퓨터 작업 보조였습니다. 그런데 한 학기가 끝나자, 본의 아니게 저는 인사도 채 드리지 못하고 군에 입대하였습니다. 그것이 교수님에 대한 제 마음의 짐이었습니다. 그런 차에 최지수 형에게 교수님께서 어떻게 지내시는지 근황을 물으니, 교수님께서 칠순을 맞으셨다며, '연락 한번 드려보면 좋겠다, 네가 시간이 되면 도와드릴 일이 있을 거다'하는 것이었습니다. 그때의 마음의 짐을 덜어낼 수 있는 절호의 기회라는 생각이 연락을 드렸습니다. 교수님께서는 소식을 들었다고, 반가워해 주셨습니다. 저는 재차 도와드릴 것이 있나 하고 여쭈었고, 이에 교수님께서는 이사하신 서울 집으로 찾아오라 하셔서 재차 찾아뵙고 일을 도와드리게 되었습니다.

전공이 겹치지 않는 관계로 교수님의 수업은 한 번도 들을 기회가 없었습니다. 지난 늦여름, 교수님의 컴퓨터 작업을 보조하러 갔을 때, 곧장 교수님은 엑셀 업무를 지시하셨습니다. 저는 도통 엑셀을 다루지 못했습니다. 곧 교수님께 "여태 엑셀도 안 배우고 뭘 했느냐?"는 꾸지람을 들었습니다. "너 학원에서 좋아하겠다, 하나를 알려주면 하나를 까먹으니." 초면에 어안이 벙벙했습니다. 몹시 서글퍼져서 퇴근 후에 최지수 형에게 하소연하였는데, 지수형은 교수님이 좋은 분이라며 용기를 북돋아 주었습니다. "형은 엑셀을 잘 다루니까 형한텐 좋은 분이겠죠."하곤, 용기를 내어 다음 주도 찾아가 컴퓨터 작업을 도와드렸습니다.

그렇게 두 번째 방문하는 날이 2021년 10월 9일이었습니다. 이날은 그래도 퍽 일을 잘했습니다. 스스로 알량한 재주지만 나름대로 문장의 구성 또는 윤문(潤文)은 제법 한다고 생각해 왔는데, 이를 발휘해 교수님을 도와드릴 수 있었기 때문입니다. 특히 교수님의 글에서 제목을 적당히 짓는 것을 많이 도와드렸고, 교수님께서도 제법 만족하신 눈치였습니다.

그러던 중 느닷없이 교수님께서 저에게 질문을 하시는 것이었습니다.

"너희 학과에서 무얼 배우니?"

엊그제 혼쭐이 난 것이 생각나 괜한 소릴 했다가 혼이 날까 싶어, 책잡히지 않을 말만 했습니다.

"철학을 배웁니다."

"철학을 배운다고? 매양 옛날 철학자들이 했던 이야기나 배우지? 그런 것은 하등 쓸모없어. 철학은 필요하지만, 철학과가 꼭 필요한 것은 아니야."

아니나 다를까 책을 잡혔습니다.

이날 저는 실용 학풍의 선구자인 경영학 교수에게 어떤 측면에선 부정할 수 없는 사실(facts)에 짓밟히면서 "꽥" 비명조차 지르지 못한 채 침만 꼴딱 삼켰습니다. 아! 철학과 교수님들을 뵐 면목이 찌그러져 가고 있었습니다. 그런데 웬일입니까. 교수님께서 "술을 한잔 받아라"라고 하였습니다.

"너 군자(君子)의 세 가지 즐거움이 뭔지 아니?"

얼핏 들은 거 같은데 기억이 나지 않아 여쭈었습니다.

"힌트가 있을까요?"

그러자 교수님은 마치 기다렸다는 듯이 말씀하시는 거였습니다.

"첫째는 학이시습지 불역열호(學而時習之 不亦說乎)."

"아… 논어 학이편요. 그다음은 친구 이야기였던 것 같습니다."

"맞아. 유붕자원방래 불역낙호(有朋自遠方來 不亦樂乎). 내가 오늘 그걸 느꼈어!"

도무지 종잡을 수가 없었습니다.

"예? 무슨 일로…?"

"준화 학생 덕분에 말이야! 말이 통해서 아주 좋아. 내가 작업한 내용 중에서 이 목차가 나름 고민했던 거였는데, 아주 좋아! 또, 더 고칠 데 없나 봐봐. 두 장 출력해서 한 부는 네가 가져가고, 틈틈이 생각해봐."

기고만장했다간 호되게 당할세라, 겸양을 떨어야겠다는 생각이 들었습니다.

“지수 형한테 한참 못 미치지만 그렇게 말씀해주셔서 감사합니다.”

이런 일이 있었던 이후로 교수님과 말벗하며 즐거웠던 기억이 납니다. 평소에 나무위키를 읽곤 하던 취미가 교수님의 관심사와 겹치는 것이 많았습니다. 그래서 “너, 한티가 왜 한티인지 아니? 조광조가 왜 죽었는지 알아?” 등등 교수님 질문에 나름대로 적절한 답을 내뱉곤 했던 것입니다. 지금도 교수님과 상현동 어딘가의 개울물을 함께 건던 것이 생각납니다. 제집인 목동역까지 가야 하는 저를 배웅도 할 겸 운동도 할 겸 해서 같이 나와 주신 것이었습니다.

군 복무를 마친 뒤, 교수님의 일을 도와드리면서 여러 생각을 했습니다. 첫째, ‘이토록 방대한 정보를 어찌 머리에 다 넣고 계실까?’하고 감탄한 것입니다. 카카오톡의 기능은 곧잘 잃어버리시는데도, 새파랗게 어린 저보다도 회계나 수리에 관해서는 감히 넘볼 수도 없이 빠른 두뇌 회전을 보여주셨습니다. 대관절 이분의 젊은 시절은 어떤 분이셨단 말인가 하곤 입을 벌릴 수밖에 없었습니다. 연세재단과 연세우유, 대학평가의 기반을 다진 입지전적 인물이심은 나중에 알게 됐습니다. 나중에 어느 경제학과 동기분께 듣기로, “회계사 몇 명 뽑지도 않던 시절에 정말 날아다녔던 사람”이라는 이야기도 들었습니다.

둘째, '교수님의 날카로움'이었습니다. 어떤 것이 어느 지점에서 잘못됐는지, 그것을 어떻게 바로잡아야 하는지에 대해 명료한 비판의식을 늘 갖고 계셨습니다. 그리고 그런 잘못을 바로잡아야 한다는 신념과 이를 학생들에게 전하고자 하는 의지까지 엿볼 수 있었습니다. 한편으로는 이토록 대단하신 분조차 세상의 모든 일을 하실 수는 없는 노릇이구나 하곤, 하고 싶은 일들에 대한 욕심을 조금이라도 줄여야겠다고 생각했습니다.

셋째, 교수님으로부터 미래의 제 모습을 보았습니다. 교수님께서는 비판적인 내용을 말씀하실 적엔 무서우리만치 날카로운 분이시지만, 한 사람 앞에서는 일반적인 이야기를 할 때는 한없이 부드러운 분이셨습니다. 교수님과 함께한 작업을 떠올려 봅니다. 가문과 선친에 대한 기록, 교수님의 생각이 담긴 온갖 저작의 정리, 군부 독재 시기의 병영 일기 … 이 모든 기록은 한 사람을 향해 있었습니다. 아무 생각 없이 기록을 정리하고, 오탈자를 검토하던 차에 넌지시 여쭈었습니다.

"교수님, 이거 다 손자 보여주려고 정리하시는 거 맞죠?"

"아는구나!"

"그럼요."

웬만해선 사람을 부러워하지 않는데, 정병수 교수님의 손자는 그렇게 부러웠습니다. 저는 거의 물려받은 바가 없지만, 저 역시 훗날 사회생활을 할 때 제 자녀에게 물려주고자 많은 것을 기록으로 남기고 있기 때문입니다.

지금까지 정병수 교수님처럼 강한 추진력을 가진 분을 본 바가 없습니다. 어떨 때는 냉철하고, 어떨 때는 따뜻하게 보듬으시는 모습을 곁에서 지켜보았습니다. 교수님께서 정리하시는 모든 기록과 일들은 얼마 후에 손자·손녀가 물려받았을 때, 가슴을 울릴 유산이 될 것임이 틀림없습니다. 교수님께는 미치지 못하더라도, 교수님께 보고 배운 바가 있는 만큼, 그런 아버지이자 할아버지가 될 수 있기를 소원합니다.

정병수 교수님의 손자 정기백 군에게

박준화
제자

안녕하세요? 기백군, 나는 교수님의 작업을 도와드리는 학생 중 한 명인 박준화입니다. 기백 군이 아직 어린 관계로 제가 뜻을 전하는 데 어려움이 있어 글을 남깁니다. 교수님, 그러니까 기백 군의 할아버님께서는 기백 군에게 물려주고자 많은 기록을 정리하셨습니다. 학생들에게 용돈까지 주실 만큼, 기백 군에 대한 사랑이 대단하셨어요. 저와 둘이서만 있을 때는 냉철하시다가도, 손자가 집에 오면 '오냐 오냐' 하시며 영락없는 할아버지로 변하셨답니다.

기백 군을 시작으로, 교수님의 손자·손녀들은 그 존재부터 교수님께 아니 할아버님께 정말 큰 사랑을 받고 있었다는 걸 꼭 기억해 주시길 바랍니다. 할아버님께서 남기신 글 '한 자 한 자' 모두 편치 않은 건강에도 불구하고 '시간이 없다'라며 손자녀들에게 사랑을 전하기 위한 재촉이었습니다. 이 사랑이 얼마나 큰 것인지 기백 군은 꼭 기억해야 해요. 할아버님뿐만 아니라 학생들도 기백 군과 형제들에게 그 사랑을 전하고자 했으니까요. 할아버님은 마지막까지도 기백군에게 사랑을 전하고자 하셨어요. 나는 기백군이 너무나 부럽습니다.

할아버님께서는 그 옛날 회계사를 몇 명 뽑지도 않던 시절에 회계사가 되신, 그야말로 대단한 분이라고 홍성찬 교수님께서도 말씀하셨답니다. 연세우유, 대학 회계 등 여러 업적을 남기셨어요. 이렇게 크신 분을 할아버지로 둔 것이 부디 자부심이자 용기로 이어가길 바랍니다. 할아버님도 젊은 시절에 고민이 많으셨습니다. 때때로 지혜가, 혹은 할아버지의 위로가 필요하다면, '병영일기' 같은 기록을 살펴보길 바랍니다.

교수님의 칠순 기념으로 출간하고자 했던 문집의 축사를 출력해두겠습니다. 오래도록 교수님의 온기가 기백군에게 머물길 바랍니다. 연락처라도 남겨두라는 사모님 말씀에 전화번호를 적어두니, 할아버님께서 어떤 분이셨는지, 가족이 아닌 학생을 뭐라 기억하는지 등 궁금한 일이 생기면 연락을 주세요.

인자한 조선의 선비

최지수
제자

정병수 교수님을 처음 만난 건 2021년도 상반기였습니다. 그때 당시 코로나로 인해 비대면 수업이 진행될 때였습니다. 2021년 1학기 수업을 준비하려고 각 수업의 수강편람을 보는 중에 '재무제표와 기업분석'이라는 수업에서 조교를 구한다는 교수님의 글을 보고 교수님께 연락드린 것이 인연이 되었습니다. 교수님 집 근처 자그마한 카페에서 교수님을 처음 뵀었는데 첫인상은 뭔가 엄격하시고, 무뚝뚝하신 분이실 것 같았습니다. 그렇게 처음 만나 인사드린 이후로 매주 정기적으로 교수님 집에 가서 수업 조교 일을 했었습니다. 그때 느꼈던 교수님의 참모습에 대해서 몇 가지 나눌까 합니다.

봄에 꽃내음이 가득한 산책길을 따라가면 교수님 댁이 있었습니다. 도착하여 교수님 댁에 도착하여 방문한 순간 무언가 형언할 수 없는 평화로움과 여유로움이 있었습니다. 고요하고 창문 사이로 잔잔한 바람이 부는 그때의 그 평온한 감정이 글을 쓰면서 다시 올라오는 것 같네요. 거실을 지나 교수님 방에 들어가서 자리에 앉아서 교수님께서 요청하신 업무에 대해서 이런저런 작업을 하기 시작했습니다.

'탁 탁 타 탁…'

키보드 두드리는 소리만이 정적을 깼습니다. 그때 당시 저는 처음 보는 분에게 낯을 좀 가리기도 하고, 무엇보다 저보다 나이가 많으신 어른을 상대할 때는 더욱 어려움이 많아서 아무 말 하지 않고 일에 집중하고 있었습니다. 그때의 정적을 깬 것은 교수님이셨습니다. 저에 대해서 궁금해하시고 물어보시고 또 본인 이야기를 이런저런 얘기를 해주시는데 처음 카페에서 봤던 그 이미지와는 다르게 느껴졌습니다. 교수님의 과거 이야기, 손주 이야기 등을 들으면서 이런 생각이 들었습니다.

'교수님은 굉장히 따스하신 분이고 배려심이 깊은 분이시네'

그렇게 생각하던 와중에 교수님께서 일하면서 중간중간 쉬어줘야 한다면서 좀 쉬라고 하시고, 간식까지 준비해 주시는 부분에서 그 마음은 더욱 확고해졌습니다. 그리고 교수님을 점점 알아가면서 더욱 확신하게 되었습니다.

두 번째로 교수님께서는 정이 많으시고, 싫은 소리를 잘못하시는 성격입니다. 부끄럽게도 저는 간간이 몇 분 정도 지각할 때가 많았습니다. 지금 이 글을 쓰는 것도 언제까지 써달라 요청하신 날짜보다 며칠 더 늦게 작성해 보내드리고 있습니다. 이런 부족한 제자인데도 불구하고 단 한 번의 싫은 소리를 안 하셨습니다. 또 정이 많으십니다. 겉으론 전혀 표현을 안 하시지만 작은 것에도 감사해하시고, 종종 마음의 여유가 없어 연락을 못 드리면 전화까지 해주셔서 어떻게 지내는지 물어봐 주시는 그런 분이십니다. 이런 인간적인 부분이 참 아름답고 좋아서 지금까지 교수님을 좋아하고 존경하며 따르는 것 같습니다.

'지수야~' 라고 온화하게 불러주실 때는 마치 어릴 때 저를 불러주신 할아버지 생각도 나고…. 교수님 댁에서 일했던 그때 그 시절이 참 좋았습니다.

그리고 교수님 댁을 방문하신 분들은 아시겠지만, 수많은 책과 교수님께서 그동안 살아오시면서 남긴 발자취들이 책장에 고스란히 담겨 있습니다. 그러한 것을 보면서 참 많은 생각이 들었습니다. 가장 먼저 드는 생각은 어떻게 해오신 것들을 하나도 빠짐없이 자료로 남겨놓으셨을까? 진짜 웬만한 집념이 아니면 추진할 엄두도 나지 않을 텐데 그러한 것을 묵묵히 집행하시는 모습을 보면서 교수님께서는 무언가 하고자 하신다면 끝까지 끝을 볼 때까지 밀어붙이시는 분이시다는 것을 느꼈습니다. 과거와 달리 나이가 드셔서 허리가 많이 휘시고, 행동도 빠릿빠릿하시지 못하신데 그 정신과 마음만큼은 어느 청춘보다도 더 날 새고 열정이 넘쳤습니다. 대관절 그러한 모습을 보면서 우리 정병수 교수님은 젊었을 때 어떠한 분이셨을까 참 궁금해졌었습니다. 연세우유와 연대 재단 본부장을 역임하시고, 사립대학 회계감사 기반을 다진 분이신 것은 다음에 알게 되었습니다.

경영학도이면서 문학적인 소질까지 겸비하신 점에서 참 교수님에게서 배울 것이 많다고 느꼈습니다. 과거 조선 시대 선비들은 학업뿐만 아니라 문학적인 소질까지 두루 갖추고 있었다 하는데 현대판 선비가 아닐까 하는 착각이 들 정도로 문장력과 여러 문학적 학식이 뛰어났습니다. 무엇보다 육신과는 다르게 정신은 날이 선 칼처럼 날카로웠습니다. 교수님 일을 도와드리면서 맞춤법이 틀리거나, 문맥이 맞질 않거나, 잘못된 것이 있다면 넘어가는 법이 없으셨습니다. 처음에는 그 작은 것들은 넘어가도 상관없지 않겠냐고 생각했었는데 교수님의 '노력의 산물'이 하나둘 보면서 제가 너무 안일하게 생각했다고 느꼈었습니다. 하지만 이러한 분이 스마트 폰이라든지, 본인이 관심 없어 하는 분야에 대해서는 작아지는 모습을 보면서 동네 할아버지 같은 인간미도 느낄 수도 있었습니다.

마지막으로 교수님께서 어린 시절을 시골에서 자라셔서 그런지 뭐랄까 정말 교수님의 내면의 본질이 순수하고 깨끗하다는 느낌을 많이 받았습니다. 어떠한 부분에서 그렇게 느꼈는지 얘기를 해보라고 하면, 하나하나 얘길 할 수 없지만, 몇 년 동안 교수님을 알아 오고 대화해 보고 곁에 있으면서 느낀 점입니다. 그래서 과거에 사람에게 상처를 좀 받았을 수도 있으셨겠다는 생각이 들 만큼 고고하시지만, 한편으로는 여리고 순수하신 모습도 있는 분이십니다.

A4용지 몇 장으로 교수님의 모습을 말씀드리기엔 제한이 많은 것 같습니다. 그래서 제가 그동안 봐온 교수님을 한 단어로 표현

해 보자면, 인자한 조선의 선비라고 표현해 보고 싶습니다. 인자하지만 고고하고, 여리지만 날카로우시며, 뜻을 세우면 그것을 진행하는 추진력이 매섭지만, 정과 배려 또한 많으신 그러한 선비이신 것 같습니다.

이 문집이 교수님과 추억을 공유하는 모든 분의 가슴에 깊은 울림을 남길 수 있기를 바랍니다.

P.S. 번외(교수님께 드리는 개인적인 글)

신학대학 다니셨다가 그만둔 교수님께서 보셨으면 하는 자료를 추가로 보내드립니다:) 기독교는 인간의 존엄성과 양심의 최후의 보루이자, 인간의 자존감을 회복시켜 주고, 불완전한 인간이기에 누구나 상처를 받으면서 사는데 그 상처를 조건 없는 사랑으로 치유해 주셔서 온전한 나로 회복시켜 줍니다. 그것이 인간이 만들어 낸 종교와는 다른 절대 진리인 겁니다. 불교는 인간이 수행을 통해서 자기 자신을 비워 열반에 구원에 이르는 것을 목표로 하고 있습니다. 기독교는 그것과 정반대입니다. 아래의 글을 읽으시면 기독교에 대해 더 잘 이해하실 수 있을 것입니다.

창조주 하나님과 여호와 하나님

1. 창조주 하나님

과학자들도 창조주 하나님은 많이 믿습니다. 하지만 그 여호와 하나님에 대해서는 부정을 합니다. 그래서 그 의미에 대해서 말씀드려보고자 합니다.

#창세기 1장 전체

1. 태초에 하나님이 천지를 창조하시니라…

하나님께서 천지를 창조하신 부분이 나오고, 하나님 명칭을 사용합니다.

- 하나님 명칭=히브리어로 엘로힘 {신을 뜻하는 단어. 하나님이라는 단어는 하나님 창조사역과 주권과 관련 있음. 위엄과 영광 쪽에 집중돼 있음.} 2,570회 언급돼 있습니다.

2. 여호와 하나님

#창세기 2장 전체

7. 여호와 하나님이 땅의 흙으로 사람을 지으시고 생기를 그 코에 불어 넣으시니 사람이 생령이 되니라…

하나님은 창조주뿐만 아니라, 창조 가운데 인간을 특별한 목적과 사랑과 은혜 그리고 언약 가운데에서 특별한 계획 가운데에서 창조하셨습니다. 그래서 약속을 인간과 하시는 분이시죠. 대화를 하시는 분입니다. 그런 의미를 담은 것이 바로 여호와 하나님입니다.

- 우리는 하나님의 형상에 따라 지으셨다. 그리하여 우리를 특별히 사랑하시고 우리와 언약하시고, 그것을 반드시 이뤄 가시는 특별한 언약 관계 가운데에서 인격체로서 만나시고 동

행하심을 알게 됨.

• 성경에 나와 있는 하나님의 인격적인 이름 5,321회 언급. 원래 히브리어의 네 문자 YHWH

• 이 여호와의 이름은 하나님의 인간을 향한 친밀함, 특별한 관심, 특히 하나님의 인간과의 언약 관계를 함축하고 있습니다.

#출애굽기 6:3~8

4. 가나안 땅 곧 그들이 거류하는 땅을 그들에게 주기로 그들과 언약하였더니

5. 이제 애굽 사람이 종으로 삼은 이스라엘 자손의 신음을 내가 듣고 나의 언약을 기억하노라.

6. 그러므로 이스라엘 자손에게 말하기를 나는 여호와라 내가 애굽 사람의 무거운 짐 밑에서 너희를 빼내며 그들의 노역에서 너희를 건지며 편 팔과 여러 큰 심판들로써 너희를 속량하여

7. 너희를 내 백성으로 삼고 나는 너희의 하나님이 되리니 나는 애굽 사람의 무거운 짐 밑에서 너희를 빼낸 너희의 하나님 여호와인 줄 너희가 알지라

8. 내가 아브라함과 이삭과 야곱에게 주기로 맹세한 땅으로 너희를 인도하고 그 땅을 너희에게 주어 기업을 하게 하리라 나는 여호와라 하셨다 하라.

이 말씀을 보면 여호와 하나님의 의미를 더 명확하게 알 수 있습니다.

#창세기 3:5

5. 너희가 그것을 먹는 날에는 너희 눈이 밝아져 하나님과 같이 되어 선악을 알 줄 하나님이 아심이니라

보면 사탄은 하와를 꼬실 때 여호와 하나님이라 부르지 않고 하나님이라 부릅니다. 즉 귀신이나 사탄, 마귀들도 하나님에 대해선 압니다. 하지만 21C에선 그러한 창조주 하나님까지 안 믿는 자들이 많죠.

성경은 무엇입니까?

1. 여호와 하나님의 약속 말씀

- 구약과 신약으로 이루어져 있습니다. 다시 말해 예수님께서 오시기 전의 약속의 말씀을 구약으로, 그리고 예수님 온 이후 약속의 말씀을 신약이라고 합니다. 일례로

#누가복음 21:29~33

29. 이에 비유로 이르시되 무화과나무와 모든 나무를 보라
30. 싹이 나면 너희가 보고 여름이 가까운 줄을 자연히 아나니
31. 이같이 너희가 이런 일이 일어나는 것을 보거든 하나님의 나라가 가까이 온 줄을 알라.
32. 내가 진실로 너희에게 말하노니 이 세대가 지나가기 전에 모든 일이 다 이루어지리라.
33. 천지는 없어지겠으나 내 말은 없어지지 아니하리라

모든 나라에는 그 나라를 대표하는 나무가 있습니다. 이스라엘은 무화과요, 대한민국은 무궁화입니다. 그 언약의 말씀대로 현재 이스라엘이 독립해 있으며, 모든 나라가 독립해 있습니다. 언약이 사실로 이뤄지고 있습니다.

2. 하나님은 어떠한 분이신지, 그리고 우리의 창조 목적이 나와 있습니다.

#창세기 2:9

9. 여호와 하나님이 그 땅에서 보기에 아름답고 먹기에 좋은 나무가 나게 하시니 동산 가운데에는 생명 나무와 선악을 알게 하는 나무도 있더라

이 부분에서 하나님은 어떠한 분인지, 그리고 인간의 창조 목적을 알 수 있습니다.

하나님은 영원한 분이시고[영생 나무] 거룩하신 분[선악과나무]이십니다.

#창세기 1:26~27

26. 하나님이 이르시되 우리의 형상을 따라 우리의 모양대로 우리가 사람을 만들고 그들로 바다의 물고기와 하늘의 새와 가축과 온 땅과 땅에 기는 모든 것을 다스리게 하자 하시고

27. 하나님이 자기 형상 곧 하나님의 형상대로 사람을 창조하시되 남자와 여자를 창조하시고

에서 볼 수 있다시피 우리도 하나님 형상대로 지어졌기 때문에, 주님께선 주님처럼 영원한 삶을 살고 거룩히 살길 원하십니다. 또한 생명 나무와 사망 나무를 동시에 에덴동산에 두신 것은 바로 자유의지를 주시길 원하시고 존중하시기 때문입니다[로봇을 만들려 하지 않으셨죠.].

그 이유는 주님께서도 자유의지를 가지고 계시기 때문입니다. 우리는 그러한 창조 목적 대로 주님의 언약으로 말씀으로 다시 돌아가야 합니다.

3. 성경의 시작과 끝에 반역죄[=원죄]에 대해서 언급하고 있습니다.

- 핸드폰을 사더라도 Made in China와 작동 매뉴얼이 있습니다. 그것이 바로 영생 나무[모든 생명은 나에게서 나오는 것이다. 즉 하나님만이 영생의 근원이고 생명의 왕과 주인이심]와 선악과[선악의 기준은 오직 하나님께서 정하신다. 즉 선과 악의 기준을 정하시는 입법자, 준행하시는 거룩한 재판장이심. 거룩함의 매뉴얼]인 것입니다.
- 하지만 에덴동산이 실제 지구상에 있었냐 없었냐 그 문제는 차치하고 이념만 우선 보자면 우리는 하나님께 반역죄를 저질렀습니다. 지금 이스라엘과 팔레스타인 전쟁을 보시면 누가 선이고 누가 악입니까? 팔레스타인을 어떻게 보면 일제 강점기 시대의 독립군으로 볼 수도 있습니다. 인간의 역사를

보면 다 자기가 선이라고 합니다. 하지만 그것은 역사를 보면 압니다. 허황된 것이죠. 아담과 하와가 선악과를 따먹어 그 죄가 우리에게 대물림돼서 죽는 게 아닙니다. 우리도 그들과 마찬가지로 인생을 살면서 저지른 크나큰 반역죄를 저지른 죄인들입니다.

#창세기 2:17

17. 선악을 알게 하는 나무의 열매는 먹지 말라 네가 먹는 날에는 반드시 죽으리라 하시니라

#히브리서 9:27

27. 한 번 죽는 것은 사람에게 정해진 것이요 그 후에는 심판이 있으리니

그 반역죄를 저지른 죄인들이기에 우린 죽을 수밖에 없는 존재들 입니다.

#요한계시록 22:18~19

18. 내가 이 두루마리 예언의 말씀을 듣는 모든 사람에게 증언하노니 만일 누구든지 이것들 외에 더하면 하나님이 이 두루마리에 기록된 재앙들을 그에게 더하실 것이요

19. 만일 누구든지 이 두루마리 예언의 말씀에서 제하여 버리면 하나님이 이 두루마리에 기록된 생명 나무와 거룩한 성에 참여함을 제하여 버리시리라

성경의 마지막에서도 인간이 선악과를 따먹어, 하나님을 반역하고, 내 인생의 주인을 나로 두고 살며, 내가 선과 악을 판단하

며 살아가는 그 죄에 대해서 경고하시고 있습니다. 또한 더 나아가 하나님을 우리 인생의 참주인으로, 하나님께서 기준을 정해 놓은 선과 악대로 즉, 성경에 나온 말씀대로 거룩하게 살라는 것을 명령하고 있으십니다. 그리하여 하나님의 관계가 회복되어 영원히 하나님과 관계 속에 사랑 안에 거하면서 자유를 얻길 소망하고 있으십니다.

그것이 우리 연세대의 신조이기도 합니다.

#요한복음 8:31~32

31. 그러므로 예수께서 자기를 믿는 유대인들에게 이르시되 너희가 내 말에 거하면 참 내 제자가 되고

32. 진리를 알지니 진리가 너희를 자유롭게 하리라

4. 그러한 죽을 수밖에 없는 반역죄를 저지른 죄인인 우리를 대신하여 예수님께서 이 땅에 오신 이야기를 성경은 이야기하고 있습니다.

#요한복음 3:16

16. 하나님이 세상을 이처럼 사랑하사 독생자를 주셨으니 이는 저를 믿는 자마다 멸망치 않고 영생을 얻게 하려 하심이니라

그러한 죄를 대신하여 예수님께서는 아무 죄도 없이 십자가에 못 박혀 죽으시고 죽음에서 부활하셔서 권능을 보여주셨습니다. 그러한 점이 인간이 만든 다른 종교와 다른 점입니다.

5. 마지막으로 성경은 곧 하나님이자, 마음의 양식이자 사탄

들을 이겨낼 성령의 검입니다.

요한복음 1:1

1. 태초에 말씀이 계시니라 이 말씀이 하나님과 함께 계셨으니 이 말씀은 곧 하나님이시니라

마태복음 4:4

4. 너희는 빵으로 살지 말라. 사람이 빵으로만 살 것이 아니요, 하나님의 입에서 나오는 모든 말씀으로 살 것이니라

에베소서 6:17

17. 구원의 투구와 성령의 검 곧 하나님의 말씀을 가지라

- 말씀을 통해 죄와 대적하여 승리할 수 있습니다. 우리의 내면의 성장을 이뤄낼 수 있는 것이 바로 말씀입니다. 또한 사탄들을 물리칠 성령의 검입니다.

7

연세유업의
탁월한 경영인

나의 영원한 스승,
정병수 본부장님의 칠순을 축하드리며

김경민
연세우유

본부장님. 세월이 많이 흘렀습니다. 지금부터 30여 년 전인 1994년 본인은 해태유업에서 연세대학교 연세우유로 이직을 하게 되었습니다. 이직하고 연세우유의 새로운 업무를 하나하나 배울 때였습니다. 주위의 많은 사람이 얘기하기를 "연세대학교 재단에 호랑이 감사님이 계시다"라는 것이었습니다. 호랑이 감사님은 사시 · 행시보다 붙기 어렵다는 초창기 공인회계사를 합격하고 얼마나 일을 잘하고 똑똑하시면, 연세대학교 교수, 재단 이사, 연세대학교 직원 모두가 그 호랑이 감사님을 제대로 쳐다볼 수도 없으며, 심지어 교육부의 행정 서류 하나를 고치더라도 그분의 재가가 없으면 고칠 수 없다는 이야기를 전해 들었습니다.

과연 그분이 누굴까? 궁금해하던 중, 1995년 뜻하지 않은 고름우유 파동의 직접 대상자로 연세우유가 대한민국 매스컴의 중심에 서게 되었습니다. 고름우유 파동 속에 잘 나가는 연세우유의 매출이 하루아침에 반토막 나는 경영 위기에 봉착하게 되었습니다. 망해가는 회사의 마지막 보루로 연세대학교 재단 소속이신 그 호랑이 감사님이 연세우유 공장장으로 부임한다는 소식을 들었습니다. 그때의 솔직한 저의 생각은 회사가 망한다는 걱정에 앞서 "내가 망했구나"하는 생각이 먼저 들었습니다. 뵌 적도 없고 풍문으로만 듣던 그 '호랑이' 감사님이 우리 회사 공장장으로 오시다니 "이제 죽었구나"라는 생각은 저뿐만이 아닌 연세우유 전 직원이 느끼는 공포였습니다. 그 호랑이 감사님이 다름 아닌 바로 지금 이 자리에 앉아 계시는 정병수 본부장님이십니다.

본부장님께서는 고름 우유 파동의 직접 거론이 된 5개 대기업 중 동서·두산·삼양·서주는 모두 망했지만, 오직 연세우유만이 다시금 살아났고 경영 회복의 역사를 세우신 분이 바로 그 호랑이 감사 아닌 정병수 본부장님이 헌신한 결과물입니다. 연세우유 공장장을 통해서 보여주신 본부장님의 탁월한 능력은 연세대학교 재단 처장, 본부장을 역임하시면서도 어김없이 이어가셨습니다. 재단빌딩의 리모델링, 건물 신축, 장례식장의 변화 나아가 연세대학교 송도캠퍼스 선정 등에 열정을 바치며 일하시는 초인적 모습에 모든 직원이 감탄하고 존경하지 않을 수 없었습니다. 감히 이 자리에서 본인이 말씀드리고자 싶은 것은 너무나 가까운 곳에 있는 소중한 것의 가치를 잘 모르듯이, 가정에서 보는 정병수 아버지, 정병수 시아버지는 우리가 생각하는 상상 이상으로 훌륭하고 멋진 분이셨다는 것입니다.

가끔은 연세대학교 본부장 시절, 연세우유 공장에 내려오시면, 직원들과 어울려 그 넓은 운동장을 뛰어다니시며 직원들과 함께 축구하고 샤워하는 모습이 아직도 제 눈에 선합니다. 그렇게 건강하시던 본부장님께서 지금은 허리가 불편하셔서 고생하고 계십니다. 너무나 안타깝지만, 한편으론 평생을 쉼 없이 너무 앞만 보고 달리기만 하셨으니 이제 잠시 몸 관리하시고 쉬시라는 하늘의 뜻이라고도 생각합니다.

본부장님~~ 망해가고 쓰러져 가는 연세우유도 굳건히 일으키고 세우셨듯이, 본부장님 허리도 다시금 세우시고 회복시키리라 저는 굳게 믿고 또 믿습니다. 금일, 직계 가족이 주관하는 본부장님의 칠순 잔치에 참석하게 되어 정말로 영광스럽게 그리고 감사하게 생각합니다.

다시 한번 본부장님의 칠순을 진심으로 축하드립니다.

그리고, 본부장님 사랑하고 존경합니다.

시간을 아껴 쓰는 경영인

엄기호
한국 IP 임원

미국의 INTERNATIONAL PAPER 회사는 우유 팩(CARTON-PACK)을 공급하는 세계 굴지의 회사이다. 나는 1984년 미국의 INTERNATIONAL PAPER 회사와 합작하여 국내에 ㈜한국아이피(IP)라는 회사를 설립하는 데 동참하였다. 회사를 설립하는 데 있어서 여러 복잡한 과정이 있었지만, 그런대로 순조롭게 합작회사를 설립할 수 있었다.

나는 ㈜한국아이피(IP)의 임원으로 활동하면서 사회의 많은 사람과 교류를 하였다. 특히 회사의 전반적 관리뿐만 아니라 영업을 담당하고 있었기에, 거래처 및 잠재적 거래처에 해당하는 우리나라 유업체의 임원들과 많은 교류를 갖게 되었다. 이 속에는 사립대학으로서 유가공을 수익사업체로 운영하는 연세대학교의 연세우유도 포함되어 있다. 1980년대 후반 연세우유는 우유를 유리병 포장에서 종이 포장으로 전환하였다. 이에 내가 연세우유 임원으로 처음 만난 분이 연세재단 본부에 근무하는 정병수 본부장이었다. 정확한 날짜는 기억이 안 나지만 아마 1985년경으로 짐작된다. 처음 만났을 때의 정병수 박사는 본부장으로서 매우 신중하고 학구적인 인상이었다. 거래를 시작하면서 느낀 점은 대부분 교수와 같이 합리적이고 분석적인 인상을 받았다. 거래 조건을 까다롭게 제시하는 등 일반 사기업체의 임원들과는 달리 접근하여 저를 긴장시켰다.

한국 최고의 사학이면서 엄청난 재산을 보유하고 있는 것으로 알려진 연세대학교 재단을 총괄 관리하는 직무를 학구적이며 객관적으로 처리하는 모습을 옆에서 바라보면서 놀라지 않을 수 없었다. 이런 접근 방법 덕분에 세계적인 회사인 미국 IP의 경영철학과 조화를 잘 이루게 되어 거래를 합리적으로 할 수 있었다. 가끔 만나 대화를 나누는 과정에서 놀라운 사실을 발견했다. 그 막중한 업무를 관리하는 것도 쉬운 게 아닌데, 박사과정을 밟고 있다는 것이다.

정 본부장은 이미 대학 재학 시에 공인회계사 자격을 취득한 회계전문가인데, 무엇이 부족해 박사과정을 또 밟는지 우리 같은 범인으로서는 이해가 되지 않았다. 거대한 연세대 재단을 운영하는 책임자로서는 몸이 둘이라도 모자랄 판에 시간을 쪼개어 박사과정을 밟는 것을 보고 감탄할 수밖에 없었다. 그 후에도 가끔 만나 대화를 나누다 보니 그의 인생관을 조금씩 알게 되었다. 그는 연세재단의 수익사업체를 사업다각화를 통하여, 보다 효율적이고 시너지 효과를 유발하는 방안을 진지하게 고민하는 것을 볼 수 있었다. 나는 학자 스타일이면서도 사업가 기질을 가진 정 본부장을 보고 내심 감탄하지 않을 수 없었다.

함께 인연을 맺고 교류하던 중, 1997년 미국 IP사로부터 거래처 중 식품개발에 관심이 있는 주요 거래처의 핵심 임원(Key-man) 2명을 추천하여 달라는 전갈을 받았다. 나는 주저 없이 정병수 본부장과 또 다른 거래처의 정현 전무 2명을 추천하였다. 미국에서는 제품개발에 기회를 주어 감사하다는 인사를 전해왔다.

우리는 1997년 10월 31일 인천국제공항을 출발하여 "식품 전람회(Food Show)"를 열고 있는 미국 시카고로 향하였다. 주요 일정은 시카고에서 3일간 "식품 전람회(Food Show)"를 참관하고, 다시 로스앤젤레스(LA)로 이동하여 시장조사를 한 뒤 귀국길에 하와이에서 3일간 머문 후 9월 7일 귀국하기로 되어있었다. 시카고에 도착 후 호텔에 여장을 풀었다. 다음날 "시카고 "식품 전람회(Food Show)"에 참석하여 수백 개의 매장을 꼼꼼히 살펴보았다. 나는 패키징 쪽에 관심이 있었지만, 정 본부장은 포장 방법은 물론 식품에도 깊은 관심을 보여 수많은 전시장을 돌며 관심 품목에 의욕적으로 질문과 상담으로 많은 시간을 보냈다. 이틀간 전시장을 관람하고 또 상담도 하였다.

나는 식품 전람을 보는 것도 중요하지만 최소한 저녁 시간에는 시카고 시내 관광을 하는 것도 의미가 있다고 생각하여 제의하였다. 그러나 정 본부장 본인은 박사논문 준비로 못 갈 것 같다고 하는 것이 아닌가? 일반적으로 동행한 사람이 관광을 요구하기도 하고, 주점(酒店)에 가자고 하는 것이 보통인데, 정 본부장은 '의외의' 반응을 하여 놀라지 않을 수 없었다. 부득이 동행한 정현 전무와 둘이서만 시내 관광을 간단히 하였다.

시카고 "식품 전람회(Food Show)" 관람 일정을 마치고 LA로 향하였다. LA에 도착 후 우리는 디즈니랜드, 유니버설 스튜디오를 관람하기로 했으나, 정 본부장 본인은 시장조사가 먼저라고 백화점 식품 코너와 마트 등을 먼저 볼 것을 주장하여 관광 계획은 최소화하였다. 그 후 마트와 백화점 조사를 하고 나중에서야 디즈니랜드와 유니버셜 스튜디오를 변죽만 울리는 관광을 하였다. 그뿐만 아니라 저녁 식사 후 호텔 방에서 나오지도 않고 박사논문을 준비하는 정 본부장을 보고 '명예 등 모든 것'을 가진 분이 왜 저렇게까지 학구열에 전력을 다하는지 그 당시는 이해가 되지 않았다.

LA 여정을 마치고 하와이로 향하였다. 이제 좀 쉬고 하와이에서는 힐링(healing)을 하자고 제안했음에도 유명 관광지만 눈도장을 찍고, 자기에게 주어진 시간을 박사논문에 쓰겠다고 하는데 우리는 경악을 금치 못하였다. 그 집념이 대단해 보였다. 하와이에서는 와이키키 해변, 인디언 민속촌방문 등 일부 지역을 관광 후 우리는 모처럼 자유로운 시간을 가졌다. 그 와중에서도 정 본부장의 마음은 오로지 박사논문에만 집중되어있는 것처럼 보였다. 그 열의에 존경하지 않을 수가 없었다.

그렇게 우리 일행은 8일간의 일정을 마치고 귀국길에 올랐다. 비행기 안에서도 우리는 편안히 잠을 자며 왔으나, 정 본부장은 논문자료를 펼쳐놓고 집중하고 있었다. 7박 8일의 여행 일정을 마치고 인간 "정병수" 본부장을 조명해 볼 때, 과연 성공적인 삶을 위하여 남이 못 가진 공인회계사 자격증에다 연세대학교 재단의 최고 경영책임자의 자리에 있으면서도 박사학위 취득을 위한 집념을 보면서 적은 나이가 아님에도 그 끝없는 노력에 존경을 표하지 않을 수가 없었다.

소년이로 학난성(少年易老學難成)이라는 말이 있다. 이는 송나라 대유학자로서 성리학을 집대성한 주자(朱子)의 권학문(勸學文)에 나오는 시의 첫 구절로 원문은 다음과 같다.

소년이로 학난성(少年易老 學難成)

일촌광음 불가경(一寸光陰 不可輕)

미각지당 춘초몽(未覺池塘 春草夢)

계전오엽 이추성(階前梧葉 已秋聲)

풀이하면 소년은 늙기 쉽고 학문은 이루기 어려우며, 한순간도 헛되이 보내지 말라. 연못가의 봄풀이 채 꿈도 깨기 전에 계단 앞의 오동나무 잎이 가을을 알리노라. 다시 말하면 배움에는 때가 있으니 젊은 시절 부지런히 공부하라는 뜻을 담고 있다. 이 시는 도연명의 '성년부중래 일일난재신(盛年不重來 一日難再晨; 젊음은 일생에 두 번 오지 않으며, 하루 동안에 아침이 두 번 오지 않는다.)'과 함께 면학을 권장하는 유명한 구절이다.

정 본부장이 바로 앞의 시를 실천하는 장본인이다. 정 본부장은 거기에다 후학을 위하여 틈틈이 경영이나 회계 관련 저술을 여러 번 발간하고, 강의도 했다. 이는 "인생은 혼자만의 삶이 아니고, 남을 위한 희생을 할 때 보람이 크다"라고 하는 덕목을 몸소 실천하는 것이라 할 수 있다. 시간을 아껴 쓰며 실천하는 그 모습이 한없이 존경스럽고 아름답다. 더욱 멋있는 아름다운 삶을 위하여 정병수 박사님이 앞으로도 건강하시기를 빌며 이 글을 바친다.

흔들리지 않고 피는 꽃이 어디 있으랴

박영준
前 빙그레 대표이사

예전 같으면 회갑을 지나 칠순이 되면 장수를 축하하며 잔치를 하였겠지만, 오늘날은 70세의 생존확률이 약 86%가 되는 100세 시대가 되었다. 따라서 칠순 모임도 가족과의 조촐한 식사 자리로 대신하는 것이 훨씬 자연스러운 문화가 되어가고 있다. 우리나라 2022년도 출산율이 0.78명으로 세계 최하를 기록하면서, 손주들이 있고 그 손주들의 재롱과 재잘거림만으로도 할아버지, 할머니가 즐거워하는 기이한 시대가 되고 있다.

간혹 주위에 손자 손녀 없이 칠순 식사를 하는 모습을 보노라면, 장수도 좋지만 그것은 또 하나의 씁쓸함이 되는 듯하여 측은해 보이기도 한다. 더구나 찬바람이 밀려와 낙엽을 휩쓸고 겨울을 재촉하는 때가 오면, 그 절절함이 피부에 와닿는다. 이런 경우에는 나훈아의 노래 '무심 세월'이라는 노래도 위로가 되지 않는다.

무심한 세월아 냉정한 세월아
너는 어찌 그리도 빠르니
너 따라가려 하니 이젠 힘이 드네

우리 잠시 쉬었다 가자
얄궂은 세월아 변덕쟁이 세월아
나 어릴 땐 그리도 늦더니
숨 가쁜 한 세상 앞만 보고 왔는데
어서 따라오라는 세월
나는 쉬엄쉬엄 쉬며 갈 테다 (이하 생략)

사람은 만물의 영장이라고 하나, 시간이나 세월은 사람의 천적임이 틀림없다. 시간은 오늘도 우리를 데리고 어딘가로 떠나고 있다. 시간의 물결을 타고 떠난 자가 돌아온 경우는 진 시황도 또 그 어떤 영웅도 없다. 이런 가운데 길어진 삶의 궤적을 잠시 돌아보면서 한 사람을 생각해보는 것도 의미가 있다 할 것이다.

정병수 본부장은 유가공업계의 리더로서, 상당한 기간 내가 뵐 수 있었던 것도 인연이요 행운이 아닐 수 없다. 그분은 공인회계사로서 또 학자로서 나아가 유업체의 경영자로서 냉철하고 분석적이지만, 말쑥하고 유머 감각과 인간미가 넘치는 분이다. 즉, 연세대학교 캠퍼스의 분위기와 어울리는 분이며, 언제나 선한 영향을 주는 분인데, 최근 건강이 좋지 않다는 소문을 듣고 마음이 무겁다.

누구나 칠순이 가까워지면 매년 받아 보는 건강검진결과표의 첫 페이지가 하얀 여백이 많았던 젊은 시절과는 달리 한 장을 다

채우고도 모자라는 자신의 건강검진표를 발견하고 한숨을 쉬게 된다. 이때면 건강과 관련하여 아프지 않은 손가락이 없다. 은퇴하고 어느 정도 지나고 나면 어느 순간 집 안 거실 한구석에는 아름다운 꽃병 대신에 약병이 그 자리를 차지하고 있게 된다. 이는 파도 같은 욕심도 애태우는 고심도 내려놓고 편안한 마음으로 살라는 신호이다. 불교에서는 이를 방하착(放下着)이라 한다. 과거를 뒤돌아보면, 도종환 님의 "흔들리며 피는 꽃"이 생각난다.

흔들리며 피는 꽃

- 도종환

흔들리지 않고 피는 꽃이 어디 있으랴
이 세상 그 어떤 아름다운 꽃들도
다 흔들리면서 피었나니
흔들리면서 줄기를 곧게 세웠나니
흔들리지 않고 가는 사랑이 어디 있으랴

젖지 않고 피는 꽃이 어디 있으랴
이 세상 그 어떤 빛나는 꽃들도
다 젖으며 피었나니
바람과 비에 젖으며 꽃잎 따뜻하게 피웠나니
젖지 않고 가는 삶이 어디 있으랴

그렇다. 저나 정병수 본부장도 바람에 흔들리며 때론 비를 맞으면서 살아왔다. 그런 세월 속에도 '고맙다'라고 느끼는 것이 중요하다. 가만히 생각해보면 우리는 이 세상은 많은 고마움과 감사함을 받으면서 살아간다. 정병수 본부장님과 맺은 좋은 인연도 고맙고, 감사할 따름이다. 그러나 우리는 고마움과 감사함을 잘 느끼지 못하면서 살아가고 있을 뿐이다. 김수환 추기경의 "그러려니 하고 살면 됩니다."라는 시가 바로 이를 포괄하고 있습니다.

그러려니 하고 살면 됩니다.

\- 김수환 추기경

인생길에 내 마음 꼭 맞는 사람이 얼마나 있겠습니까.
나라고 누구 마음에 꼭 맞겠습니까?
그러려니 하고 살면 됩니다.
내 귀에 들리는 말들이 좋게 들리지 않을 때가 있습니다.
하지만 내 말도 더러는 남의 귀에 거슬릴 때가 있으니
그러려니 하고 살면 됩니다.
세상은 항상 내 마음대로 풀리지는 않으니 마땅찮은 일 있어도
세상은 다 그렇다고 하고 살면 됩니다.

다정했던 사람 항상 다정하지 않고, 헤어질 수도 있습니다.

온 것처럼 가는 것이니

그러려니 하고 살면 됩니다.

무엇인가 안 되는 일 있어도 실망하지 말자.

시간이 지나 되돌아보면 일이 잘 풀릴 수도 있습니다.

그러려니 하고 살면 됩니다.

사람이 주는 상처에 너무 마음 쓰고 아파하지 말자.

세상은 아픔만 주는 것이 아니니,

그러려니 하고 살면 됩니다.

집착하지 말고,

그러려니 하고 살면 됩니다.

구구절절 가슴을 때립니다. 그러나 그렇게 살기가 어디 쉽나요? 정 본부장님, 흔들리지 않고 피는 꽃은 없듯이, 나이만큼 늙는 것이 아니라, 생각만큼 늙는다고 합니다. 지금까지 했던 것처럼 칠순을 맞이하여 더욱 새롭게 시간과 경험을 숙성하여 삶을 멋지게 채색하고 후배들에게 지혜를 조언해 주시길 바랍니다. 또한, 사회에 좋은 교훈 되는 아름답고 멋진 인생길을 보여주십시오. 이만 줄입니다.

배울 것은 많고, 시간은 없네

유재흥
피드랜드코리아 대표

우유 파동으로 신임 공장장이 부임하다.

우리나라 우유 시장에 가장 큰 파동은 1995년 소위 고름우유 사건이다. 젖소에서 짠 생유(生乳)는 균이 있어 사람이 바로 먹을 수 없다. 그래서 우유 회사 공장은 목장에서 모은 우유 속 균(菌)을 죽인 다음 우유 팩에 담아 가정배달이나 마트 등에 공급하여 판매한다. 그런데 우유 속의 균을 죽이는 방법 중에서 '높은 온도에 짧은 시간'으로 하는 게 좋으냐, 아니면 '저온 상태에서 긴 시간'을 통과하는 것이 좋으냐 하는 논쟁이 벌어지고, 그 논쟁의 여파로 우유 속에 항생제(抗生劑)가 들어있다는 보도가 나오는 바람에 연세우유가 하루아침에 통상 출하량의 50%에 불과해 공장의 계속 가동 여부가 심각해 예측불허 상황이 발생했다.

이러한 비상 상황을 수습하기 위하여 재단 본부의 모 차장이 공장장이란 직책으로 파견되었다. 신임 공장장은 공인회계사이기도 해 기존의 방식과는 여러모로 파격적으로 경영함으로써 공장 가동과 판매가 기적적으로 회복되어 가고 있었다. 그런 가운데 그 신임 공장장에 대한 '하마평'이 극과 극으로 들려오고 있었다. 대단히 유능하다는 소문이 있는가 하면 또 한쪽에선 인정사정 없는 엄격한 사람이라며 혹평을 주저하지 않는다. 그런 속에서 그 신임 공장장에게 인사를 드리기도 쉽지 않았다.

미국 오리건 주 건초 재배지를 직접 봐야겠다

저는 우리나라 젖소나 육우들의 주식(主食)인 건초 사료를 미국의 사막지대인 오리건 주 등에서 수입하여 국내 축산가에 공급하는 중소기업을 운영하고 있다. 신임 공장장은 우리나라에서 젖소가 먹는 건초 대부분은 수입에 의존하고 있다는 사실도, 우리나라 들판에서 자라는 자연풀로서는 영양분도 부족하고 인건비도 비싸 채산이 맞지 않기 때문이라고 보고해도 이해를 잘하지 못했다. 미국의 사막지대에 관개수로, 경비행기로 씨뿌리기와 농약 살포, 연간 3모작 이상의 수확 등으로 우리나라와 경쟁이 안 된다고 해도 여전히 의심이 생기기만 했던 모양이다.

우리 회사는 해마다 정기적으로 거래 업체 임직원을 초청하여 미국의 건초 재배 현황을 둘러보는 연수 겸 마케팅 프로그램을 진행하고 있었다. 업체 직원들과 건초 재배 현장 답사와 가공공장 방문 등의 업무 일정은 3일이면 충분하여 당시 어렵게 얻어야 하는 미국 비자에 대한 가치 보상과 해외여행이 처음인 사람이 많아 업무만 하고 올 수는 없어 대개 미국 서부를 일주하는 패키지에 참가하고 귀국하도록 하는 프로그램을 수행하는 것이 일반적이었다.

그 해도 2개 거래처에 실무자 2명을 추천하여 줄 것을 의뢰하였다. 그런데 의외의 보고를 받았다. 회사에서는 비상 상황이 발생한 것이다. 결재 과정에서 회사대표가 자신이 직접 현장을 답사하여 평소 의문점도 풀고 건초 공부도 했으면 하는 의견을 제시했다는 것이었다. 바로 정병수 공장장이셨다. 전해오는 얘기로는 워낙 까다로운 분이라 함께 가려고 하는 직원도 없고 대화가 잘 통하지 않는 까탈스러운 분이며 술·담배도 안 하는 분이라 하였다. 다른 업체에 전화해 이번 건초 재배지 답사는 회사 사정으로 다음에 하겠다고 양해를 구하고, 내가 처음부터 동행하는 것으로 바꾸었다.

해외 출장은 배우고 공부하러 가는 것

어렵게 설득하여 함께 가게 된 그 회사의 직원은 까다로운 대표와의 여행에 큰 부담감을 느끼고 있었지만, 첫 해외여행에 대한 기대와 설렘이 컸다. 면세점에서 마실 술을 사기로 하고 기왕이면 좋은 것 마시자고 조니워커 블랙을 넘어 조니워커 골드를 한병 샀는데 이를 보고 조용히 한마디 한다.

"해외 출장이 공부하러 가는 거지, 술 마시러 가는 건가?"

정신이 번쩍 든다.

우리의 여행 및 출장코스는 현지 사정에 따라 다소 달라지겠지만 기본적으로 캐나다 밴쿠버에 갔다가 그 주위를 관광하기로 했다. 그 이유는 공장장이 밴쿠버를 처음 가 보는 곳인데다 은퇴 후

살기 좋은 곳으로 책에서 읽었다는 기억 때문이다. 밴쿠버 서스펜션 브리지, Glacier Pikes, University of British Columbia, 스탠리 파크의 거목들 등이다. 이 중에서 공장장은 대학 재단 본부에서 파견된 분이라서 그런지 브리티시콜롬비아 대학에 유독 큰 관심을 보였다. 다행히도 내 친구가 가이드를 해 줘 만족스러운 투어를 마칠 수 있었다, 또한 밴쿠버에서 그리 멀리 떨어지지 않은 곳에 있는 아름다운 Sea to sky 길을 즐기며 찾아간 Whistler 스키장과 Pamberton에서의 로키 산악승마, Horseshoe bay에서의 모터보트도 두고두고 추억거리로 남았다. 캐나다 작은 마을 팸버튼에서 승마와 마파두부를, Horseshoe bay에서는 모터보트의 운전대를 맡겨 3명이 익사할 뻔한 아찔한 경험까지 했다. 특이한 것은 공장장이 연세우유로 오기 전에 세브란스병원의 장례식장을 운영한 탓인지 이동 내내 여러 마을의 공동묘지들을 함께 둘러보아야 하는 기이한 경험을 했다는 것이다. 잠자고 식사하는 시간 외에는 관찰하고 메모하고 또 묻기까지 하는 혹독한 1:1 가이드 신세가 된 것이다.

미국을 향하라

밴쿠버 시를 웬만큼 보고 난 후 드디어 미국으로 향했다. 밴쿠버에서 LA로 해안을 따라 남쪽으로 가는 5번 고속도로를 따라 캐나다 미국 국경을 지나 워싱턴 주를 지나면 오리건 주가 되고 출장의 최종 목적지가 된다. 시애틀 명소와 파이크스 마켓, 오리

건의 광활하고 비옥한 농지, 워싱턴 주의 메마른 사막 안에서 관개로써 달성되는 초대형 농업, 세계에서 가장 큰 사과밭, 사막에 숨겨진 ICBM저장 사일로, 바바리안 빌리지 Leavenworth 등을 보게 될 것이다.

한편 목표지점의 중간에 있는 워싱턴 주 시애틀에서 레인니어 산(Mountain Rainier)을 바라보며 휴식을 하다 보니 점심 때가 되었다. 이 고장엔 왕새우가 좋다고 건의했더니, "아무리 새우가 크다 한들 점심 요기가 되겠느냐?"고 반문이다. 서울에서 랍스터를 먹어볼 기회가 없는 사람으로선 지극히 정상적인 반응이다. 결국 파이크스 마켓에서 대형 랍스터 테일을 사서 먹으니 한 마리를 다 먹지 못하고 남겼습니다. 백문불여일견(百聞不如一見)이란 이런 경우를 두고 하는 것 같다.

사업 파트너인 밥(Bob)의 '집이자 회사'에 도착한 후 공장장은 놀라고 또 놀랐다. Othello. WA. 사업 파트너(Bob E. Jahns)에게 귀한 분의 방문을 미리 알렸고 극진한 환영을 보여주기 위해 집으로 초대하여 바베큐 파티를 열기로 협의하였다. 파트너와 아내는 솜씨 좋은 이웃까지 동원하여 푸짐한 음식을 준비했고, 함께 즐겁게 시간을 보낸 후, 숙소로 돌아올 시간이 되어 파트너에게 특별한 부탁을 하였다. 첫째, 평소 그 집에서 저녁을 먹거나 술을 마시고 숙소로 돌아올 때면 파트너나 가족들은 소파에 앉은 채로 손을 흔드는 것이 최상의 예의다. 자주 만나기도 하고 다음 날 또 보게 될 거라는 등의 이유도 있지만, 동방예의지국에서 온 손님은 그런 생소한 문화에 마음 상할까 걱정이 되었다. 그래서 손님이 집을 나서서 차가 안 보일 때까지 가족 모두 현관에서 손을 흔들고 있는 모습을 연출해 줄 걸 부탁했더니 잘 따라 주었다. 어색하였지만, "공장장님, 저기 손 흔드는 것 보세요"라며 차를 잠시 멈추고 우리도 손을 흔들 기회를 드렸다. 비록 연출이기는 하지만 기분이 나쁘지 않다.

둘째, 공장장이 집안 화장실에 들어갔을 때였다. 화장실에는 세탁기가 있는데, 세탁하지 않은 옷들이 수북하게 쌓여 있는 것도 불편한데, 이게 웬 말인가? 여자 속옷이 여기저기 나뒹굴고 있었으니 혼란스러웠다.

셋째, 당시 우리나라는 생각하지 못한 과학적 농법 현장을 보는 공장장의 얼굴엔 감탄과 무서움이 뒤섞여 괴로운 표정을 짓고 있었다. 사막에 만든 관개수로, 저절로 돌아가는 스프링 쿨러, 경비행기로 뿌리는 씨앗들, 뭐니해도 향후 10년간 자국의 기후 예측과 경쟁국가의 기후 변화를 고려하여 파종할 식물을 선택하는 등을 눈앞에서 보고 있노라니.

우유로 목욕을 하다

현지 유제품 유통 현황을 살펴보러 마트에 들렀는데 우리에겐 생소한 '1갤런' 짜리 대형포장 우유에 관심을 두시고 직원들에게 보여주실 의도로 매입하였다. 밤늦게 잠자리에 들려는데 우유통을 주며 아까운 우유 버릴 수 없으니 파트너 집에 가져다주고 내일 아침 빈 용기를 회수해 한국에 가져가자고 하셨다. 늦은 시간에 그 집을 방문하는 것도, 다음 날 아침 일찍 출발해야 하는 일정을 고려하면 이른 시간에 다시 방문하는 것도 난감했다. 처음이자 마지막으로 욕조에 우유를 붓고 '우유 목욕'을 하였다.

귀한 분을 여인숙에 재우다

Ellensburg. WA.에 있는 다른 파트너를 방문하여 늦게까지 일정을 소화하고 어두운 저녁 예약 숙소로 향했다. 일본계의 그 파트너도 평소와는 다른 귀한 분의 방문에 식사와 일정, 숙소 등에 신경을 많이 쓰고 있었고, 숙소도 그 지역에서 최근에 건축되어 시설이 가장 좋은 Shilo Inn에 도착하니, 건너편에는 내가 오면 늘 묵는 오래되고 저렴한 Super 8 Motel의 간판이 반짝이고 있었다. Shilo Inn 주차장에서 차에 있는 짐을 내리며 몹시 불편한 듯 말씀하셨다. 내가 공부한 영어로는 Hotel은 높은 등급의 고급 숙박업소이고 그다음은 우리의 여관과 같은 Motel, 그리고 Inn은 가장 아래인 여인숙인데 우리는 오늘 여인숙에서 자는 거냐고 … 나와 같은 영어 선생님에게 질문을 공부하듯 하였지만, 우리는 좋은 여인숙에서 잠을 잤다.

以文會友하고 以友輔仁하다

정병수 공장장은 조직 내에서는 성실과 능력이 출중한 것으로 정평 났고, 타의 추종을 불허했다. 공인회계사로 계속 근무했다 할지라도 하여도 우뚝 선 인물이 되어있었을 것이다. 그 후로 승승장구하여 연세우유 상무와 전무, 재단 사무처장, 재단 본부장을 역임하고 정든 현장을 퇴임하였다. 퇴임한 이후에는 후학과 저술에 몰두하였다. 뿐만 아니라 고전 공부에도 관심을 두어 매주 토요일 아침 7시부터 1시간가량 모두가 참여(ZOOM 또는 Whale-on 등)하여 순차적으로 발표하는 형식으로 공부를 하고 있다. 지금까지 명심보감(明心寶鑑), 논어(論語), 채근담(菜根譚)을 마치고 이제 대학(大學)/중용(中庸)을 함께 공부하고 있다. 목적 없이 공부한다는 것이 이렇게 즐겁고 마음과 삶을 풍부하게 해준다는 사실을 미처 몰랐다. 고전의 향기와 사람의 향기가 함께 쌓여간다. 삶의 거울로 함께 할 수 있어 감사하고 행복하다.

과거보다 온고지신으로 소중한 미래를 기대하며

미국에 이어 러시아의 모스크바와 상트페테르부르크 단체 여행에 함께 했던 추억들은 이제 가물가물합니다. 붉은 광장의 레닌은 아직도 그대로 누워 있겠지요? 그리고 캐디 장 기억하시죠. 초보 골퍼인 우리를 몰라보고 매일 보는 한국인 골퍼들로 오해하여 매홀 앞서 가, 좋은 위치에 우리 볼을 몰래 옮겨주던 중국 문등 골프장의 그 어린 캐디가 눈치 하나는 빨랐죠. 땀을 흘리면서도 도교(道敎) 이야기를 나누며 오른 청도의 노산도 잊을 수 없지만, 개미굴에서 마구 쏟아져 나오는 개미처럼 끝없이 나오는 중국 생산 현장의 여공들 모습도 아른거립니다. 과거는 흘러갔지만, 온고지신(溫故知新)으로 다시 태어나고 배울 것은 많은데 시간은 부족합니다.

어쨌든 지금 척추로 고생하시는 고통이 모두 치료되어 다음에는 건강한 모습으로 ABC(Annapurna Base Camp)에 함께 가며 그동안 다녔던 외국과 역사 그리고 지금 학습하는 고전 내용을 주고받으며 많은 이야기를 나누고 싶습니다.

유가공협회 명감사

박상도
전 한국유가공협회 전무

세월 참 빠르군요. 재단 본부장님께서 벌써 칠순이라고 하니 ….
젊은 시절 내가 아는 정병수 재단 본부장님은 마음은 여리지만 참 깐깐하고 어려운 분이라고 알고 있었는데 저를 기억해 주시는 것에 대해 어떻게 감사를 전해야 할지 몰라 이렇게 고마움을 글로 대신합니다.

인생에 있어서 가장 불쌍한 사람이 기억에서 잊혀진 사람이라고 생각했는데 정병수 본부장님께서 저를 잊지 않고 기억하여 주신 것에 대하여 참 고맙고 정이 많은 분이구나 생각을 했습니다. 정병수 본부장님과 저와의 관계는 참으로 어렵고도 가까운 사이라고 생각을 했습니다. 벌써 칠순이라는 말씀을 듣고 아! 나도 곧 칠순이구나, 흐르는 세월 막을 수는 없지만 이렇게 빠르게 흐를 줄은 ~~ 나이가 드니까 새삼스럽게 느껴집니다.

요즘은 100세 시대라고 하는데 칠순에 즈음하여 아직 세월은 길고 할 일은 많습니다. "아무것도 할 일이 없게 되는 것이 아니라, 무엇이든 할 수 있는 여유가 생겼다는 것이다". Floyd Dell의 어느 책에서 물론 이제는 지나온 세월의 흔적을 보면서 스스로 돌아보며 많은 것을 느껴봅니다. 저는 갑작스레 협회를 사직하면서 "길이 보일 때 그 길을 따라 나가는 것이 도리"라고 했는데 스스로 이렇게 세월이 많이 흘러간지 모르고 직장생활을 한 것 같습니다.

제가 1990년 3월 ㈜ 빙그레에서 직장을 한국유가공협회로 옮겼을 때만 해도 협회가 무슨 일을 하는 줄 모르고 '서울로 상경한다'라는 막연한 기대로 전직했는데 벌써 30년이 넘었습니다. 국내 남양유업, 매일유업, 빙그레, 한국야쿠르트. 비락우유, 연세우유, 삼양식품, 건국 햄우유, 삼양식품, 롯데 웰푸드, 비락, 다농, 동원, 일동후디스 등 국내 굴지 유가공업체의 이익을 대변하는 협회에 31년간을 재직하면서 정병수 본부장과의 첫 대면은 연세유업(정병수 본부장)이 감사에 부임하면서 알게 된 것 같습니다.

그리고 회계학 박사학위 축하연에 협회에서 참석했을 때 합천 쌍백면 고향 분이 많이 상경하여 찾아 주신 것을 보고 합천 시골에서 참 출세한 분이구나 정도만 알았습니다. 차츰 차장, 부장을 거치면서 그 당시 실무상 정병수 본부장님에게 협회가 감사를 받을 때마다, 실무적으로 회계에 대하여 부족한 것이 많아서 일일이 지적보다 수정 보완을 많이 해주신 것으로 기억하고 있습니다. 총회, 이사회에서 감사보고 때는 회원사에서 질의가 있으면 확실하게 보충 설명을 잘해주셔서 어느 회원사에서도 토를 달지

못하고 수월하게 잘 넘어간 것으로 생각이 듭니다

물론 협회의 살림 규모가 작아 별거 아닌 것처럼 생각할 수 있지만 그래도 일일이 꼼꼼하게 실무자를 시켜서 점검해 주시고 양식까지 그려서 '이렇게 하라, 저렇게 하라' 거의 완벽에 가깝게 해 주셨습니다. 회원사에서 결산에 대하여 지적을 하면 정병수 본부장님께서 다 검토해 주신 것으로 설명을 하면 더 토를 달지 않고 이의가 없었죠. 우리나라 법인회계의 권위자가 감사해 주시니 그 누구도 이의를 달지 못한 것 같았습니다.

한번은 과거 2000년 과천 정부 청사에서 당시 우유가 부족하여 학교 우유 급식이 제대로 공급되지 않는다고 우유업계 대표자와 주무 부처 장관과의 간담회가 개최되었습니다. 아무래도 정부와 업계와의 관계는 상당히 어려운 관계로서 서로 눈치를 보면서 의견을 말하지 않는 분위기에서도 우유업계의 어려운 사정을 쉽고 적나라하게 잘 설명하시는 것을 보고, 연세대학교 재단에서 얘기하니 정부 측에서 수긍할 수밖에 없구나라고 이어 "참 대단하게 말씀을 하신다."라고 생각했습니다.

본부장님께서 「촌놈이 어때서」 수필집을 발간하면서 보내주셨던 기억이 남아있습니다. 이제야 여유 있게 그 책을 읽어보고 저도 스스로 많이 돌아보게 되었습니다. 자식 농사 참 잘 지으시고, 훌륭하게 잘 살아오셨구나, 이제 훌훌 털고 건강관리 잘하시면서 100세 시대를 맞이하시길 바랍니다.

나이가 들면 하나둘 주변의 지인들이 소식을 끊고 지내는 분들이 차츰 많아집니다. 어쩔 수가 없는 것 같습니다. 건강관리 잘하시면서 "세상은 넓고 갈 곳은 많다"처럼 좋아하시는 여행을 많이 다니시는 것이 어떨지 조심스럽게 생각해봤습니다. 물론 저의 버킷리스트를 만들어 보니까 모두 여행뿐인 것을 보고 스스로 아! 장거리이며 힘든 곳은 이제 하나 둘 지워나가는 나이가 된 것을 이 글을 쓰면서 느껴봅니다.

저는 요즘 KBS "걸어서 세계 속으로" 담당 PD(김가람)가 지은 "걸어갑니다, 세계 속으로"를 읽으면서 건강이 허락하는 동안 부지런히 '국내외 여행을 많이 하는' 희망들을 가져 봅니다.

그러기 위해서는 평소에 건강을 잘 관리해야 되겠죠. 항상 '태어나 어린 시절을 합천 쌍백면에서 자라온 것'을 자랑스럽게 생각하는 정병수 본부장님께서 지금의 위치에 오르기 위해 평생을 회계학 분야에 헌신해 온 노력을 "촌놈으로 살다 보니"라는 수필집을 읽어보고 잘 알게 되었습니다. 감사합니다.

본부장님의 칠순은 마땅히 가족과 친지 그리고 지인들로부터 많은 축하를 받아야 한다고 생각합니다. 여행과 등산을 좋아하시는 재단 본부장님의 건승을 기원하면서 항상 가족과 함께 행복하시길 바랍니다.

8

비영리재단 투명 회계의 초석을 다져

조용한 미소와 겸손하고 섬세한 리더십

안태현
전 세브란스병원 사무국장

문득 11월 12일 주일 오후 정병수 처장님으로부터 전화가 왔다. 정 처장님을 마지막 본 것은 17년 전이다. 내가 병원을 퇴직한 후 정 처장님은 학교법인 연세대학교 법인본부장으로 중책을 감당하시다가 정년 은퇴하신 후 학교에서 후학을 가르치면서 그의 전문적인 능력을 활용해 학교와 사회발전에 좋은 영향을 끼치고 있다고 들었다. 실로 오랜만에 직접 전화를 받으며, 친숙했던 목소리가 내 마음을 따뜻하게 하면서 옛날을 떠올리게 하였다.

정 처장님과 함께 겪은 일들을 몇 가지라도 적기 위해서 막상 연필을 잡았으나 얼마간은 생각이 잘 정리되지 않았다. 이제는 나도 7학년 중반을 넘어서니, 소중한 물건을 어딘가에 잘 보관해 놓고도 정작 필요할 때는 찾아 쓰지 못해 당황해할 때가 가끔 있다. 정 처장님 생각도 처음에는 잘 떠오르지 않았다가 점차 얼어붙은 땅속에서 작은 싹이 꿈틀대듯 조금씩 생각이 솟기 시작하였다.

1980년대 초에 나는 연세의료원의 인사 담당 부서에서 중간관리자로 일하고 있었고, 재단의 정기감사를 받을 때 정 감사님(당시에 이렇게 불렀음)을 처음으로 접한 것으로 기억한다. 감사용역을 맡은 삼일회계법인 회계사들을 인솔하여 매년 시행하는 정기감사였다. 이전에는 감사 대상이 주로 재무회계 및 결산업무에 그쳤으나, 정 감사께서 주무를 맡으면서부터 감사 범위를 확대해 점차 인사행정, 기획조직관리, 병원행정 분야까지도 점검하기 시작하였다. 그로 인해 감사 기능이 모든 조직의 경영에 절대적으로 필요한 분야임을 알게 되었고 그 분야의 책도 읽어보는 계기가 되었다. 학교 다닐 때 강의실에서 잠시 배우긴 했으나 직무 현장이 감사를 받으면서 실제로 관심 대상이 된 것이다.

"하는 일에 대한 믿음을 주기 위해, 우선 의심해야 한다." 감사는 의심이 전제된다. 그러므로 감사하는 직책을 가진 자가 피(被)감사자를 대하는 태도는 감사의 효과를 좌우한다. 정 감사님은 감사를 받는 산하 기관의 현장 실무자들의 사기가 떨어지지 않도록 깊은 배려를 하면서 그 특유의 조용한 미소와 겸손하고 섬세함으로 감사의 목적을 달성하곤 하였다.

모든 직무는 반드시 권위가 인정된 제삼자가 점검하여 이상 여부를 지적하고 개선점을 제시하거나 성과를 인정함으로써 더 발전된 조직으로 나아갈 수 있다. 오늘날 뉴스를 장식하는 대형 회계사고나 인사 부정, 법인카드 남용 등은 그 조직의 감사 기능이 정상적으로 작동되지 않았기 때문이다. 특히 현금, 법인카드, 물자 등을 다루거나, 인력을 관리하는 업무는 부정이나 사고가 날 우려가 크다. 당연히 권위가 인정된 감사부서의 점검을 받아야 그 진실함이 담보된다. 그리하여 공정하고 근면하게 일하는 자와 그렇지 못한 자를 가릴 수 있어야 하고 이를 바탕으로 효율성 높은 관리체계를 갖추어 나갈 수 있는 것이다.

1990년대 후반은 내가 연세의료원의 감사실로 발령이 나서 업무적으로 정 감사님과 더욱 많은 시간을 같이 지낸 때였다. 내가 많은 지도를 받았음은 물론이고, 나 역시 의료원의 감사 기능을 높은 수준으로 提高하려 무진 애를 썼다. 정 감사님은 재단의 행정을 총괄하는 직무를 수행하면서 산하 기관(연세대학교 본교, 연세의료원 산하의 모든 병원, 원주 캠퍼스 및 병원, 법인이 직접 경영하는 빌딩사업, 용품 수급 사업, 장례사업, 연세우유 등)의 인사, 기획, 예산, 감사, 물자관리, 재무회계 등의 실무부서장들을 대상으로 교육세미나를 개최하여 학교법인 연세대학교 전체의 발전을 도모하였다. 이후 정기적으로 세미나를 개최하여 경영적 실무지식을 부서장들에게 함양해 주었다. 특히 규모가 큰 연세의료원에서의 감사업무가 비교적 잘 수행되고 있다고 믿어 주었는지 어느 해에는 부족한 나에게도 감사 실무 내용을 다른 분들에게 발표하도록 기회도 주었다.

2000년에 들어와서 정 감사님이 학교법인 행정을 총괄하며 막강한 권한을 갖는 학교법인 사무처장으로 수고하실 즈음, 나는 세브란스병원에서 사무국장으로 일하게 되었다. 연세의료원(산하에 보건대학원, 의과대학, 치과대학, 간호대학, 세브란스병원, 영동 세브란스병원, 감사실, 기획조정실, 사무처 등으로 구성되어 유기적으로 운영되고 있었음)은 1970년대부터 연세 창립 100주년 기념병원을 기획하고 강남, 용인, 인천, 광주에 병원을 신축 개설하였고, 신촌에는 세브란스 새 병원 건축의 꿈을 구체화하면서 재정을 확보하는 일에 역대 의료원장님(김효규박사, 양재모박사, 홍필훈박사, 진동식박사, 김일순박사, 한동관박사, 강진경박사)께서 모든 역량을 대를 이어 집중 하여 왔다. 밀레니엄을 맞이하는 때에 새 병원 신축을 시작하여 2005년 5월 역사적인 봉헌식을 거행하였다. 지금도 병원을 찾을 때마다 의료원의 중심에 우뚝한 새 병원을 보면서 기분 좋은 회상을 하기도 한다.

의료원이 이러한 사업들을 진행하는 과정에서 학교법인의 역할은 절대적이었다. 법적 행정적 지지뿐만 아니라 건축재정의 충당과 금융 보증하는 모든 과정에 법인사무처장의 의사결정과 전문적이고 섬세한 지원은 매우 중요하였다. 오늘날 연세대학교 재단이 한국사회의 발전에 큰 영향을 끼치고 있음은 창립 정신인 기독교 정신을 경영 전반에 구현하고 있는 결과라고 생각한다. 투명한 재정회계와 공정한 조직경영을 모든 구성원이 스스로 체화하도록 노력하였고, 이러한 노력은 학교 전체의 기구표 최상단에 있는 학교법인이 선도적으로 하고 있었다. 법인사무처장인 정병수 박사는 결코 직책의 위엄을 가지고 일하지 않았으며, 학교 경영에 대한 자신의 철학을 확고하게 견지하면서 늘 주변인에게 다정다감하였다.

학교법인 연세대학교의 모든 중요한 업적은 재단 이사장이나 총장, 의료원장 등 최고지도자의 공로로 역사 기록이 된다. 따라서 세분된 분야에서 수고하는 실무행정가들은 얼굴을 드러내지 않는다. 그들의 수고한 흔적은 각종 서류 속에 남아있겠지만 그것도 시간이 지나면 완전히 사라지는 것이 어쩌면 순리이다. 오늘에 이르기까지 연세대학교의 경이로운 성취는 하나님이 하신 것이다. 하나님의 업적은 사람에 의하여 이루어진다. 그래서 오늘도 우리는 과거를 되돌아보면서 미래에 대한 변함없는 믿음을 갖게 되는 것이다.

2006년 2월 나는 명예 정년을 맞았고 더는 정 처장님의 모습을 보거나 목소리를 듣지 못하였지만, 정 처장님은 재단 본부장으로 학교 발전에 크게 헌신하였고, 후학도 가르치고, 회계와 세무에 대한 전문 서적 출판은 물론 문단에 수필가로 등단하여 수필집을 세 권이나 내었다. 내게도 읽도록 해주셔서 쇠하여가는 나의 정서와 감성을 일깨워 주었다.

이 글은 한때의 극히 일부 내용을 적은 것이지만 정병수 본부장님의 조용한 미소와 그 속에 숨은 겸손하고도 섬세한 리더십은 내가 연세의료원에 근무하는 동안 내내 실무행정가들을 격려하고 지원하며 동역(同役)함으로써 더욱 발전하도록 촉진하는 모습으로 기억되고 있다. 그가 의도하지 않았을지는 모르지만 그를 만난 많은 사람이 좋은 영향을 받았고 그중에 나도 끼어 있다.

정 본부장님을 생각하면 갈라디아서 6장 9절에 "우리가 선을 행하되 낙심하지 말지니 포기하지 아니하면 때가 이르매 거두리라"는 말씀이 생각납니다. 앞으로도 건강하셔서 우리 사회에 공의와 정의가 바로 세워지는 데 좋은 영향을 끼쳐 주실 걸 기대합니다. 하나님께서 정 처장님과 가족들을 늘 지키시고 인도하여 주시기를 기도합니다.

인내는 쓰고 열매는 달다

민지홍
재단 수익사업 처장

정병수 법인본부장님과 저의 인연은 현재로부터 30년도 훨씬 더 이전으로 거슬러 올라갑니다. 정 본부장님과 수십여 년 동안 함께 직장생활을 하면서 느낀 점과 에피소드를 짧은 글로써나마 이 글을 읽는 분들과 공유해 보고자 합니다.

제가 학교법인 연세대학교에 입사했을 때부터 직장 선임으로서 또한 공인회계사로서 정 본부장님의 존재감은 너무도 뚜렷했습니다. 현재는 대학 법인이나 대학에 회계사들이 입사하는 것이 희귀한 일은 아니지만 1980년대 당시만 하더라도 학교법인에서 회계사가 근무하는 것은 찾아보기 힘들었습니다. 비영리기관에 해당하는 대학 회계는 사회에서 일반적으로 사용되는 기업회계와 비교했을 때 적지 않은 차이점이 있습니다. 아주 간단히 말해서 기업회계가 이윤을 창출하는 것을 목표로 하는 기업의 수입과 지출을 기록하는 것을 목적으로 하는 것에 대비해서 비영리회계는 교육이나 공익 등 목적 사업에 예산이 제대로 집행되는 것을 목적으로 해당 기관의 살림살이를 기록하는 것입니다.

정 본부장님은 회계사로서 이러한 사립대학 회계를 보완하고 발전시키는 데 큰 도움을 주셨습니다. 연세대학교뿐만 아니라 다른 사립대학에도 함께 도움이 된 좋은 사례라고 생각합니다. 그러한 지식을 공유하기 위해 사학 회계와 관련해서 책도 여러 권 저술한 바 있고 대학 강의를 하고 강의 동영상을 촬영하신 적도 있습니다.

정 본부장님이 회계법인을 떠나 대학 법인에 몸담게 된 이유가 무엇일지 제 나름대로 추측해 보았던 적이 있습니다. 모교에 대한 친근감, 회계사로서 비영리 법인 회계의 관심과 사명감이 아마도 큰 이유겠지만 연구와 글쓰기를 좋아하는 학자적인 성향도 진로 결정에 영향을 미쳤으리라고 짐작합니다.

회계사라는 전문직의 면모와 함께 직장인으로서의 정병수 본부장님은 일과 업무에 몰두하는 워커홀릭(workaholic)의 모습으로 기억됩니다. 사무실 책상에 앉아서 펜을 들고 수많은 서류를 검토하고 처리하시던 장면이 바로 그것입니다. 정 본부장님 자신에게는 물론이고 직장 후배들에게도 업무 능력 개발과 향상을 독려했었고, 이와 함께 본인의 지식과 업무 경험을 전수하셨습니다.

지난 시간을 되돌아보니 사실 저도 젊은 시절 힘든 훈련의 날

들을 보냈던 기억이 납니다. 정 본부장님께 가지고 갔던 보고서나 서류를 여러 차례 고쳐야 했고, 이런 절차가 반복되는 과정에서 힘들기도 하고 원망스러운 마음이 들었던 것도 사실입니다. 하지만 "인내는 쓰지만, 그 열매는 달다"라는 말이 있듯이 시간과 노력이 투자된 결과물은 당연히 초안보다 뛰어났으며, 반복되는 보완 과정을 통해 자연스럽게 업무 수행 방식과 요령을 습득하게 되었고 이는 저 자신의 성장에도 큰 도움이 되었습니다.

정 본부장님의 사무실은 학교법인의 법인본부에 있었지만, 현장 친화적인 관리자이기도 했습니다. 학교법인의 여러 수익사업체를 방문해서 살피고 보고받고 의사결정을 내렸으며, 연세우유에서 근무하며 회사를 성장시킨 이력도 있습니다.

정 본부장님의 일하는 모습도 익숙하지만, 운동 쪽에도 관심이 많아서 축구 경기에서 공격수로 열심히 운동장을 뛰시던 모습과 산행 때 산을 오르시던 모습이 생각납니다. 골프를 즐겨 하시지는 않았던 것 같고 아마 축구가 최고 스포츠가 아니었을까 합니다.

제가 입사하고 정병수 본부장님이 중간관리자로 근무하던 1980~90년대는 연세대 법인의 여러 수익사업체가 신설되고 조직이 지속적인 성장을 이루던 시기였습니다. 이 기간에 학교법인 연세대학교 행정의 실무적인 초석을 놓은 데에는 정 본부장님의 노력과 기여가 있었음은 부인할 수 없는 사실이라고 생각합니다.

저도 내년 2월 정년퇴직을 앞두고 정든 연세대 법인을 떠나면서 정 본부장님께 배웠던 직장 경험을 일부분이라도 후배들에게 전달할 수 있어서 다행이라는 심정과 온전히 다 전달하지 못했다는 아쉬움이 교차합니다. 이 지면을 빌어 정병수 본부장님의 칠순을 축하드리며, 항상 건강하시고 건필하시기를 기원합니다.

본부장님, 이제야 감사하다고 말합니다

최진호
연대 의료원

나는 우리나라 비영리회계의 최고의 권위자이며 학교법인 연세대학교 본부장으로서 Leadership을 발휘하셨던 정병수 본부장님을 1980년대 후반에 세브란스병원 원무부서 감사인으로 처음 대면하였었다.

요즘은 모든 기관의 업무가 전산화되어 수입과 지출을 발생주의로 자동 회계처리를 하지만 당시에는 반 전산화(거의 수작업)인 상황으로 해당 부서에서 진료(수술 혹은 각종 처방)한 후 처방전 양식에 수기로 작성하여 간호부서(병동)에 전달하면 간호부서에서는 해당 환자별로 처방을 모아서 이틀 혹은 퇴원 시 원무 부서로 보내고, 원무 부서에서는 해당 처방전 등 진료 내역을 전산에 입력하여 수입을 발생시키는 체계였다. 이러한 처리방식은 발생주의에 어긋남을 심각하게 지적하시어 난감한 상황이었었다. 그러나 이후 감사 지적사항의 심각성을 주지시키고, 원내 전 병동 및 관련 부서와 협의하여 많은 불편함과 어려움은 있었지만, 하루 단위로 처방 내용을 입력하여 발생주의에 근접하게 접근되었었다. 그때 받은 정병수 본부장님의 첫인상은 굉장히 원칙을 중요시하는 분이라는 강한 인상을 받았었다.

우리 연세대학교 의료원은 1990년 중반부터 새 병원(현 본관) 건축에 대한 열망으로 큰 꿈을 갖고 건축자금을 모으고 있었다. 새 병원 건축의 Seed Money를 위해서 모금 활동뿐 아니라 가시적 영역에 나타나는 그 어떤 자금이라도 허투루 쓰지 않고 모으려는 노력 앞에 벽 같은 어려움이 불쑥불쑥 나타나곤 해 몹시 힘들었다. 법인자금 중 의료원 몫의 자금을 별도로 법인명의 의료원 통장으로 분리해 원금뿐 아니라 과실금까지도 새 병원 건축자금으로 일조하는 데 당시 정병수 본부장님의 거시적 판단과 결정은 너무나 큰 도움이 되었었다.

그리고 1990년 후반기에 새 병원 건축에 대한 밑그림이 어느 정도 정리되었을 무렵, 법인 감사팀에서 새 병원 자금 포트폴리오에 대해 여러 회계사가 투입되어 점검 및 감사를 받았다. 그동안 수년에 걸쳐 한동관 의료원장님, 박창일 기획조정실장님과 같이 수백 번 수정하고 보완하고 첨가하여 만든 자금계획인지라 자존심에도 많은 상처를 받았으나, 4주간의 감사를 받은 후 정병수 본부장님께서 직접 잘 정리해 주시어 법인이사회를 무사히 통과할 수 있었다.

내 기억 속에 있는 또 한 가지를 얘기하고 싶은 일이 있다. 학교법인 연세대학교는 대학교육만 하도록 정관에 명시되어 있었다. 의료원에 연세재활학교(초등교육)는 서울특별시 교육청으로부터 지원을 받은 기관이지만, 교사들은 교원인데도 의료원 일반직으로 되어있고, 연월차수당 등 모든 처우가 의료원의 일반 직종을 기준해 집행되는 등 서울시 교육청으로부터 많은 감사 지적사항이 있었다. 하지만 이것 중 핵심적인 사항은 학교법인 정관에 초등교육을 할 수 없게 되어있어 재활학교를 폐교해야만 하는 현실적인 상황과 어려운 문제들이 있어 몹시 난감한 상황이었다. 당시 본부장님께서 법인정관 부칙에 연세재활학교 설치 근거를 넣는 묘안을 제안함으로써 연세재활학교는 새로운 교사까지 신축하는 등 우리나라 최고의 재활학교로 운영할 수 있었다.

연세대학교 회계는 비영리 기업회계 특별회계 등 대한민국에서 발생할 수 있는 모든 거래가 이루어지기 때문에 매년 결산 시 학교 회계부서 전 부서장들이 함께 모여 토의·정리하여 모두 동일한 기준에서 회계 처리할 수 있도록 본부장님께서 매년 워크숍을 개최하고 지도해 주셔서 개인적으로도 실력을 많이 향상할 수 있었다. 그리고 우리나라 병원 회계는 기업회계 준칙을 준용하여 회계처리를 하였으나, 본부장님께서 우리나라 병원 회계 준칙을 마련하여 전 병원이 현재 이 회계 준칙을 따르고 있다. 실무적인 문제들에 대해, 한참 높은 상사이지만, 감히 전화로 문의해도 아주 상세하게 알려주셨던 일들은 너무나 기억에 깊이 남아 있다.

본부장님께서는 아마 학자다운 면이 있으셔서 질문을 좋아하셨던 것 같았다.

권위와 존경은 스스로 만드는 것이라 하셨지요.
건강하시고, 멋진 인생의 마무리 기원하겠습니다.

백향 정병수 본부장님께

김윤희
원주세브란스 기독병원

안녕하세요?

저는 연세대학교 원주세브란스기독병원에 근무하였던 김윤희 팀장입니다. 올 한 해를 보내며 맞이한 성탄절 날, 모르는 전화가 울려 좀처럼 받지 않는 낯선 번호를 받았을 때, 저의 이름을 부르시며 "연세대학교에 근무하였던 정병수입니다" 하시며, 본부장님임을 밝히셨을 때, 어떻게 저의 번호를 아실 수 있었을까? 의아하면서도, 반가움에 더욱 놀랐습니다.

건강하게 연락을 주신 본부장님께 감사를 드립니다. 제가 기억하는 본부장님은 연세대학교의 행정 발전에 기여도가 남다르셨어요. 원주세브란스기독병원이 1976년 연세대학교와 합병을 하면서 기업회계 준칙을 따르던 병원 회계가 대학 부속병원으로, 사립학교 회계 준칙을 따르게 되면서 혼란이 왔던 시기에 본부장님의 남다른 회계에 대한 열정으로 원주로 내려오셔서 30일을 합숙하시면서 잘못된 회계의 모든 부분을 바로 잡아 주셨어요~

당시 우리 직원들은 갑작스럽게 진행된 1개월간의 법인사무처의 특별 감사를 받으면서 불만과 불평을 쏟아 내었지만, 그 30일의 가르침으로 부속병원의 회계는 단단히 자리를 잡았습니다. 그리고 사립학교 회계 준칙을 발표하시면서 연세대학교의 행정이 전국 사립대학의 모범이 되는 기회가 되었습니다. 재정실무자들을 위한 사립대학 재정실무자 워크숍을 일 년에 2번, 하계와 동계에 실시할 때마다 본부장님의 회계 준칙에 의한 강의로 가득했던 시간을 보내면서 회계인으로 살았던 저에게는 감사와 존경심으로 가득했었습니다.

더욱이 2000년도에 실시된 의약분업으로 말미암아 병원 경영이 최악의 상태가 되었을 때 당시 김우식 총장님과 법인사무처에서는 원주기독병원(당시 명칭)을 살리기 위한 재정 안정화를 도모해 원주기독병원과 원주의과대학 경영 특별위원회를 구성하여 분기별 재정 상황을 점검하는 등 도산 위기에 있었던 우리병원에 남다른 애정을 보여 주셨습니다. 당시 재무 분야 과장으로 근무를 하였던 저는 자금계획을 수립하면서 본부장님의 많은 지도 편달을 받았고, 이후 원활한 자금 회전을 위하여 미수 분야 과장으로 근무하면서는 미수금 회수기간 단축을 위하여 특별히 가르침을 베풀었던 기억이 납니다.

지금도 제가 기억하는 당시 본부장님의 가르침 중에 "미수금 회수 기간을 30일 단축할 때 우리 기관이 얻는 이익이 무엇일까?"라는 질문에 기회비용(당시 당좌예금 단기 대출자금을 사용하던 상황)과 기회 수익에 대하여 가르침을 받았습니다. 본부장님을 통한 회계 가르침은 이후 저의 직장생활에 정도가 되었고, 연세인으로서 자긍심을 갖게 된 것이 전국 사립학교 회계 담당자, 특히 부속병원 회계 담당자들에게 연세의 병원 회계가 모범이 되고 그로써 많은 교류가 있었기 때문임을 이제야 말씀을 드리게 되네요~ㅎㅎ

그렇게 연세를 아끼시고, 연세의 발전을 위하여 애쓰시던 본부장님께서 연세우유로 내려가시면서 전 교직원들이 연세우유 매출자로, 한 개 이상 고객 유치를 하자는 제안을 하셔서 거래처에 '연세우유 먹기 운동'을 단행하였던 기억도 납니다. 다시 재단 본부로 올라오신 본부장님께서 연세빌딩 착공 업무를 하셨다는 풍문을 제가 들었는데 정확한 사실은 모르겠어요~ㅎㅎ

본부장님!!!

누구나 한번 왔다가 가는 이 땅의 삶 속에 "배워서 남 주나?" 하는 말이 있지만, 우리 본부장님이 살아오신 발자취를 뒤따르다 보면 배워서 남을 위해 헌신하신 삶, 그 자체입니다!!! 내가 다니고 있는 직장을 위하여 내가 배운 모든 것을 활용해 연세를 발전시키고, 나아가 우리나라 사립대학의 재정 업무에 흔들림 없는 회계 준칙을 만들어 주셔서 얼마나 감사한지…. 그렇게 이 나라와 대학 발전을 위하여 수고하신 아름다운 삶을 축복합니다.

부족함이 많고 어리석었던 저에게 많은 가르침을 주신 본부장님께서 어언 칠순의 나이를 맞이하신다고 하니, 저의 짧은 기억들이 본부장님 행적을 기리는 일에 작은 도움이 되기를 간절히 바랍니다.

감사합니다, 본부장님!!!

‘대학경영의 大家’와 함께한 시절

현철환
전 안동대학교 사무국장

연세대학교의 법인에 근무하셨던 전 정병수 본부장님으로부터 본인에 대해 느낀 점을 이야기해 주면 좋겠다는 연락을 받았다. 그러겠노라고 대답은 쉽게 했지만, 막상 무슨 이야기부터 시작할지 고민하다가 제가 교육부에서 1992년부터 2008년 사이 7년 이상 200여 개 교의 사립대학과 학교법인의 지도업무를 담당하면서 느꼈던 점을 나열하는 것이 좋을 듯하여 그 시절을 연상하면서 언급해 본다.

당시에 제가 맡은 업무는 매우 광범위하여 많은 대학을 세세하게 지도하기에는 한계가 있었고 문제가 있는 대학을 제외하고는 개괄적으로 지도할 수밖에 없는 것이 현실이었다. 그때만 해도 학생들의 등록금에만 의존하여 경영하는 대학이 다수라고 해도 과언이 아니다. 대학의 여건이 좋지 않다 보니 등록금을 유용하는 등 부실하게 운영하는 대학도 일부 있었다. 이러한 연유로 교육부에서 지원하는 각종 보조금이나 대학설립에 대한 규제도 사실상 많이 할 수밖에 없는 실정이었다. 이러한 어려운 환경 속에서 사립대학의 많은 관계자와 접촉하면서 알게 된 것은 다양한 형태의 실무자가 있다는 사실도 알게 되었다.

대학마다 설립 목적이 다르고 특수성이 있었기에 대학별 경영 방식은 모두 같지 않고 조금씩은 달랐었다. 제가 실무를 보면서 접촉한 관계자별 특성을 개별 나열하기는 곤란하지만 크게 3가지 유형으로 분류할 수 있을 것 같다. 첫째, 관할청이 일방적으로 지도하는 대로만 순종하는 관계자들이 있는가 하면 둘째, 관할청의 지도에 순응하면서도 그 대학의 난제를 해소해 나가는 실리형의 관계자들도 소수 있었다. 셋째, 관할청의 잘못된 지도에도 중도에 문제를 제기하지 않고 끝까지 듣고는 겸손한 자세로 그 업무의 '앞'과 '뒤'의 잘잘못을 지적해 주는 관계자도 극히 일부 있었다. 이러한 올바른 지적에 그 당시에 나는 고맙다는 말 대신에 불편한 심기를 드러낸 적이 많았었다.

정병수 본부장님은 세 번째 유형에 속한다고 보면 합당할 것 같다. 본부장님과 접촉하면서부터 사립대학의 경영에 대한 일목요연한 설명을 자주 들으면서 식견도 넓히게 되었음은 물론, 일부 사립대학에 대한 편견을 없애는 계기가 되었다고 해도 지나치지 않다. 그 이후로는 이들 대학의 관계자들과 잦은 교감과 소통을 하면서 그 대학이 당면하고 있는 사정을 많이 이해하려고 노력을 하였다.

정병수 본부장님은 대학경영의 전문가이면서도 자만심을 외부로 표현하지 않은 무뚝뚝한 분으로 그 당시에 처장의 직위에 있으면서도 하위직인 저에게 깍듯한 예우와 회계에 관한 기술정보도 많이 일러주셨다. 또한 사립대학이 당면하고 있는 경영상의 어려움에 관한 문제까지 수시로 일깨워 주셨다. 나중에 알았지만, 본부장님은 연세대학교 재학 중에 공인회계사에 합격하였고 회계학 박사 취득과 경영학을 전공하신 '경영의 大家'였다. 이러한 대가를 일찍 인지하지 못하고 자신감으로 가득찬 나 자신이 너무 부끄러웠던 적도 있었다.

학교법인은 일반기업과는 달리 비영리학교법인으로 대학 운영에 무한한 책임을 져야 하므로 법인사무처의 역할이 매우 크고 중요하다. 사무처와 이사회는 항상 하나의 수레바퀴처럼 굴러가야 하고, 이사들과 사무처 간 소통이 활성화되어야 한다. 이러한 연유로 직원을 법인사무처로 발령을 내는 경우 평소 신뢰성이 있고 그 능력이 우수한 자를 우선 배치하는 관례로 알고 있지만, 경영의 전문가를 법인사무처에 영입하는 경우는 없었다. 제가 교육부에서 사립대학의 업무를 오랜 기간 맡아 근무하면서 정병수 본부장님처럼 경영의 大家를 모셔 온 사례는 연세대학교가 유일하였다고 기억된다.

정병수 본부장님의 사립대학 경영에 대한 애착은 다른 대학의 법인 직원과는 남달랐다. "마음이 만물의 근원"이라 마음이 끌리면 관심을 보이기 마련이고 이런 전문가와 함께 일을 해보고 싶다는 생각을 가지게 되는 것은 당연하다. 그래서 교육부에서 운영하는 "사학분쟁조정위원회"와 "대학설립심사위원회"의 위원으로 본부장님을 위촉하게 되었다. 위원으로 활동하는 동안 사립대학의 올바른 발전을 위해 크게 노력하셨다.

'사학분쟁조정위원회'는 대통령, 국회의장, 그리고 대법원장이 각각 추천하는 11명으로, 위원들은 사립대학 경영에 전반적인 이해와 문제대학이 발생할 때 그 해결 방안도 제시할 수 있는 전문가로 구성된다고 보면 합당하다. 다수가 판·검사, 대학 총장 등으로 위촉되는데 대학의 행정직원을 위원으로 위촉하는 경우는 없었고 정병수 본부장님이 유일했다. 또한 '대학설립심사위원회'는 교육부 장관이 위촉하는 13명 이내로, 교육행정 경력 또는 판·검사, 공인회계사 경력이 5년 이상인 사람으로 구성된다. 그 역할은 대학을 신설하거나 대학의 위치를 변경하는 경우 법령에 정한 요건 등을 모두 갖추었는지를 확인하는 등 대학의 현장에서는 매우 긴요하고도 중요한 임무이다.

정병수 본부장님은 본인이 대학의 경영에 관한 大家이면서도 평소에 그 자만심을 절대로 외부로 나타내지 않은 매우 과묵한 분으로, 저에게 사립대학의 지도에 관한 많은 기술정보를 일러주셨을 뿐만 아니라 사립대학의 관계자들에 대한 편향된 사고를 바꾸도록 직접 啓導해 주신 분이라고 해도 과언이 아니다. 이러한 大家의 숨은 공로가 있었기에 연세대학교의 위상을 높이는 데 기여하였음은 물론이고, 연세대학교가 명문 사립대학교로 거듭나는데 일익을 했다고 생각한다.

정병수 본부장님! 연세대학교에서 30여 년 동안 쌓은 사립대학의 경영에 관한 노하우를 사립대학의 건전한 발전과 후배들 양성을 위해 더 많이 애써 주실 것을 기대합니다.

본부장님의 명강의에 대한 회고

송영식
前 한국대학법인협의회 사무총장

정병수 연세대학교 법인본부장님은 제가 한국대학법인협의회 사무총장으로 재임할 당시 전국 사립대학 법인 처·국장 연찬회에 두 차례에 걸쳐 특별강사로 초빙되어 특강 후 연찬회 참석자들로부터 열렬한 호응과 찬사를 받았던 기억이 새롭습니다.

매년 1회씩 실시하는 동 연찬회의 강사는 대부분 저명한 교수들을 선정하는 것이 관례였으나 본부장님을 특별히 모신 것은 본부장님이 공인회계사 자격을 소지한 대학 법인회계 운영의 최고 전문가이기 때문이었습니다. 그 두 번의 강의는 2003년 9월 20일에 '사립대학 조세 전략 및 재정확충 방안', 2013년 6월 5일에 '사학 운영의 투명성과 법인 감사 기능의 제고 방안'이라는 주제로 해 주셨습니다. '사립대학 조세 전략'과 '재정확충을 위한 세제 개편 방안'은 학문적 이론이 아니라 실제로 각 법인에서 활용 가능한 현행 법령에 기초한 방법을 제시한 점으로 크게 부각 되었습니다. '사학기관의 투명 경영', '법인 감사 기능의 강화', '투명성 평가제도 도입' 등은 당시의 사립학교법 개정 사안과 관련하여 매우 적시적이고 유용한 제안으로 연찬회 참석 처·국장들의 큰 호응을 얻은 바 있습니다.

정 본부장님과 저는 대학 법인과 관련한 직무를 다년간 수행하였고 그 당시의 가장 큰 이슈가 사립학교법 개정 문제이었으므로 이를 반추해 보는 것도 대단히 의미 있는 일이라 여겨집니다.

정 본부장님의 건승하심을 기원합니다.

〈사립학교법 개정 경과〉

1. 사학의 법적 지위

사학은 독자적인 건학이념을 실현하기 위하여 개인 등이 사적 재산을 출연하여 학교법인을 설립하고, 이 법인이 자기 재산으로 학교라는 교육 시설을 마련함으로써 성립된다. 사학은 법적인 관점에서 국가의 학교 독점을 부정하고 다양하고 독특한 교육을 받을 수 있는 학부모, 학생의 권리를 보장하는 것이다. 사학이 존재하는가, 어느 정도의 자유가 보장되는가, 어느 정도의 교육상 독자성을 가질 수 있는가는 민주주의의 성숙도를 잴 수 있는 측정 지표라 할 수 있다.

2. 사립학교법 개정

열린우리당은 2004년 10월 12일에 사립학교법의 개정을 국가보안법 폐지, 과거사 진상 규명법 제정, 언론관계법 제정과 함께 소위 4대 개혁 입법으로 반드시 추진하겠다고 밝히고 사립학교법 개정안을 2004년 10월 20일에 복기왕 의원 대표 발의로 국회에 제출하였는데 법 개정 이유를 사립학교 운영의 민주성·투명성·공공성 제고에 둔다고 밝혔다. 2005년 12월 9일 동법 개정안 수정안을 정세균 의원 대표 발의로 국회에 제출하고 이날 국회 본회에서 김원기 국회의장이 직권 상정하여 통과시켰다. 이 개정 법률의 주요 내용은 ① 개방형 임원 제도 도입 (이사 정수의 4분의 1 이상과 감사 1인을 학교운영위원회 또는 대학평의원회가 추천) ② 임원 취임의 승인 취소 요건 완화 ③ 임시이사의 파송 요건 완화 ④ 대학평의원회의 강제적 심의기구화 ⑤ 사립학교장의 임기를 8년으로 제한 ⑥ 이사장 친인척의 학교장 임명금지 등이다.

3. 사립학교법 재개정

이 개정법에 대해서 사학단체와 사학 인들은 법률 불복종운동을 전개하였고, 종교단체(특히 기독교), 교원단체(특히 한국교총), 학부모단체와 애국단체 등은 성명서 발표, 기도회 개최, 서명운동, 집단 삭발, 단식 행동을 전개하였다. 특히, 당시 제1야당이었던 한나라당(대표 최고위원 박근혜)은 사학법 날치기 개악에 반대하는 장외투쟁을 53일에 걸쳐 실시하였다. 이러한 반발과 투쟁의 결과로 사학법 재개정안이 2007년 7월 3일 국회 통과되었다.

이 재개정법의 내용을 보면 개정법 중 위헌 소지가 매우 큰 몇몇 조문은 그 내용 중 일부가 손질되었으나 개방이사제, 대학평의원 회의 심의기구화, 임원 취임 승인의 취소 요건 완화 등의 독소 규정은 그대로 남아있는 실정이다.

대학재정 회계에 대한 전문성과 간결한 의사결정이 남달랐던 연세대 정병수 본부장님!

길용수
한국사학진흥재단 대구지역본부장/대구 행복기숙사 관장

1995년 한국사학진흥재단(교육부 산하 공공기관)에 입사하면서 정병수 본부장님을 직접적으로 만나서 인사를 하고 업무협의는 하지 않았다. 다만, 대학재정 회계에 대한 전문성을 갖춘, 특히 공인회계사이며 연세대 학교법인에 본부장으로서 거의 연세대를 이끌고 계신 사실을 알고 함부로 근접할 수 없는 분임으로 인식하게 되었다.

그 이후 한국사학진흥재단이 서초동으로 이전하고 나도 총무부에서 사업부로 자리를 옮기면서 관련 업무를 하게 되었고, 대학담당자를 상대로 하는 강의 및 대학재정 관련 정책연구 등에서 직접적으로 뵙게 되었다. 그리고 저도 대학의 수익용 기본재산을 통한 대학의 재정 기여(수익용 기본재산에 대한 신규 융자사업 개발)를 모색하고 있던 관계로 수익용 기본재산 개발 사례 등 관련 책자와 논문을 살펴보던 중 정병수 본부장님의 자료를 많이 보게 되었다.

제가 2005년 학교법인 수익용 기본재산 개발에 대한 전문지식을 학습하고자 단국대학교 일반대학원(박사과정)에 진학하였고, 2009년 단국대학교 일반대학원(부동산학 전공) 박사논문 심사를 위해서 지도교수님이 외부 위원이 필요한데, 관련분야 전문가가 있으면 추천하라고 해서 '학교법인 수익용 기본재산'에 대한 전문성과 실무경험이 있는 연세대 정병수 본부장님을 추천하였고, 지도교수님이 좋다고 해서 2010년 2월부터 논문심사 위원장으로서 역할을 해 주셨다.

지금도 인상에 남는 것은 논문 수정을 해서 메일로 보내드리면 수정해서 다시 피드백을 주면 좋겠는데, 꼭 연세대 법인사무국 사무실로 수정논문을 가지고 직접 오라는 것이었다. 그것도 오후 3시~4시경에, 급한 것은 내가 아닌가? 근무 중에 눈치 보며, 잽싸게 택시를 타고 신촌으로 갔다. 약속 시간에 학교 도착하면 워낙 바쁘니 기다리는 일이 자주 있었다. 다만, 나의 업무가 대학법인을 상대로 하는 것이므로 함께 근무하는 분들을 대부분 알고 있었다. 그 사람들은 왜 심사위원으로 본부장님을 추천했느냐는 것이었다. 결론적으로 꼼꼼하고 까다롭다는 의미. 그런 과정을 다섯 번 정도 진행하였다.

지금도 생각나는 말씀은 (다른 심사위원 교수님들과는 다른 입장에서) 논문의 결론이 났으면 그 결론에 부합하지 않는 것은 모두 날리자는 것이었다. 왜냐하면 '학교법인 수익용 기본재산 운영성과

요인분석'이 내 논문의 제목이니, 이론적 배경이 무척 약했고, 그래서 이것저것 양을 채우기 위해서 개발새발 잔뜩 옮겨났는데, 그런 것들을 모두 날리자는 것이었다. 그 결과 논문의 페이지 수가 많이 줄고 매우 간단하고 논지가 명확하게 되었다. 지금에 와 보니, 장관 후보자 논문 표절 이야기가 나올 때마다 깔끔하게 논문을 정리해 주신 본부장님께 지금도 감사하며 살고 있다. 본부장님이 벌써 70세가 되셨다니, 세월이 참 빠르다는 생각이 든다.

저도 56세로 정년이 5년 남았다. 나도 누군가에는 도움이 되는 사람이 될 수 있도록 노력하고자 한다. 정병수 본부장님처럼.

늘 건강하시고 행복하시길 기원합니다.

9

각당복지재단 평생 봉사자로 함께

37년째 자원 봉사하는 박사님

라제건
각당복지재단 이사장

저는 각당복지재단의 이사장 라제건입니다. 짧게나마 정병수 박사님에 대한 글을 집필할 기회가 생겨 제게는 큰 영광이 아닐 수 없습니다. 보통 다른 분에 대한 글은 돌아가신 후에 추모사로 쓰게 되는 것인데 정 박사님에 대한 이 글은 본인께서 '멀쩡히' 살아계신 데 쓰는 글입니다. 그래서 본인이 읽어 볼 기회가 없는 추모사와 달리, 이 글은 본인이 읽어 보실 글이라고 생각하니 공개편지를 쓰는 느낌입니다.

정병수 박사님은 1987년 재단 설립부터 37년째 감사와 이사를 맡아 각당복지재단과 인연을 이어오고 계신 분입니다. 조금 더 정확하게 말씀드리면 37년째 각당복지재단을 위해 자원봉사를 하고 계신 분입니다. 제가 1999년에 재단 이사로 취임하여 24년째 자원봉사를 하고 있으니 이사장인 저보다 훨씬 오랜 기간을 재단을 위해 일해 오셨습니다. 1986년 재단이 설립될 때 함께 하셨던 분들은 대부분 세상을 떠나셨고 유일하게 생존하셨던 제 모친 김옥라 명예 이사장님도 2년여 전 103세로 세상을 떠나셨으니 재단의 출범에서부터 지금까지 한 번도 빠지지 않고 계속 봉사해 오신 분은 정병수 박사님이 유일합니다.

박사님에 대한 글을 쓰려니 제일 먼저 떠오르는 생각이 “제가 참 염치도 없었구나” 하는 생각입니다. 그 긴 세월을 재단을 위해 헌신해 오신 박사님께 “너무나 무심하고 소홀했구나”하는 회한이 몰려옵니다. 제가 코앞의 일들에 파묻혀 쉴 새 없이 달려오기만 하느라고 박사님께 무심했었다고 하기에는 변명이 너무 궁해 보입니다. 제가 써갈 짧은 글만 읽어보아도 제가 무슨 말씀을 드리는지 곧 알아채실 것입니다. 정 박사님과 저와의 인연은 정말 특이합니다. 사회생활을 시작하고서부터 늘 일에 쫓겨 밤샘을 밥 먹듯 하며 살아오는 저에게 박사님은 늘 무리하지 말라고 말씀하시곤 했습니다.

회사대표가 그리 열심히 일하면 직원들이 힘들다고 하며 제게 ‘쉬엄쉬엄’하시라 하셨습니다. 그런데, 돌이켜보면 박사님 자신도 저와 별반 다르지 않으셨습니다. 제가 경영하는 회사의 회계 관련 일을 도와주신다고 매주 몇 차례씩 인천까지 오셔서 숫자가 빼곡히 적힌 종이를 들고 이 부서 저 부서로 돌아다니시던 모습이 떠오릅니다. 젊은 실무자들이나 할 법한 일을 걷어붙이고 나서서 직접 챙기셨습니다. 전(全) 직원에게 회계 기본은 알게 해 줘야 한다며 당신께서 집필한 회계학 기본 책으로 교육도 해 주셨습니다. 저는 “회계학을 저렇게 쉽게 설명해 주실 수도 있구나”하고 감탄하며 직원들과 함께 회계학 강의를 들었습니다.

정 박사님은 정말 탁월한 분입니다. 머리가 비상한 것은 물론이고 세상만사에 호기심이 많아 끊임없이 무엇인가를 탐구하는 삶을 살아오셨습니다. 용어의 정의에 대하여는 늘 명쾌하게 정리하려고 노력했고, 의미를 제대로 전달할 수 있는 용어를 선택하려고 애를 썼습니다. 그래서 저처럼 보통 수준의 호기심밖에 없는 사람에게는 때때로 ‘왜 저리 작은 것에 집착하실까?’라는 생각이 들게 하실 때도 종종 있었습니다. 곰곰이 생각해 보면 박사님은 정의감이 투철하고, 완벽주의자에 가까운 분이라는 생각이 듭니다. 이런 분은 젊은 날 우연한 기회에 자신과 성향이 비슷한 분을 만나시게 됩니다. 제가 아무리 따라가 보고 싶어도 근처에도 다가갈 수 없었던 분. 제 부친이십니다. 각당 라익진 박사. 저는 두 분의 관계를 잘 알지는 못하지만 제가 알고 있는 두 분의 성향을 생각해 볼 때, 라익진 박사님과 정병수 박사님은 참 호흡이 잘 맞으셨을 것 같습니다. 비상한 두뇌를 가지고, 옳은 것은 옳다 그른 것은 그르다고 해야 하고, 옳지 않은 것과 타협할 줄 모르고, 끊임없이 노력하는 모습. 그리고 나라 사랑. 두 분에게서 공통으로 느껴지는 모습입니다. 정 박사님도 동의하시는지 이 글을 다 쓰고나서 여쭈어볼 생각입니다.

아마도 1984년이었던 것 같습니다. 제가 미국에서 MBA를 마치고 귀국한 지 얼마 되지 않은 때였던 것으로 기억합니다. 어느 날 서류 한 뭉치를 가지고 퇴근하시는 아버님의 표정이 심상치 않았습니다. 그로부터 얼마 전 아버님께서 연세대학교 재단의 감사로 선임되셨다는 말씀은 들어 알고 있었지만 바로 다음 날이 처음으로 이사회에 참석하시는 날인데 잔뜩 화가 난 표정이셔서 무슨 일인가 했었습니다. 사연인즉 회계 결산 시 감사에게 미리 결산자료를 드려 검토를 받은 후 이사회 자료를 준비하는 것이 정상적인 절차인데 이사회 날짜가 다가와 여러번 독촉하여도 결산자료를 못 받으셨다는 것입니다. 결국 이사회 하루 전에야 겨우 결산자료를 받으셨으니 꼬장꼬장한 제 부친 성격에 화가 나실 만도 했습니다. 다음날 이사회에서 감사가 감사역할을 제대로 하려면 회계사 자격이 있는 상근 직원이 있어야 한다고 요구를 하셨고 3년을 줄기차게 주장하신 끝에 어느 젊은 공인회계사를 채용하셨다는 말씀을 들었습니다. 그분이 바로 정병수 회계사입니다.

우리나라 삼대 회계법인 중 하나에서 근무하고 있던 '잘 나가는' 젊은 회계사를 당시 송자 기획실장님이 어떻게 설득에 성공하셨던가 봅니다. 나중에 대학 총장이 되신 송자 실장님은 정병수 회계사를 '별 볼 일' 없는 연세대학교 재단에 계속 근무하도록 압박을 가하셨었나 봅니다. 재단으로부터 '탈출'하려고 두 번씩이나 사표를 내기도 했지만, 협박에 못 이겨 다시 돌아오셨답니다. 제가 말씀드리려는 것은 재단 감사실에 근무하게 된 것을 계기로 라익진 감사와 정병수 회계사의 '숙명적인 만남'이 이루어졌다는 것이죠. 두 분의 인연은 각당복지재단을 통해 김옥라 박사와 이어지고, 그 관계는 다시 저와 제 처인 오혜련 회장과의 인연까지 계속되게 되었습니다. 그러니 만만한 인연이 아닙니다. 정 박사님의 연세재단과의 인연은 연세우유의 대표이사를 거쳐 재단의 본부장에 이르러 은퇴할 때까지 이어졌습니다. 제 부친과의 만남은 1990년 라 박사님이 세상을 떠나시게 되어 더 이상 이어지지는 못했지만, 1986년 말 선친께서 제 모친이신 김옥라 박사와 사회복지법인인 「한국자원봉사능력개발연구회」(나중에 각당복지재단으로 개명)를 설립하시고 초대 임원을 선임할 때 정병수 박사님을 초대 재단 감사로 청하셔서 저희 가족과의 새로운 인연이 시작되었고 그 인연이 지금까지도 지속되어 오고 있습니다.

정 박사님과 저는 나이도 같은 또래이고 함께 연세대학교를 다녔음에도 서로 전혀 알지 못했습니다. 정 박사님과 저와의 만남은 1999년에야 시작될 수 있었습니다. 즉 제가 각당복지재단 이사로 취임해 재단이사회에 참여하고 나서부터입니다. 재단 이사로 참여했다고는 하나 회사 경영에 온 힘을 쏟고 있던 저로서는 재단 활동에 관여하는 일은 없이 정기 이사회에 참석하여 회의 진행을 지켜보는 것이 고작이었습니다. 그러던 중 정 박사님도 연세재단의 본부장으로 취임하게 되면서 워낙 바빠지셔서 복지재단 일을 깊이 들여다보지는 못하게 되셨습니다. 정 박사님과 저와의 본격적인 만남은 정 박사님이 연세대학교를 퇴직한 이후였습니다.

정 박사님이 연세재단 본부장을 그만두시고 나자, 어머님께서 정 박사님께 각당복지재단의 財政史를 써 달라고 부탁하셨습니다. 사연을 들어보니 여러 해 전에 정 박사님께서 재단의 財政史를 쓰면 좋겠다고 어머님께 말씀하셨다는 것입니다. 각당복지재단은 워낙 투명하고 모범적으로 운영되어왔으니 재단의 財政史를 기록해 모범사례로 남겼으면 좋겠다는 것이었죠. 어머님도 좋은 생각이라고 동의하셨습니다. 어머님께서는 재단의 財政史를 쓸 수 있는 분은 당연히 정 박사님뿐이라고 생각하셨지요. 그런데 얼마 후 정 박사님이 재단 본부장을 맡아 워낙 바빠지시니 부탁을 드리지 못했습니다. 가슴에 담고 있다가 정 박사님이 본부장을 그만두시고 조금 시간의 여유가 생겨 財政史 말씀을 꺼내셨습니다.

정 박사님이 각당복지재단의 재정 30년사를 쓰시게 되면서 저와의 만남이 많아지기 시작했습니다. 막상 財政史를 쓰려니 아무리 찾아봐도 참고할 만한 비영리법인의 기록을 찾아볼 수가 없다는 것이었습니다. 그러니 어찌합니까. 財政史라는 것을 어떻게 집필할지 그 틀을 다시 만들어야 하는 상황이었습니다. 재단의 30년 역사를 시기별로 나누고 각 시기에 있었던 중요한 사업과 그의 그림자인 재정의 흐름을 정리하여 서로 연결하는 작업은 그리 만만한 일이 아니었습니다. 아르바이트 학생과 친지의 도움을 받아 가며 자료들을 정리하고 각 장(chapter)에다 숫자 분석만이 아닌 재단 활동의 서술 그리고 재정에 주요한 영향을 미친 사안들이 잘 부합하도록 작성하는 일에 힘을 쏟았습니다.

그러던 와중에 어느 날 정 박사님이 책을 한 권 내밀었습니다. '영원한 촌놈'이라고 제목이 붙은 책이었습니다. 정 박사님의 촌놈 시리즈 수필집의 시작이었습니다. 2015년이었습니다. 그리고 2년 후에는 '촌놈이면 어때서', 그리고 또 4년 후인 2021년에는 '촌놈으로 살아 보니'라는 책으로 이어졌습니다. 말이 나왔으니 한 말씀 더 하면 다음 해인 2022년에는 「그때의 고생이 이제는 추억이 되다」 제목으로 20대의 군 생활 내용을 기록한 책을 출간하였습니다. 네이버를 뒤져보다 보니 올해인 2023년에는 몇 분과 공동 저자로 「독자 중심의 명심보감」이라는 책을 출간하셨네요.

대학교 재학 중에 공인회계사 시험을 통과하여 평생을 공인회계사를 바탕에 깔고 살아오셨으니 대학에서 회계학을 가르치고 회계학에 관한 책들을 출간하는 것은 비교적 쉽게 고개가 끄덕여지는 일입니다. 그러나 2015년부터 8년에 걸쳐 수필집 세 권, 일기, 그리고 명심보감에 이르기까지 계속 출판하는 것은 전문 작가 수준의 작업이 아닌가 싶습니다. 그 사이인 2018년에는 각당복지재단 「재정 30년사」가 출간되었고 2022년에는 「무서운 세금이야기」라는 책도 출간하였습니다. 이게 어디 보통 사람이 꿈이나 꿀 수 있는 일이겠습니까?

정병수 박사님, 아버지로 시작하여 어머니, 아들, 그리고 며느리까지 이어져온 가족과의 40년의 세월을 돌이켜 볼 수 있는 기회를 주셔서 감사합니다. 부디 건강을 회복하셔서 아프시기 전처럼 씽씽하게 돌아다니실 수 있게 되기를 바랍니다. 저랑 간혹 놀아주시고요. 살아오시면서 여러분들과 만나 인연을 계속해 오셨겠지만, 저와의 인연도 만만치 않은 인연이지 않습니까? 서로 의지하며 함께 늙어가셔야지요.

정병수(鄭秉洙) 박사의 네 번째 수필집 발간을 축하합니다!

이범수
동국대 교수, 한국죽음교육협회장

백향(柏香) 정병수 박사님을 만난 것은 우연 같지만, 필연이라 할 수 있습니다. 정 박사님과는 2020년 죽음과 '웰다잉 교육'을 위해 각당 복지법인을 비롯해 고려대, 동국대, 서울대, 한림대, 한국싸나톨로지협회가 중심이 돼 창설된 한국죽음교육협회 감사로 모시면서 시작되었습니다. 이후 정 박사님은 협회의 기운을 백향(柏香)처럼 맑게 정화하면서 수고를 아끼지 않으시니 감사할 따름이었습니다!

정 박사께서는 고등학교 유학 차 고향인 경남 합천군 쌍백면(雙柏面)을 떠나 타향살이 50년이 넘었지만, 여전히 '촌 냄새'가 납니다. 그는 항상 경상도 사투리로 차분하고 점잖게 말씀하시는 품세를 보면 영락없이 측백(側柏) 향 '짙게 밴' 영남의 선비 모습입니다. 측백은 예로부터 훤칠한 키에 생선 비늘처럼 부드러운 잎을 가진 편백(扁柏)이나 거칠고 뾰쪽한 잎을 가진 화백(花柏)으로서 희고 노란 꽃과 향내를 피우고 해충을 쫓으며 왕족의 묘지를 변함없이 지켜왔습니다.

果欲結金蘭　정말로 금란의 가약 맺으려거든
但看松柏林　소나무와 측백나무 숲을 보세요
經霜不墮地　서리를 맞아도 땅에 안 떨어지니
歲寒無異心　날씨 추워져도 마음 변치 않네요

이 시에서 중국 남북조시대 문학과 불교 등에 조예가 깊었던 양무제(梁武帝) 소연(蕭衍, 464~549)이 반란으로 불운한 말년을 보내며 죽음 후까지 신의를 지키는 측백나무를 통해 당시 사람들에게 경종을 울리고자 한 것은 어쩌면 정 박사께서 고향을 향한 일편단심을 백향(柏香)이라는 호를 놓지 않음과 합일하는 것이라 할 것입니다.

정 박사께서는 경제학을 전공하시고 공인회계사로서 이론과 실무에 달통하시고 대학을 비롯한 여러 기관과 단체를 섭렵하며 후학을 길러냄은 물론 사회의 약자를 위해 묵묵히 재능을 나누며 국가와 사회에 이바지하셨습니다. 그동안의 백향(柏香)의 글을 보면 부모님에의 효심과 가족에 대한 애정 그리고 이순신 장군의 백의종군을 함께 하며 국난을 극복한 고향 쌍백(雙栢)에 대한 고마움과 자부심이 절절합니다. 그러면서도 옛 은사에 대한 감사를 평생 실천하고, 고생스러웠던 군 복무 시절과 자식 얘기, 재경향우회와 자기 수행에 관한 단상들을 성실하게 드러내고 최선을 다한 삶에 대해 소박하고 진솔하게 모습을 내보이고 있습니다.

정병수(鄭秉洙) 박사께서 4번째 수필집을 발간하셨다. 마치 편백(扁柏)과 화백(花柏)으로 측백의 숲을 이루어 조상의 묘지를 지키듯 정병수 선생께서는 글을 통해 이 땅의 역사와 문화를 지키려 마음을 애틋이 드러냅니다. 그런 백향(柏香)이 여기저기 고향 쌍백면 촌 냄새를 흩뿌리고 다녀도 오히려 자랑스럽다 티를 내도 필자는 그런 정 박사의 소나무처럼 굽은 등이 아름답고 마음에 듭니다.

身土不二의 視線

엄은형
각당복지재단 회원

어렸을 적 친구들하고 놀 때 늘 입버릇이 있었다. 누가 가르쳐 주길 했나, 그냥 내 입에서 튀어나오는 소리, 말이었다. 물론 지금 아기들도 나처럼 이러한 말들을 한다….

약속할 때는 '하나님께 약속', 量을 표시해야 할 때는 '하늘 땅 땅', 모래 놀이할 때는 노래하듯 '헌 집 줄게 새 집 다오' 특히 '그림자밟기'는 늘 재미있었다. 햇빛을 기준으로 그림자를 조절할 줄 아는 아이는 늘 이기는 게임!

참 빛 하나님(The true light)! 아아! 이미 내 무의식 안에 함께 놀아주시던 '그분'이시구나! 어른 되는 과정에 나의 의식을 깨우는 단서(hint)였고 나의 DNA이었다. 할머니께서 늘 나를 쓰담아 주시며 "神主단지 내 새끼!" 최고의 사랑, 그 고백을 늦게 서야 깨달았다. 하나님도 똑같이 말씀하셨다. 네 안에 나 있다. 나는 참 빛 하나님, 너를 사랑한다. 변함도 없고 회전하는 그림자도 없으신 분! 그분이 어린아이 속에서 이미 超우주적 존재로 '超정신 실존' 사고체계 속에서 놀이문화를 만들어 내시어 그 어린아이의 삶 속에서 총명한 신통한 아이로 키우고 계셨다.

때 되면 엄마가 나에게 뒷동산 올라가 松花 가루 좀 따오라, 하면 또래 여동생과 같이 뒷산으로 오른다. '송화가루' 털면서 다식판에 꿀 섞인 송화다식 찍어내며 먹을 그 맛을 생각하면 즐겁고 행복했었다. 그 후 키가 자라 지리 시간 '植生 編'에서 우리나라 국화는 무궁화, 나무는 한국 소나무! 한국산 소나무가 유난히 '키가 작고 비틀어지고 옹이 많은' 이유는 우리나라 풍토와 관련, 표층이 얇고 암석이 많은 지형이라. 일종에 풍토가 만들어 낸 나무이지! 그 풍토에 적응한 身土不二, 뒤틀며 해를 보며 뿌리를 깊이 내리려 힘쓰다 생긴 휘어진 모양새! 알배기 진액이 된 광솔(송진)! 진한 솔잎향기, 그러나 그 결과물인 송화 가루, 솔잎, 진액이 된 송진! 그 광솔은 전등 없던 시절 불을 밝히기도 하고, 겨울 아궁이의 불쏘시개로 사용했다. 우리 삶에 얼마나 많은 보탬이 되었는가! 참 섭리는 묘한 재주꾼이시다. 특히 뒤틀린 소나무 가지 공간에 달이 뜨고 별이 보이면 마음은 선비들의 '詩話 문학'이 되고 철학이 되어있었다. 이 모든 어릴 적 정취와 그림이 이미 나를 만들어 내었고, 고향 그리움이 아름답게 자리하고 있었다. 정이사님이 지금 이와 같은 마음이시구나! 고향 그리는 그 '영원한 촌놈'의 마음자리가! 나도 세상 공부하다 박사는 받았는데 제대로 세상 사람 축에도 못 끼고 그렇다고 道士도 아니고~ 완전히 갈등하는 존재로 다시 '순수의식'을 되새기다~ 맞다 맞아! 이제 그 진짜 어린아이 시절 나(我)와 마주한 지금, 이제는 행복한 어른이 되어 고향을 그리워하고 있다.

오늘 아침 유난히 기분 좋아! 일단 하던 버릇대로 책꽂이 정리하는 날, 다시 읽고 싶은 책 찾아 손 닿는 자리에 옮기고 먼지 털어내면서~, 예수님은 어째서 안드레, 시몬, 빌립보야! 부르면 그들은 日常을 다 제치고 금방 따라나섰지? 어떤 때 약속도 없이 길목 지키시고 있다가 그 시각에 나타난 여인네의 속내를 다 알고 있었듯이 말을 걸면 누구보다 깊은 대화를 하시질 않나? 그 이유를 깨달은 지금! 신바람 나서 나의 '소울메이트'를 알아차린 날! 그 친구들의 가치관을 다시 물으려고 '時空 초월' 친구들의 책을 찾아 설레는 중에~ 그 시간에 전화가 왔다. 생전 전화하신 적도 없는 그분 정병수 이사님이시다. "나 정병수에 대해 어떻게 생각하는지?"에 대해 글 좀 써달라는 것이다. 나는 놀라지도 않고 언제까지? 몇 페이지? 넵! 이것이 전부다. 아니 한 번도 일대일 마주하며 커피도 나눈 일 없는 이분에 대해서 뭘 안다고? 짧은 대답을! 하는 순간이었다. 입에서 흥얼거리는 노래가 나왔다.

'I AM, I AM, 나는 스스로 있는 자다~' 신바람이 고조되었다. 매해 이맘때면 크리스마스 칸타타를 준비하면서 꼭 '앵콜 송'으로 이 노래를 불렀었고 악보 없이 익힌 곡이다. 나는 알토인지라 아름다운 멜로디 확인하고 싶어 내친김에 그 악보를 찾아냈다. 의자에 앉아 정식으로 다시 지휘자, 오케스트라 반주, 그리고 4부 파트의 움직임을 연상하면서 노래를 부르다가 가슴이 뭉클! 뭐지? 왜 이 노래인가? 하면서 가사를 아예 영어로 기록해 보는 것이다. 쓰다 보니~ 아니, 이 리얼(the real)! 하면서 일단 가사를 적었다. 성경 전체 요약이네! 그리고 이 키워드? 영어로 적었다. 제목 자체가 I Am~ 영어 표현이었기 때문이었다.

> I am Alpha and Omega the beginning and the end. the first and the last, I am, I am
> I am the root of David the bright and morning star I am the lion of Judah. I am, I am
> I am faithful and true. I am the Word of God. I am the lamb. I am, I am I am the resurrection.
> and He that lives. I am alive forever Amen, Amen I am King of kings and Lord of lords.
> I am the holy Lord, God Almighty which was and is to come. I am, I am. I am that I am.
> I am faithful and true. I am the Word of God. Almighty that was, and is And is to come.
> I am, I am. I Am that.

노래 부르다 보니 내 몸에 있던 다른 성경 구절이 떠오른다. "that is what we are"

(요일 3:1). 이 문구는 '너희는 나의 자녀다'라는 하나님의 말씀에 감동한 사도 요한이 자신의 정체성을 고백한 대답이다. "그게

바로 우리죠.” 이어 전도서 저자의 글도 떠오른다. Whatever is has already been, and what will be has been before; and God will call the past to account. 이제 있는 것이 옛적에 있었고 장래에 있을 것도 옛적에 있었나니 하나님은 이미 지난 것을 다시 찾으시느니라(전도서 3:15). 오늘따라 ‘account’라는 단어가 툭! 성경의 같은 문맥에서 자주 나오는 ‘단어’이다. 내용을 더 이해하려고 이 ‘단어’에서 멈칫했던 적이 있었다. 마지막 때 하나님이 벌거벗은 우리를 향해 셈하시는 장면에서 자주 나오는~ 회계학 전문가 정이사님의 부탁에 부담을 느껴서인가? 지금 이 글자 ‘account’가 또 다가왔다. 그리고 ‘I AM’의 출처는 하나님이 모세에게 자신을 들어내실 때 사용하신 말씀이다. “I AM WHO I AM.”(출3:14)

당시는 모세도 애굽왕 파라오도 알아듣지 못했던 말씀이었다. 그 후, 약 1500년? 후 되어서야 예수님은 같은 질문에 대한 답을 “나는 육체로 온 하나님이다.”라 하셨고, “I in you, you in me, ‘人子’ ‘I M’”이라는 식의 소개로 몇 번이고 반복하신다. 하나님이 인간으로 오신 그 시점을 세상 사람들은 신통하게도 자기네 역사의 분기점 BC와 AD로 구분해 놓고 살면서도 막상 그 주인공 예수님에 대해선 의견이 분분하다.

합창 연습하다 보면 지휘자들은 작가의 생각을 담은 각종 음악 부호에 대해 강조한다. 셈여림, 속도, 감정표현에 대한 설명이 ‘거의 다'이다. 난 다른 악기의 소리를 듣는 귀, 그리고 지휘자에 대한 집중력이 있었다. 그중 제일은 호흡, 공간, 視線, 함께 가기~, 합창의 묘미는 다른 사람들의 다른 음과 다른 소리가 같은 시선, 같은 감정, 같은 호흡으로, 그리고 '때'에 따라 각 부분이 서로 헤어졌다가 다시 모이는 과정에서 작곡가, 작사, 지휘자 다 함께 한 마음으로 화성을 만들어 내는 묘미에 황홀함을 느끼곤 한다. I AM을 부르다 울컥한 이유?도 바로 이거였다. 이러한 생각의 유희에서 별안간 튀어나온 이 글자 'account'가 작용한 이유가 '회계사 정이사님 관련'인 것 같았다.

다시 전화하면서 멀리 잡았던 "원고 마감 기일을 좀 앞당겨도 되겠네요". 정이사님도 늘 그러하듯 느리고 편안한 톤으로 "괜찮습니다." 짤막한 답변이시다. 이분의 저서 중 '영원한 존놈', '각당복지재단 재정 30년사' 이미 읽은 것이지만 구체적인 단서를 찾아보려고 꺼내 놓았다.

"정이사님을 언제 어떻게 만났지? 그때 무엇을 공유했지?" 물어가다 보니 몇 가지 기억이 스친다. 아! 이분과의 사이에 각당 김옥라 명예 이사장님이 계셨구나. 첫 만남인 거 같다. 전후좌우는 생각은 안 나는데, 그날 누구를 소개해 주신다고 하신다. 연대 재정본부장님? 난 본부장이 무슨 職인지 모른다. 옛날 석조건물로 들어갔다. 내가 좋아하는 석조건물이다. 이화여자대학교에도 똑같은 건물 있지~, 안에 들어가니 정병수 교수님이 반갑게 환영하셨다. 그날 있었던 대화 중 기억나는 것은, 윤동주 시인의 조그만 전시실을 안내하셨다. 오신 김에~~, 국어 시간에 읽었던 청년 윤동주를 여기서 만나다니! 가슴을 적셨던 그 기억!

서시

죽는 날까지 하늘을 우러러
한 점 부끄럼이 없기를,
잎새에 이는 바람에도
나는 괴로워했다.
별을 노래하는 마음으로
모든 죽어가는 것을 사랑해야지
그리고 나한테 주어진 길을
걸어가야겠다.

오늘 밤에도 별이 바람에 스치운다.

별 헤는 밤

계절이 지나가는 하늘에는 가을로 가득 차 있습니다.

이날 이후 나의 후반 연세캠퍼스 생활에서 하나의 습관이 생겼다. 70세 나이에 연합신학대학원 늦깎이 학생으로 상담 코칭을 3년 반에 걸쳐 공부하는 동안 '윤동주 문학관 건물' 그 산책로를 따라 거닐 곤 하는 습관이다. "하나님 사랑 나라 사랑 이웃사랑" 때문에 뜻을 굽히지 않던 젊은 청년 윤동주를 생각하며 메이는 가슴으로 인생의 길목에서 만난 '길동무들'과 나는 동행하고 있었다. 정이사님과 함께하는 때와 장소는 각당 이사회가 전부다. 감사 이사직을 같이 하면서이다. 이분은 숫자를 읽어내는 회계 분야의 고수로 여겨졌다. 이사회 때 각당 회계 보고 심의과정에서 숫자를 添削하며 마무리 정리하시는 전문가의 점잖은 태도에 난 늘 놀라곤 했다. 또 정이사님 글 '각당 복지 재단 재정 30년사'에서 숫자를 어렵게 표현하지 않으시고 '각당 정신'을 드러내시는 이 실력! 기억하면서, 뭐지?

난 대기환경 전공자였기에 하늘의 정보를 인공위성이 전송한 숫자와 기호를 읽어내야 하는 빅데이터 시대에 박사과정을 밟았다. 그 때문에 기상청, 환경청 드나들며 사뭇 달라진 교육환경에서 GIS 기법과 통계처리, 관련 분석 프로그램 소프트웨어조차 우리 용어가 없어 입력, 출력, 해석 등 전처리 과정에서 컴퓨터언어 공부하면서 '땀 흘린' 고달팠던 날이 생각났다. 남편 먼저 보내고 세상 물정 몰라 '경영이 뭔데?'라며 '경영 CEO 리더십 과정'을 휴넷 사이버 대학에서 이수할 때는 회계학이 어려워 '부기(簿記) 책'을 사 읽어 도움이 된 기억도 스쳐 지나간다!

"문서는 간결하게 오해 없는 쉬운 어휘를 사용하자." 정이사님의 글과 같음이다. 그리고 늘 정신(精神)에 관심이 큰 나의 인문학적 소양은 세상을 물질로 흔드는 기업가들의 정신이 궁금해서였던가? 당시 포춘(Fortune)이 선정한 기업들의 '기업 정신'에 더욱 관심을 가졌었다. 여러 항목 중, 공감 갔던 대목은 '100년 지속, 매스컴과 무관함', 이 두 내용이 내게 다가왔다. 그 뜻이 졸업 보고서에 묻어났는지? 왜인지는 몰랐어도 휴넷경영학교 졸업식 때 졸업생대표로 발표했던 기억이 난다. 뒤이어 정동교회 대표회장 시절과 맞물려, 그 정신으로 선교 및 교회 개척에 뜻을 가지고 선교지를 답사하면서 기록하다 보니 그 과정이 지도를 만들어 내듯 그려지게 되었고, 마침내 캄보디아 씨엠립에 소속 교회를 세우게 되었다. 나의 '영적 근육 훈련' 과정이었다.

정이사님 글 중에 "작고도 강한 코리아. 등산의 즐거움. 문서는 간결하게 오해 없는 쉬운 어휘로~. 언제든 기댈 수 있는 곳, 언제 가도 어머니 품처럼 포근하고 향기롭다. 오늘도 고향길을 걸으며~" 그 시절을 회상하시는 자리에 나도 머물고 있었다.

이분이 "나를 어떻게 생각하세요?" 이때 성령께서 치고 나오신 것이다. I am the Word of God. I AM. I AM. 나다! 나이니라! "그럼, 너희들은 나를 누구라 하느냐?" 되물으시는 주님을 만나는 날이었다. '참 빛 하나님의 빛'으로 우리들의 그림자를 비춰보게 하신 날이다. 네 몸은 내가 거하는 聖殿, 神主단지! 나는 너를 사랑한다. 요즘 몸이 무척 불편하신데 운전은 무사히 하시려나? 내 마음이 이미 그 분의 아픈 자리에 가 있다.

故 정병수 선생님과 각당 43기와의 3년

최경숙
각당복지재단 회원

글을 쓸 결심(2023.12.25.월)

성탄일(2023.12.25.) 정오가 지나 부재중 전화(12:49)가 있었다. 각당 정병수 선생님이셨다. 바로 연결된 통화에서 선생님의 용건은, 성탄절 예배는 잘 드렸는가? 휴일이지만, 그 후는 더 바쁠 것 같아 지금 전화했다. 지난 18일(월) 춥고 깁스도 한 상태에서 각당 행사에 와서 축하해 주어 고맙다. 다친 다리는 좀 괜찮아졌나? 혹시, 그날 찍은 사진이 있는가? 그리고 지난번 말했던 원고, 43기를 대표해서 꼭 작성하기 바란다. 향후 43기 운영 방안은?"

"선생님, 다시 한번 수상을 축하드려요. 참 자랑스러웠어요. 사모님께 처음 인사드린 것도 반가웠고요. 그날 멀리서 제가 찍은 사진은 희미해서 공식 영상이 업로드되면 그때 선명한 사진으로 캡처해 드릴게요. 그리고, 제가 감히 어찌 선생님의 고희기념문집에 실릴 글을 쓸 수 있겠어요? 43기 내년 반장이 아직 자원되지 않아서 선생님께 자문도 얻어야 하고요."

나의 답변에 피곤함을 느끼셨는지 선생님께서는 '원고는 알았다'라고 하셨고, 모임 운영 자문은 다음 기회로 미룬 채 통화는 마무리되었다. 전화를 끊고 내 마음은 계속 불편했다. 아무리'내

코가 석 자'인 상황이라고도 선생님께서 지금처럼 내게 특별 요청하신 적은 단 한 번도 없잖은가? 또 나는 사양하면서 선생님의 자문만을 얻겠다는 심보는, 평소의 나답지 않은 것이라 여겨졌다. 그래서 수락의 톡 글을 다시 드렸고, 문집 발간 취지와 원고 수집 안내가 담긴 두 장의 이미지를 전송받았다(#정병수가 살아온 길, #백향 정병수 문집 발간 안내).

- 선생님! 각당 43기로 만난 인연의 글을, 지난 3년을 회고하며 써보겠어요.
- 늘 격이 없이 친절히 대해 주셔서 감사합니다.

각당 43기 반장으로 뽑아준 1인과의 첫 대면(2021.7.16.금)

정병수 선생님과의 만남은 각당복지재단 43기 죽음 준비 교육 지도자과정(2020.9.14.~12.7.)에서 비롯되었다. 각당 이사이기도 하신 선생님은 같은 기수로 교육에 참여하셨고, 당시 코로나 대(大)전염병으로 모든 수업이 온라인 진행이어서 모두 일면식도 없었지만, 수료식 Zoom에서 '본인은 곁에서 돕겠다'라고 몇몇 선생님들이 나를 지목하셔서 이후 43기 자조 모임을 위한 반장이 되었다. 그중 한 분이 정병수 선생님이셨다(선생님은 나를'최 반장님'또는'최 선생'이라고 부르셨다).

43명으로 시작된 43기 자조 모임은 2021년 1월부터 시작되었다. 관련분야의 책과 영화를 매개로 "삶과 죽음 공부(Study Zoom)"를 줌으로 진행하는 거였다. 몇 개월 진행 후 비대면으로 친분이 돈독해질 즈음, 당시 세 번째 수필집([촌놈으로 살다 보니] (회계학 박사가 들려주는 촌놈다운 이야기, 2021.5.27. 초판 1쇄)를 출간하신 선생님께서 원하는 동기들에게 책 나눔을 하시겠다고 하셨다. '곁에서 돕겠다'라는 약속을 실행할 첫 기회였다. 동기들은 '벌써 세 번째 출간'이라는 놀라움과 몸소 '아낌없는 나눔 실천'에 감사하며 모두 신청했다. 문제는, 40여 곳으로의 우편 발송 작업. 그 해결 방안이 반장인 내가 먼저 선생님 댁을 방문하여 책을 받아와서 나 있는 곳에서 각 가정에 택배로 발송하는 것이라 판단되었고, 그래서 선생님 댁을 방문하기로 했다.

2021년 7월 한여름 땡볕, 드디어 신분당선 상현역 부근에서 선생님과 첫 만남이 이루어졌다! 약속 시각 픽업 장소에서 바로 알아뵙기는 어렵지 않았다. 그간 꾸준히 자조 모임 Zoom에 참여한 덕분이었다. 선생님은 친절하신 분이셨다. 댁에 도착했을 때는 이미 동기들에게 전달할 40여 권 책에 모두 친필 서명이 완료돼 있었다. 미리미리 철저히 준비하는 분이셨다. 전날 늦은 시간까지 준비하셨을 수고가 확연했다. 다만, 혹시 오기(誤記)가 있을세라 내게 도움을 청하여 동기 명단과 하나씩 대조하셨다. 정말 꼼꼼하신 성품이셨다. 특히 반장의 방문을 격려하기 위해 화선지 위 세필 글귀를 친히 따로 쓰셔서 선물해 주신 것은 감동 그 자체였다! 멀리 상현역과 종각역 사이를 책이 든 상자를 캐리어로 운반했던 걸음 수와 땀방울에 비할 바가 아니었다. 이후 각 가정으로 배송된 선생님의 책을 받아 읽고 서로 감동과 감사를 나누었던 그때의 추억이 있다.

- "多幸多福, 최경숙 님의 웰비잉과 웰다잉을 기원하며 이 분야에 많은 기여를 바랍니다."
- "예, 선생님. 감사합니다. 저도 '많은 기여'에 힘쓰는 1인이 되도록 노력하겠습니다."

혼자 가면 길, 다 같이 가면 역사!(2022.2.21. 밴드에서 선생님의 글 발췌)

정병수 선생님! 이때를 기억하시나요? 2021년도 1년 차 임기를 마치고, 2022년도 2년 차 반장이 세워지지 않아 자조 모임 중단을 최종 고려할 즈음, 선생님께서 자원해 주셨던'역사적 사건'을요! 손수 저자 서명하신 책을 우리 동기 모두에게 선물해 주셨던 감동의 사건 이후, 또 한 번의 큰 감동이었지요!

(1) 최경숙 반장님, 첫해 반장을 자임하시고 열심히 잘하셨고, 수고 또한 많았습니다. 왼손이 한 일 오른손이 알고, 하늘도 땅도 모두 압니다. (2) 올해도 연임하면 금상첨화인데, 여러 사정이 여의치 않아 협력자를 애타게 구했으나, 결실을 보지 못해 안타까운 실정임을 늦게 알았습니다. 물론 선뜻 나서지 못하는 분들의 사정도 이해가 됩니다. (3) 기업도 그렇습니다만 창업도 어렵고 힘들다고 하지요. 그러나 그럴수록 우리 모임을 이어가는 것이 의미가 있지 않을까요? (4) 저는 그간 이 분야에 미천하고, 설상가상 몸이 불편하여 카톡, 밴드, 세미나 등등에 물 건너 불난 집 구경하는 듯 어쩌다 보기만 했습니다. 글을 쓰는 건 오늘이 처음

인 것 같습니다. 43기 참여자도 몇 분밖에 얼굴을 모릅니다. (5) 그런데 아무도 나서주지 않으신다면, 무식한 자가 용기가 있다고 제가 비대면을 할 터이니 몇 분 도와주시지요. (6) 혼자 가면 길이지만, 다 같이 가면 역사가 됩니다. 어렵지만, 43기의 역사를 만들어 갑시다.

– 정병수 배상

당시 나는 43기 자조 모임이 1년 만에 중단되는 줄 알았다. 아무도 반장을 자원하지 않아 모임을 한 해 쉬었다가 내 건강이 회복되면 재개하면 어떠하겠는가 하는 궁여지책까지 걸었던 차에 선생님께서 반장을 자원해 주셨고, 2022년 3월 첫 강의("유산과 상속, 그리고 상속세")를 멋지게 열어 주셨다. 이후 동기들의 자원 명강의가 이어졌고, 우리 모임이 활기를 되찾은 데에는 정병수 선생님의 자원의 힘이 컸다.

그리고 2년 차 마무리를 하던 날(2022.12.7.수) 모인 우리에게 한정식을 대접해 주셨고, 그간의 자조 모임 학습 강의 내용을 모아 자료집을 제작해 주셨고, 다시 내게 3차 연도(2023년) 반장 임무 넘겨주시며 당부 말씀도 잊지 않으셨다.

– "건강에 유의하며 너무 잘하려고 하지 말라."

– "예, 선생님. 덕분에 우리 모임을 잘 이어갈 수 있게 되었습니다. 2022년 한 해 43기 반장 하시느라 수고 많으셨습니다. 감사합니다."

세 번째 만남, 2023 감사와 나눔에서(2023.12.18.월)

무지하게 바쁜 연말, 더해진 '칼 추위'도 무색하게 할 따뜻한 행사가 개최되었다. 연세대 백양누리 대연회장에 300여 명 참석자로 성회를 이룬 '각당 2023 감사와 나눔'에서 우리 43기 정병수 선생님께서 감사패를 수상하셨다. 재단 감사와 이사, 그리고 「각당복지재단 재정 30년사」 집필 공로를 나는 현장에서 목격할 수 있었다. 역시 선생님은 집필의 대가이셨다!

우리 43기 동기라서 더욱 자랑스럽고 의미 있는 자리에서 나는 박수로 환호했고, 선생님의 수상 장면을 실시간 영상으로 우리 채팅방에 공유했다. 현장에서 목격하는 감동에 비할 바는 아니겠지만, 동기들도 얼마나 함께 축하하고 싶은 자리가 아니었겠는가!

선생님께서 소개해 주신 이연옥 사모님과 첫인사를 나누었고, 선생님과는 처음으로 기념사진 한 장을 찍을 수 있는 날이었다.

– 자랑스럽습니다, 선생님! 축하드립니다, 정병수 선생님!

부고와 조문, 어제 통화했는데, 어찌 이런 일이!(2023.12.26.)

성탄절 연휴가 끝나고 26일, 43기 양경순 선생님의 부재중 전화는 故정병수 선생님의 부고였다. 대학 선후배 관계이신 양&정 선생님께서는 43기 학습 외에도 고전 통독 학습을 하고 계셨는데, 당일 아침 모임에 연락이 되지 않아 수소문하다가 알게 된 부고를 43기 반장인 내게 먼저 연락을 주신 거다(부고: 故정병수 이사님).

채팅방에 부고가 전해지자 43기 선생님들 모두는 망연자실했고, 애도의 글이 이어졌다. 계속 더 이어지는 글들과 43기 동기들의 마음을 모아 12월 27일(수)에 조문을 다녀왔다. 지난 12월 18일(월) 정 선생님의 감사패 수상 시상식장에서 처음 만나 뵌 이연옥 사모님과의 두 번째 만남이, 9일 후 장례식장일 줄은 꿈에도 알 수 없는 일이었다. 어제 원고 수락을 하면서 전송한 얘기(talk)가 선생님과 소통한 마지막 글이 될 줄도 역시.

다음은 우리 차례, 故 정병수 선생님을 기억합니다(2023.12.27.수)

故 정병수 선생님은 같은 43기로 만나"삶과 죽음을 생각하며 이야기"하는 모임에서 제일 먼저 죽음을 맞이하신 분이 되셨다. 그리고 우리는 다음 차례를'준비'하는 이로 앞서가신 선생님을 기억할 수 있다. 비록 짧은 3년, 직접 대면은 세 번뿐이었지만"보람된 삶을 위해 성실히 노력한 자로 기억되고 싶으셨다"라는 선생님의 평소 소신을 새록새록 되새겨 본다.

"故 정병수 선생님! 고맙습니다. 그립습니다. 기억하겠습니다.

우리 43기 늘 동행하도록 노력하겠습니다.

– 각 당 43기 처음 '자조 모임' 시작한 동기 일동

김가혜/김명화/김미연/김주롱/김태정/김하정/김혜원/노애민

민경초/박영옥/박정하/박지은/배정옥/서석우/서정금/송영자

신경숙/신민경/신종훈/심현정/양경순/양준의/오정화/이경혜

이라미/이신혜/이재은/인효자/임명희/임연옥/장선혜/전병윤

정명애/정영진/조선주/지설완/최경숙/최재연/최진영/한혜주

추도사

사랑하는 우리의 친구 정병수회장에게 바칩니다

병수야, 이틀 전 갑작스런 비보를 접하고 너무나도 황망하고 애통하여 하루를 넋이 나간 사람처럼 보냈다. 만우절도 아닌데 일부러 우릴 놀라게 하려는 것도 아닐텐데 어찌 우리에게 간다는 말 한마디 없이 떠날 수 있는지 도저히 믿을 수가 없었다.

얼마 전까지만 해도 이번에 만든 〈입학 50주년 기념문집〉을 해외로 그리고 국내로 동기들에게 우편으로 보내주느라 무척 분주했던 너였다. 불과 일주일 전엔 내가 전화로 책 몇 권 더 보내줄 수 있니? 묻자 그날 바로 우체국으로 달려가 책을 부쳐준 너였다.

부모님 돌아가실 때 빼고는 친척이나 친지 누구의 부고를 받아도 울었던 기억이 없는데 네가 저 세상으로 떠났다니 왜 이리 허전하고 눈물이 나는걸까. 어제 아침 눈을 뜰 때도 오늘 아침 눈을 뜰 때도 혹시 내가 꿈을 꾼건 아닌가 생각도 해 봤지만, 이제는 네가 우리곁을 떠났다는 사실을 받아들일 수 밖에 없구나.

너는 동기회장이어서가 아니라 우리들의 정신적 지주였다. 네가 아니었다면 어떻게 우리가 칠십 나이 되도록 몇십 명이 정기적으로 만나고 며칠씩 여행을 다니고 이래저래 우정을 나눌 수 있겠니? 네가 아니라면 어떻게 〈졸업 30주년 기념앨범〉을 만들고 〈입학 40주년 문집〉 그리고 최근의 〈입학 50주년 문집〉이 나올 수 있었겠니?

우리 친구들 대소사를 일일히 챙겨주던 너였기에 친구들 나이 들면 한사람 한사람 저 세상에 보내고 제일 마지막에 네가 갈거라고 다들 믿었는데 어떻게 이렇게 먼저 갈 수가 있니?

우리가 아는 정병수는 인생을 정말 열심히 산 친구였다. 일찌기 재학 중에 공인회계사 시험을 패스하고 굴지의 회계법인에서 일하다 공부를 더 해서 박사도 되고 교수도 되고 모교인 연세대학교 재단본부장까지 하며 사회지도층 인사의 반열에 올랐으니 이만하면 성공한 인생 아니겠느냐? 그렇지만 아직도 할 일이 많이 남은 나이인데 이렇게 보내야 한다는 것이 너무 너무 안타깝고 아쉽다.

병수야, 우리 대학동기회만 보더라도 정말 긴세월 동안 수고 많이 했고 우리 모두는 진심으로 너에게 감사한 마음이다. 이제는 하늘나라에서 우리가 갈 때를 기다리시게. 그리고 저 세상에서도 동창회를 하게 된다면 그 때도 회장 자리 맡아 주기 바란다. 다시 만날 수 있음을 굳게 믿고 이제 눈물을 거둘께.

거기에서는 제발 아프지 말고 건강하게 지내면 좋겠다.

우리의 자랑스런 친구 병수야,

잘 가시게~ 그리고 편히 쉬시게~

2023. 12. 28

대학동기들을 대표하여

김철희 드림